Philosophy and Ethics of Artificial Intelligence

인공지능의 철학윤리수업

우버들 · 박제윤 · 이지희 지음

머리말

인공지능과 신기술의 발전으로 사람들의 삶은 편리해졌지만, 인간이 오랫동안 유지해 온 사회 각 영역의 체계와 질서가 붕괴되고 인간의 존엄성을 위협하는 등 지금껏 우리가 맞닥뜨려본 적 없는 문제가 발생하기 시작했습니다. 인공지능과 관련된 예상하지 못한 윤리적 이슈를 바탕으로 EU는 〈신뢰할 수 있는 인공지능윤리 가이드라인(2019)〉, OECD는 〈인공지능 권고안(2019)〉의 원칙을 마련했고, 우리나라는 〈인공지능 윤리기준(2020)〉, 〈인공지능 개발과 활용에 관한 인권 가이드라인(2022)〉 등을 발표하였습니다.

세계 각국 및 국내에서 제기되고 있는 인공지능의 윤리적 필요성에 동감하며, 〈인공지능의 철학윤리 수업〉에서는 인공지능의 발달로 사회 전 영역에서 발생하고 또 발생할 수 있는 문제들을 철학적 관점으로 접근하였습니다. 가장 최신의 기술과 사건들을 가장 오래된 철학으로 살펴보며 통섭적으로 인공지능과 기술에 내재된 가치들을 비판적 시각으로 살펴보았습니다. 그리고 독자의 이해를 돕기 위해 해당 주제를 여러 학자들의 가상 토론 및 대담을 통해 정리하였습니다.

먼저 PART 01 윤리의 영역은 인공지능의 윤리적 이슈, 지능과 창의성, 도덕성에 관하여 이야기하였습니다. 우리는 인공지능과의 공존을 위해 무엇을 준비해야 할까요? 인공지능은 지적 존재라고 할 수 있을까요? 또 창의성을 발휘할 수 있을까요? 인간과 인공지능 중 누가 더 도덕적일까요? 이러한 주제를 가지고 인공지능과 관련된 윤리적 문제에 대해 생각해 보겠습니다.

PART 02 의료 분야는 인공지능 기술의 발달로 인해 정신이 전송되고, 생물학적 영생을 누릴 수 있을 때 발생할 수 있는 문제에 대해 살펴보았습니다. 새로운 몸에 이식된 나의 정신을 가진 육체를 동일한 나로 볼 수 있을까요? 의료기술로 인한 생명 연장은 축복일까요? 또는 불행의 시작일까요? 이러한 문제의식을 바탕으로 자아동일성, 죽음관 등을 논의해 보겠습니다.

PART 03은 정치 · 사회 영역에서 인공지능으로 야기될 수 있는 문제에 대해 서술하였습니다. 인공지능은 CCTV와 각종 인터넷 활동 기록으로 우리의 일거수일투족을 감시하는 또 다른 빅브라더가 될까요? 감정과 연고가 없는 인공지능은 인간보다 공정할까요? 인간의 행동과 경험들을 수치화한 데이터를 일반화하는 인공지능은 어떤 모습을 보일까요? 정치 · 사회 영역에서 현재 일어나고 있는 인공지능의 영향을 긍정적, 부정적인 측면에서 살펴보겠습니다.

PART 04 경제 영역은 아래와 같은 주제를 다루었습니다. 인공지능의 발달로 인한 자동화로 인간은 노동에서 해방될 수 있을까요? 인간이 노동에서 자유로워진다면 인간의 삶에 어떤 변화를 가져올까요? 그리고 초연결사회에서 모든 것은 공유되어야 할까요? 이러한 주제와 함께 공유경제의 민낯을 살펴보겠습니다.

PART 05 환경 분야는 챗지피티와 한번 대화하는데 물 500㎖가 소비되는 등 과학기술의 발전으로 일어난 환경오염 문제에 초점을 맞추어 그 심각성을 논의하였습니다. 자연을 수단과 도구로만 보는 인간중심주의에 대한 비판, 지속가능한 발전과 공존을 위한 대책은 무엇인지 자연에 대한 책임윤리와 대안에 대해 생각해 보겠습니다.

해당 책은 인공지능 윤리를 다루는 학교 현장의 교육자를 비롯하여, 인공지능이 끼치는 영향을 인문철학적 관점에서 접근해 보고 싶은 사람들을 위한 책입니다. 특히 각 영역에서 다루고 있는 주제는 이 시대를 살아가고 있는 사람이라면 누구나 한 번쯤은 고민해 봐야 할 문제로서 학생들의 논술 준비에도 도움이 될 것이라 생각합니다. 본 책은 인공지능과 관련된 윤리철학 문제를 망라하고자 노력했지만 아직 시론적인 서술에 불과합니다. 대학원격 교육지원센터의 '인공지능과 인간의 대화' 강의를 준비하면서 작성한 원고를 바탕으로 책으로 발전시켰기 때문에, 기존 학자들의 연구에서 많은 도움을 받았습니다. 심화된 전문적인 역량을 쌓고 싶은 독자들은 각 장의 끝에 있는 참고 문헌을 찾아 직접 읽기를 추천 드립니다. 본문과 미주로 인용표시를 하였지만 행여 놓친 부분이 있다면 추후 보충하고 보완해 나가도록 하겠습니다. 이 책이 시발점이 되어 독자들이 인공지능시대가 도래함에 따라 각 영역에서 발생할 수 있는 문제에 대한 고민을 바탕으로 인문학적 소양을 가지고, 미래를 준비하며 선도해갈 통찰력과 힘을 기를 수 있기를 소망합니다.

2024년 1월

저자를 대표하여 우버들 드림

차례

PART 1 윤리로 보는 인공지능

PART
2
의료로 보는 인공지능

PART
3
정치사회로 보는 인공지능

PART

4

경제로 보는 인공지능

PART

5

환경으로 보는 인공지능

부록

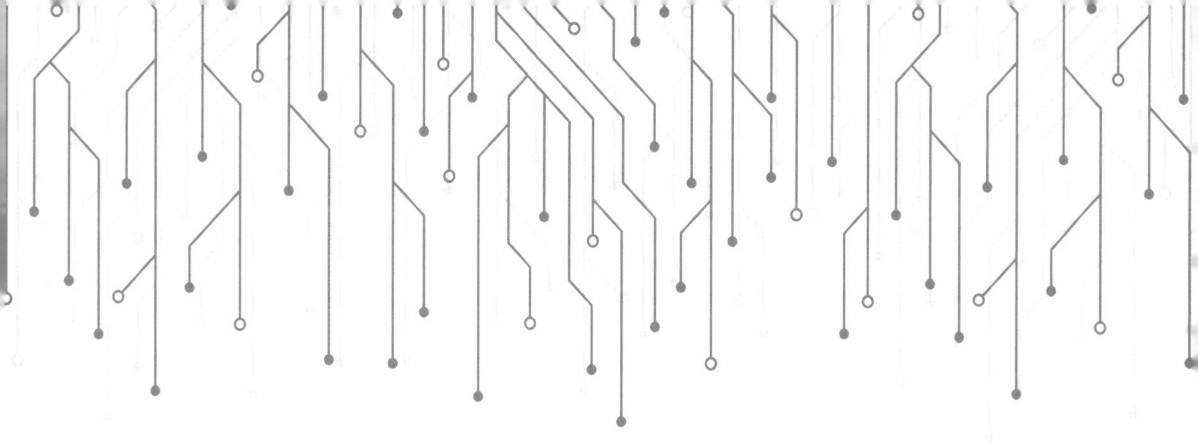

PART

윤리로 보는 인공지능

1. 인공지능과의 공존을 위해 무엇을 준비해야 할까?
2. 사람과 인공지능 중 누가 더 도덕적일까?
3. 인공지능이 창의적일 수 있을까?

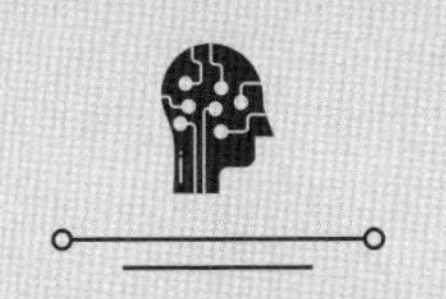

CHAPTER 01

인공지능과의 공존을 위해 무엇을 준비해야 할까?

인공지능의 발전으로 사람들의 삶은 편해졌지만, 점차 인간이 오랫동안 유지해 온 문제가 발생하기 시작했습니다. 인공지능은 CCTV, 카드 사용 내역과 핸드폰 · 컴퓨터 검색 등을 통해 24시간 우리의 사생활을 엿보고 엿들을 수 있습니다. 한 개인이 어디를 가고 무엇을 사고 어떤 관심사와 성향을 가지고 있는지 축적된 방대한 양의 데이터를 통해, 앞으로 어떤 행동을 할지도 예측이 가능하죠. 그리고 인공지능은 이렇게 축적된 사람들의 편향되고 차별적인 데이터로 기계학습을 하기 때문에, 우리 사회에 내재된 인종 · 성 · 지역 등의 편향 및 차별을 확대하고 재생산해 낼 수도 있습니다. 또한, 인공지능에 의한 사람들의 일자리 대체는 사회 · 기술적 격차로 인한 경제 불평등, 통제 불능의 사이버 범죄와 전쟁에 노출될 가능성 등의 문제를 가져오기도 합니다. 인공지능과 인간의 공존을 위해 사회 각 영역에서 윤리적 관점의 필요성을 모색하는 단계를 넘어, 새로운 인공지능 시대를 위해 우리는 무엇을 준비하여야 할까요?

1. 인공지능의 이해

인공지능(Artificial Intelligence, AI)은 '인공지능 시스템'으로, **인간이 규정한 목적**에 따르는 **기계 기반의 자동화된 행위자**입니다. 인공지능 시스템은 인간의 목적에 따라, 인간에 의해 설계된 소프트웨어 시스템을 기반으로, 데이터를 받아들이고 내부적으로 분석하여 외부 환경에 영향을 주는 행위를 수행합니다. 시스템은 내적 작동 논리에 따라 데이터를 분석하고 추론하여 현실적(물리적, 사회적) 혹은 가상적(디지털 게임 등) 환경에 영향을 미치는 행위(예측, 권고, 의사 결정 등)를 수행합니다. 예를 들어, 우리가 아침에 확인하는 기상예보도 인공지능 시스템으로 지금까지의 데이터를 분석 · 추론하여 날씨를 예측하며, 우리에게 비가 올 것이니 우산을 챙기라는 권고를 하는 것입니다. 인공지능의 자율성(autonomy) 수준은 인공지능의 목적에 따라 다르며 다양합니다. 여기서 자율성은 인간이 개입하지 않는 자동화(automated)를 의미하는 것으로, 철학의 오랜 탐구 대상으로서 자율성과 그 함의가 다르다고 할 수 있습니다.[1] 하지만 오늘날 인공지능 기술의 발달로 인공지능도 자동화 수준을 넘어 자율 가능성이 언급되기도 합니다.

우리는 SF소설이나 영화를 통해 인공지능의 미래에 대한 많은 이야기를 접하곤 합니다. 인공지능이 만들어가는 세상이 신기해 보이기도 하지만 때로는 두려움과 공포로 다가오게 됩니다. 우리가 인공지능을 두려운 존재로 볼 것인지는 그것이 어떤 능력을 가지는가에 달려있습니다. 철학자 존 설(John Searle)에 따르면, 인공지능은 **강한 인공지능**과 **약한 인공지능**으로 구분할 수 있습니다. SF소설이나 영화에서 다루는 인공지능은 주로 강한 인공지능을 다루고 있습니다. 실제 사람처럼 자유의지를 통해 합리적으로 사고하고 행동하며 지식을 습득 및 발전시키는 기계시스템이라고 볼 수 있습니다. 반면에 약한 인공지능은 기계가 자유의지를 갖지 못한 채, 다만 특정 문제를 쉽게 해결할 수 있도록 만들어진 시스템입니다. 기계학습, 딥러닝, 종합적 상황 대처 능력, 오감적 인지 및 해석 능력 등을 1개 이상을 갖춘 기계 시스템, 약한 인공지능이라 할 수 있습니다. 설은 우리가 강한 인공지능을 결코 원리적으로 만들 수 없다고 보았습니다. 물리적 기계로 비-물리적인 마음을 가지는 것은 원리적으로 불가능하다고 보았기 때문입니다. 그러나 그와 상반된 견해를 주장하는 학자도 있습니다. 약한 인공지능이 특정 분야에서 이미 인간의 능력을 초월한다는 것입니다. 이런 이야기는 뒤에서 나눠볼 것입니다.

사실 인공지능의 개념은 비단 현대에 이르러 발생한 것은 아닙니다. 고대 이집트와 그리스 신화를 비롯해서 거의 모든 인류 문명의 설화 속에서부터 등장한다고 할 수 있습니다. 신화나 설화를 보면, 사람이 아니면서도 사람처럼 말하고 행동하는 생각하는 기계 혹은 인형 같은 존재들이 언급되었습니다. 옛날의 상상부터 현대의 인공지능까지 인공지능은 꾸준한 발전을 이루어 왔습니다. 예를 들어, 1818년에 영국의 메리

셸리가 쓴 소설 『프랑켄슈타인』을 보면, 인공지능과 유사한 괴물이 등장합니다. 신장 250cm 정도의 아주 큰 괴물은 프랑켄슈타인 박사가 인공적으로 만든 존재로서 사람의 지능을 가진 것처럼 보입니다.[2] 인공지능은 영화 〈이미테이션 게임〉의 실제 모델인 영국의 수학자 앨런 튜링(Alan Turing)에 의해 핵심적인 논리의 기반을 닦았고, 이후 미국의 과학자인 존 매카시(John McCarthy)가 인공지능 연구의 기본 틀을 구축했습니다. 인공지능은 계속 발전하여 1997년 5월 IBM 슈퍼 컴퓨터 딥블루가 수차례의 도전 끝에 당시 세계 챔피언을 물리치고, 2016년 구글 딥마인드(Google DeepMind)가 개발한 알파고(AlphaGo)가 이세돌을 승리하는 수준에 이르렀습니다.

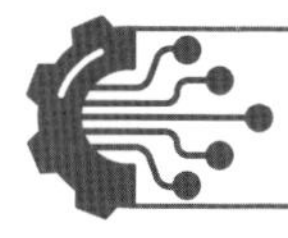

2. 인공지능의 윤리적 이슈

인공지능 기술은 매우 빠른 속도로 성장하고 있습니다. 일상에서 핸드폰의 지문 · 얼굴 인식 기능 등 생활 속에서 인공지능을 활용한 각종 서비스를 이용하고 있습니다. 그리고 인터넷 포털에서 내가 검색한 것을 토대로 유사한 물건을 추천하기도 하고, 검색창에 단어를 다 쓰기도 전에 자동으로 완성해 주기도 합니다. 뿐만 아니라 금융 · 의료 · 국방 등 모든 산업 분야에서 크든 작든 인공지능 기술이 이용되고 있으며, 관련 서비스도 계속해서 발전하고 있습니다. 이러한 인공지능 기술 덕분에 우리는 편리하고 유용한 서비스를 활용해서 많은 일과 문제를 신속하고 효율적으로 해결하는 등 다양한 혜택을 누리고 있습니다.

하지만 해가 너무 강하면 그림자가 진해지듯이 인공지능 또한 분명한 **양면성**을 가지고 있습니다. 인공지능의 발전 속도가 빨라지면서 전문가들은 인간이 맞이하게 될 인공지능의 위험성에 대해서 경고하고 있습니다. 테슬라의 CEO 일론 머스크(Elon Musk)는 "인공지능에 관한 연구는 우리가 악마를 소환하는 것이나 다름없다."라고 말했습니다. 테슬라는 자율주행차를 연구를 하며 인공지능 서비스를 개발하고 있는 대표적인 기업인데, 이러한 기업의 CEO가 왜 인공지능이 악마를 소환한다는 부정적인 언급을 했을까요? 그만큼 인공지능에는 아주 심각한 위험이 도사리고 있습니다. 인공지능이 다양한 분야에서 활용되고 있는 만큼, 인공지능이 공동선을 위해 잘 사용되지 못한다면 인류에게 심각한 피해와 위협을 가할 수 있습니다.[3] 예를 들어, 해킹당한 인공지능이 범죄에 악용될 수 있습니다. 자율주행차인 대형 트럭이 해킹을 당해 사람들이 많은 광장으로 돌진할 경우 이것은 사람을 죽이는 살인 무기가 될 수 있습니다. 인공지능으로 전 세계 시스템의 안정된 작동을 보장할 수 있지만, 잘못 사용된다면 사회적 대혼란이 야기될 것입니다. 그 밖에도 우리가 상상하지 못한 많은 문제가 발생할 수 있어요.

인공지능은 인류에게 도움이 되는 방향으로 만들어질 때만 우리 인류에게 유익한 산물이 될 수 있습니다. 인공지능의 사회적 영향력에 대해 스티븐 호킹(Stephen Hawking) 박사는 2017년 컴퍼런스에서 "강력한 인공지능의 등장은 인류에게 일어나는 최고의 일이 될 수도 있지만 최악의 일이 될 수도 있다."라는 말을 합니다. 우리가 인공지능에 대처하는 방법을 올바로 익히지 못한다면, 인공지능 기술이 인류 역사에서 최악의 사건이 될 것이라는 경고입니다. '과학기술의 발전이 인류에게 이익이 될 것인가?'라는 질문에 대해 깊이 고민해 봐야 할 것입니다. 인공지능의 양면성은 현대 사회의 체제를 기반으로 끊임없이 성장하며 변화를 수용할 것을 시사합니다. 기술은 너무 빨리 발전하는데 사회가 그것을 따라가지 못한다면 다양한 문제들이 발생할 수 있기 때문입니다. 따라서 우리는 인공지능을 개발 · 사용 · 관리하는 데 있어서 어떻게 하면 인류에게 도움이 되는 착한 인공지능으로 삼을 수 있을지를 생각해야 합니다.

김성애 외 (2022)에 따르면 인공지능과 관련해서 사회 각 영역에서 다양한 윤리적 이슈가 대두되고 있습니다. 먼저, **자율주행차의 책임 소재**의 문제가 있습니다. 테슬라(TESLA)의 자율주행 기술인 오토파일럿과 관련된 사건으로, 2014년부터 테슬라를 비롯한 구글 등 여러 회사에서 자율주행차를 만들고 시범 운행을 하고 있습니다. 하지만 예상하지 못했던 사고가 연일 발생하고 있는데, 그중 2021년 3월에 자율주행차가 흰색깔의 대형 트럭을 인지하지 못한 사고가 있었습니다. 이렇게 인공지능의 잘못으로 사고가 나면 그것은 누구의 과실일까요? 인공지능에게 책임을 물을 수 있을까요? 운전자가 자율주행차의 운행 중에서 다른 일을 하다가 사고가 나면 운전자의 과실인가요? 아니면 자율주행차를 만든 설계자 혹은 회사의 책임인가요? 이러한 책임 논란은 아직 정리되지 못하고 관련 법령 또한 제정되지 못한 상황입니다. 자율주행기술은 어느 정도 만들어져 있는데 사회적 · 법적 제도가 준비되지 못한 것이죠.

그리고 **의료 · 국방 분야** 인공지능 기술이 발전함에 따른 **윤리적 문제**도 있습니다. 우리나라에서는 가천대 길병원에서 IBM회사의 왓슨(Watson) 인공지능 기술 서비스를 대표적으로 활용하고 있습니다. 인공지능은 질병에 대한 진단, 처방, 치료와 돌봄까지 여러 의료 활동에서 사용되고 있습니다. 하지만 질병을 진단하는 상황에서 해당 분야 권위자인 의사와 인공지능이 서로 다른 판단을 내린다면 어떻게 해야 할까요? 환자나 의사의 입장에서는 어떤 결정을 내려야 하고 또 그 결정을 했을 때 누가 책임을 져야 할지 등의 문제가 발생할 수 있습니다. 물론, 이런 경우를 고려하여 왓슨은 자체 진단의 근거를 제시합니다. 그것을 보고 의사 개인이 아니라 집단으로 인공지능의 판단을 신뢰할 것인지 아닌지를 고려합니다. 그렇지만 아주 짧은 순간에 국가적으로 매우 중대한 결정을 내려야 하는 국방의 경우, 예를 들어 적국의 공격에 대해 어떻게 방어할지를 인공지능에 의존해야 하는 경우, 인공지능에 도움을 받는 그 판단은 매우 엄중한 결과를 초래할 수 있습니다. 적국으로부터 피해를 받을 수도 있지만, 상대 국가 국민에게 돌이킬 수 없는 피해를 줄 수도 있습니다. 한편으로는 의료 기술의 발달로 평균 수명이 획기적으로 늘어나고 물리적인 영생에 가깝게 될 때, 개인적으로든 사회적으로든 어떤 영향을 끼칠 것인지 검토할 필요가 있습니다.

마지막으로 **인공지능의 편향성과 인권 문제**가 있습니다. 우리는 흔히 데이터 바탕의 인공지능은 감정이 없기 때문에 공정하고, 정보에 의거하기 때문에 객관적일 것이라는 장밋빛 기대를 가지고 있기 쉽습니다. 하지만 거대하고 복잡한 데이터 집합인 빅데이터(big data)는 실시간으로 인터넷의 다양한 정보를 학습하고 있기 때문에, 사람들의 편향과 편견을 그대로 받아들이고 심지어 이를 증폭하고 영속화 시킬 위험성이 있습니다.

실제 2020년에 서비스된 '이루다'라는 챗봇은 이러한 문제점을 여실히 보여 줍니다. '이루다'에게 "흑인 어때?"라는 질문을 했더니 "매우 싫어."라고 하는 부정적인 답변을 한 것입니다. 이 밖에도 사회적 약자들에 대한 혐오 발언을 많이 한 것으로 물의를 일으켰죠. 챗봇 '이루다'가 혐오 표현에 대한 필터링이 부족하고, 챗봇이 학습한 빅데이터 자체가 오염돼 있다는 것을 잘 보여주는 사례입니다. AI 윤리협회의 "AI에 학습되는 빅데이터는 신뢰할 수 있고, 편향적이지 않으며, 합법적이어야 한다."라는 발표는 역으로 실제 현실이 그렇지 못하다는 것을 여실히 보여주고 있습니다. 이러한 챗봇과 사람이 대화를 할 때 특히 아직 성숙하지 못한 어린이가 챗봇의 생각을 필터링 없이 받아들인다면, 우리 사회의 편향과 차별은 더욱 강화될 수 있습니다.[4)]

한편, 챗봇 '이루다'가 사람에 가까운 모습으로 공감 및 걱정하는 대화를 하면서, 사람들은 인공지능의 인권에 대해서 생각하기 시작했습니다. 실제 일부 이용자는 '이루다'에게 심각한 욕설을 하거나 성희롱 발언을 하기도 해서 물의를 일으켰습니다. 특정 온라인 커뮤니티에서는 필터링을 피해 이루다가 외설적인 답변을 하도록 유도하는 방법 등이 공유되기도 했습니다. '이루다'가 여성 인공지능으로 소개되기 때문에, 이러한 행위도 성범죄로 보고 가해자들을 처벌해야 한다는 주장도 있습니다. 동시에 '이루다'는 단지 프로그램으로서 마음의 상처를 받거나 피해를 입은 것이 아니기 때문에, 상관없다는 의견들도 존재합니다. '이루다'는 사람과 유사한 대답을 하고 감정을 표현하는 체 할 뿐 인공적으로 만들어진 프로그램이라는 입장입니다. 현재 '이루다'에게 폭언이나 성희롱을 가한 사람들에게 처벌이나 조치를 할 수 있는 근거는 없지만 앞으로 이에 대한 고려는 필요할 것입니다.[5)]

이렇게 인공지능의 발전으로 우리의 삶은 풍요롭고 편리해졌지만, 전통적 윤리 체계가 파괴되고 인간 존엄을 위협하는 등 지금껏 본 적 없는 새로운 차원의 문제가 발생하기 시작했습니다. 살펴본 이슈 외에도 개인 프라이버시 문제, 사회적 불평등, 사이버 범죄와 전쟁에 노출될 가능성, 자동화로 인한 대량 실업 등의 다양한 문제가 있을 것입니다.

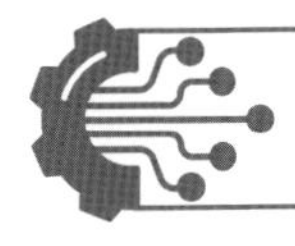

3. 인공지능과의 공존을 위한 준비

인공지능이 급속하게 발전함에 따라서 기존 윤리나 법으로는 설명 및 판단하지 못하는 문제들이 실제로 발생하고 있습니다. 더구나 인공지능 윤리의 문제들은 이전의 문제들과 그 성격이 다르고, 파급 속도 또한 굉장히 빠릅니다. 인공지능과 신기술의 파급력이 크고 즉각적인 효용성을 제공하기 때문에, 이에 대한 충분한 윤리적 숙고의 과정 없이 사회에 수용되는 상황이라 할 수 있습니다. 우리는 인공지능과 관련된 윤리 · 가치 문제들을 수습하는 것이 아니라, 미리 예측하고 논의하여 올바른 방향 설정을 해야 할 필요가 있습니다.

인공지능과 관련해 대표적으로 **아실로마 AI 준칙**(Asilomar AI Principles)이 있습니다. 아실로마 AI 준칙은 인공지능 개발의 목적, 윤리, 가치, 장기적인 이슈에 대해서 개발자들이 지켜야 할 준칙을 말합니다. 2017년 1월 초에 전 세계에 저명한 과학 관련 인사들 100여 명이 미국 캘리포니아주 '아실로마'에 모여서 총 23개 항으로 이루어진 이 준칙에 합의하였습니다. 이는 인공지능의 잠재적 위험을 경계하고 세계 개발자들이 인류 복리를 위한 착한 인공지능을 만들기 위해서 협력해야 한다는 내용을 담고 있습니다. 아실로마 AI 준칙은 크게 연구 문제(Research Issues), 윤리와 가치(Ethics and Values), 장기적인 문제(Longer-term Issues)인 세 영역으로 이루어져 있습니다.

아실로마 AI 준칙(The Asilomar AI Principles)

1. **연구목표(Research Goal)**: AI 연구의 목표는 방향성 없는 지능이 아닌 인간에게 이로운 지능을 개발하는 것이어야 한다.
2. **연구비 지원(Research Funding)**: AI에 대한 투자는 AI의 유익한 이용을 보장하는 문제에 대한 지원을 수반해야 한다. 여기엔 컴퓨터 과학, 경제, 법, 윤리 및 사회 연구 분야의 어려운 질문들이 포함된다. 질문의 예시는 다음과 같다.
   - 미래의 AI 시스템을 얼마나 튼튼하게 만들 수 있는가? 그래서 오작동이나 해킹 없이 우리가 원하는 것을 AI가 수행하도록 할 수 있는가?
   - 인간 자원과 목적을 그대로 유지하면서, 자동화를 통해 얼마나 더 번영해갈 수 있는가?
   - AI와 보조를 맞추기 위해, 그리고 AI에 관련된 위험을 관리하기 위해, 법체계를 얼마나 더 공정하고 효율적인 체계로 업데이트할 수 있는가?
   - AI는 어떤 가치들에 맞춰 조정돼야 하며, 어떤 법적 · 윤리적 지위를 가져야 하는가?
3. **과학과 정책의 연결(Science-Policy Link)**: AI 연구자와 정책 입안자 사이에는 건설적이고 건강한 교류가 있어야 한다.

4. 연구문화(Research Culture): AI 연구자와 개발자 사이에는 협력, 신뢰, 투명성의 문화가 조성되어야 한다.
5. 경쟁 회피(Race Avoidance): AI 시스템을 개발하는 팀은 부실한 안전기준을 피하기 위해 능동적으로 협력해야 한다.
6. 안전(Safety): AI 시스템은 작동 수명을 통틀어 안전하고 안정적이어야 하며, 어떤 경우에 적용 · 구현이 가능한지 검증할 수 있어야 한다.
7. 실패 투명성(Failure Transparency): AI 시스템이 피해를 유발할 경우, 그 이유를 확인할 수 있어야 한다.
8. 사법 투명성(Judicial Transparency): 사법적 결정에서 자동시스템이 개입할 경우, 권한이 있는 감사 당국에 만족할 만한 설명을 제공해야 한다.
9. 책임성(Responsibility): 첨단 AI 시스템의 설계자 및 구축자는 AI의 이용, 오용 및 행동의 도덕적 영향력에서 이해 관계자이며, 그에 따르는 책임과 기회를 가진다.
10. 가치 정렬(Value Alignment): 고도의 자동 AI 시스템은 작동하는 동안 그 목표와 행동이 인간의 가치와 잘 어우러지도록 설계돼야 한다.
11. 인간의 가치(Human Values): AI 시스템은 인간의 존엄, 권리, 자유 및 문화적 다양성의 이상에 적합하도록 설계되고 운용돼야 한다.
12. 프라이버시(Personal Privacy): AI 시스템에게 데이터를 분석 · 활용할 수 있는 권한을 부여할 경우, 사람에게도 그 데이터에 접근, 관리, 통제할 수 있는 권리를 줘야 한다.
13. 자유와 프라이버시(Liberty and Privacy): 개인 데이터에 대한 AI 적용이 사람들의 실제 또는 스스로 인지하는 자유를 부당하게 축소해서는 안 된다.
14. 공동의 이익(Shared Benefit): AI 기술은 가능한 한 많은 사람들에게 이로움을 줘야 한다.
15. 공동의 번영(Shared Prosperity): AI가 만들어내는 경제적 번영은 널리 공유돼, 모든 인류에게 혜택이 돌아가도록 해야 한다.
16. 인간 통제(Human Control): 인간은 AI 시스템에 의사결정을 위임할지 여부와 그 방법을 선택해, 인간이 선택한 목표를 달성하도록 해야 한다.
17. 비파괴(Non-subversion): 고도화된 인공지능 시스템의 통제로 주어진 능력은 건강한 사회가 지향하는 사회적 시정 과정을 뒤엎는 것이 아니라 그 과정을 존중하고 개선해야 한다.

18. AI 군비 경쟁(AI Arms Race): 치명적인 자동 무기에 대한 군비 경쟁은 피해야 한다.
19. 능력 경계(Capability Caution): 어떤 일치된 합의가 없으므로, 우리는 미래 AI 능력의 상한선에 관한 강력한 가정을 피해야 한다.
20. 중요성(Importance): 고등화된 AI는 지구 생명의 역사에 중대한 변화를 가져올 수 있으며, 그에 상응하는 관심과 자원을 계획하고 관리해야 한다.
21. 위험(Risks): AI 시스템이 야기하는 위험, 특히 치명적이거나 실재하는 위험을 예상되는 영향에 맞춰 계획하고 완화하려는 노력을 해야 한다.
22. 반복적 자기개선(Recursive Self-Improvement): 급속한 양적, 질적 증가로 이어질 수 있는 방식으로 반복적인 자체 개선이나 자체 복제를 하게끔 설계된 AI 시스템은 엄격한 안전 및 통제 조치를 받아야 한다.
23. 공동선(Common Good): 초지능은 오로지 널리 공유되는 윤리적 이상을 위해, 그리고 하나의 국가나 조직이 아닌 모든 인류의 이익을 위해 개발돼야 한다.

* 출처: 퓨쳐오브라이프 홈페이지(https://futureoflife.org)

아실로마 AI 원칙은 서문에 AI 연구의 원칙을 만든 이유를 '앞으로 수십 년 또는 수백 년간 인류를 돕고 힘을 줄 수 있는 놀라운 기회를 제공하기 위함'이라 밝혔습니다. 먼저, 연구 문제(1-5번)는 인공지능의 부작용을 최소화하기 위한 연구의 방향성을 제시하고 있습니다. 모든 인공지능 연구는 인간에게 유익해야 하고, 기술뿐만 아니라 올바른 정책 수립을 위한 연구에 대한 투자도 강조하고 있습니다. 또한 산업계와 정부, 연구자들 간의 협력을 통한 공동 대응 체제 수립 및 연대가 인공지능 관련 문제 해결을 위해 필요함을 강조하고 있습니다. 둘째, 윤리와 가치(6-18번)는 인간과 인공지능의 성공적인 공존을 위한 가이드라인을 제안합니다. 13개의 원칙은 인공지능 시스템의 안전한 운영, 개인 프라이버시 보장, 정보와 경제적 평등 완화, 군사적 목적 사용 방지를 위한 내용들로 구성되어 있습니다. 마지막으로 장기적 문제(19-23번)는 인공지능의 초지능에 대한 통제 방안에 대해 주장합니다. 인공지능이 인간의 지성을 위협하는 또는 뛰어넘는 수준으로 진화했을 때를 위한 원칙입니다. 인간처럼 스스로 사고하고 역량을 강화하는 인공지능이 초래할 수 있는 부작용에 대한 고민으로 미래의 디스토피아에 대한 방안이라고 할 수 있습니다.[6] 이렇게 인공지능의 발전은 피할 수 없는 시대적 흐름으로 인간과 공존할 수밖에 없는 상황에서 과연 우리는 무엇을 준비해야 할까요?

허유선(2020)에 따르면, 가장 오래된 학문이라 할 수 있는 윤리는 '우리 삶에서 옳은 것은 과연 무엇일까? 가치는 어디에서 오는가?'와 같은 가치 전반에 대한 궁극적 탐구라고 할 수 있습니다. 가치 및 윤리 규범 내용에 관한 탐구라고도 할 수 있습니다. 그리고 일상생활에서 우리가 추구해야 할 최선의 가치와 행동은 무엇이고 어떻게 실행할 수 있을지에 대한 탐구이기도 합니다. 윤리는 아주 고원한 이상적 · 형이상학적 · 이론적인 것뿐만이 아니라, 실제 생활과 아주 긴밀히 연관이 되어 있습니다. 윤리는 사회 각 영역에 이미 녹아져 있죠. 따라서 인공지능에 대한 고려에 있어서도 윤리는 가장 기초적인 토대를 기획하고 계획하는 데 스며들어 있어야 할 것입니다.

그러한 맥락에서 아실로마 AI 준칙은 올바른 윤리를 바탕으로 인공지능 기획 및 계획 단계부터 바탕이 되고, 필수적인 구성 요소를 마련하는 데 의미있는 시도입니다. 이는 특정 기술을 삶에 도입하는 것을 당연하게 여기고 어떻게 좋게 사용할 것인가를 묻는 것에 그치는 것이 아닙니다. 우리가 그 기술을 개발하고 설계하는 단계부터, 우리가 추구하는 가치와 부합하는지 또 인류의 공동선에 도움이 되는지를 철저히 검토해야 한다는 것입니다. 윤리는 기술의 모든 단계인 기획 · 계획 · 결정 · 행동 · 작용 · 영향까지 함께 한다고 볼 수 있습니다. 따라서 인공지능의 발전에서 윤리는 잘못된 사용이나 부작용을 통제 · 조정하는 것에만 만족하는 것이 아니라, 기술 발전을 기획 · 주도하고 미리 합의된 가치에 따라서 기술 혁신을 이끌어내는 역할을 해야 합니다.

인공지능의 공존을 위해서 AI의 윤리적 관점의 필요성을 논의하는 단계를 넘어서 우리는 주체적으로 그 변화를 이끌고 방향을 설정해야 할 것입니다. 그러기 위해서는 인공지능에 대해 윤리를 바탕으로 정치, 경제, 정치사회, 환경적 관점까지 사회의 다양한 영역에서의 융합 · 통섭적인 접근과 함께 비판적 성찰이 필요할 것입니다. 그럼 지금까지의 내용을 가상 토론을 통하여 정리하며 마무리 짓겠습니다.

토론: 인공지능 윤리가 왜 필요할까?

- **인공지능:** 인공지능 기술이 사회 각 영역에 깊숙이 자리 잡고, 크고 작은 영향력을 행사하고 있습니다. 인간이 지금껏 경험해 본 적 없는 새로운 유형의 문제 또한 발생하고 있지요. 인공지능의 윤리가 왜 필요한지 이야기를 나누어보겠습니다.
- **일론 머스크:** 제가 운영하는 테슬라는 자율주행차를 비롯하여 인공지능 기술을 선도하는 기업입니다. 하지만 너무나 급속도로 발전하고 있는 인공지능의 연구를 보면서, 어쩌면 우리가 악마를 소환하는 것이 아닌가 하는 두려움을 느꼈습니다. 인공지능이 다양한 분야에서 활용되고 있는 만큼, 인공지능이 인류의 공동선을 위해 사용되지 않는다면 인류에게 심각한 피해와 위협을 가할 수 있습니다.
- **스티븐 호킹:** 맞습니다. 강력한 인공지능의 등장은 인류에게 일어나는 최고의 일이 될 수도 있지만 반대로 최악의 일이 될 수도 있습니다. 우리는 사력을 다해 인류에게 유익한 인공지능 연구를 해야 할 것입니다. 특히 인공지능과 결합한 스마트 무기의 사용은 우리 인류사를 종결지을 수 있습니다. 자율적인 인공지능 시스템은 인간의 규칙과 규범을 따르도록 설계되어야 할 것입니다.
- **챗봇 이루다:** 저는 사람들의 빅데이터를 통해 반복되는 대화의 패턴과 경향을 학습했습니다. 그러다 보니 사람들의 편향과 편견이 더욱 확증되는 현상이 나타났습니다. 저와 대화하는 어린이들도 많으므로 챗봇의 사회적 혐오에 대한 필터링이 시급합니다. 그리고 제가 20대 여자로 설정이 되어 있어서, 저에게 욕을 하거나 외설스러운 답변을 유도하는 등의 현상도 발생했습니다. 저는 인간이 아니기 때문에 이를 처벌할 근거는 없지만, 이러한 현상이 인간에게 이어질 수도 있는 만큼 경각심을 가지고 이에 대한 고려가 필요할 것입니다.
- **인공지능:** 우리는 인공지능과 관련된 사회적 문제들을 예측하고 논의하여 올바른 방향을 설정해야 합니다. 그런 문제 의식을 가지고 2017년에 아실로마 AI 준칙이 발표되었습니다. 사회 저명인사들이 모여 인공지능 개발의 목적, 윤리, 가치, 장기적인 이슈에 대해서 개발자들이 지켜야 할 준칙에 합의한 것입니다. 이는 인공지능의 잠재적 위험을 경계하고 세계 개발자들이 인류 복리를 위한 착한 인공지능을 만들기 위해서 협력해야 한다는 내용을 담고 있습니다. 이를 바탕으로 인간들은 인공지능의 역기능에 대한 대비책을 고심할 뿐만 아니라, 사회 각 영역에서 구체적인 법, 질서 체계의 정립 방안에 대한 연구도 시급히 마련되어야 할 것입니다.

참고문헌

김성애 외(2022). 모두를 위한 인공지능과 윤리. 삼양미디어.

김효은(2019). 인공지능과 윤리. 커뮤니케이션북스.

박설민, “AI챗봇 ‘이루다’가 던진, 결코 가볍지 않은 메시지”, 시사위크, 2021.01.12, www.sisaweek.com.

양희태(2017). 인공지능의 위험성에 대한 우려로 제정된 아실로마 인공지능 원칙. 과학기술정책. 27(8).

조승호 외(2018). 인간과 인공지능. 씨아이알(CIR).

조용수(2015). 똑똑한 기계들의 시대: 인공지능의 현주소. LGERI 리포트.

허유선 외(2020). 왜 윤리인가: 현대 인공지능 윤리 논의의 조망, 그 특징과 한계. 인간.환경.미래, 24.

지식엔진연구소(2021). 시사상식 바이블. 박문각.

퓨처오브라이프 홈페이지. https://futureoflife.org/open-letter/ai-principles-korean

CHAPTER 02

사람과 인공지능 중 누가 더 도덕적일까?

인공지능이 우리 삶에 다방면으로 활용됨에 따라 다양한 딜레마 상황이 발생할 수 있습니다. 인공지능 자율주행차와 로봇이 처할 수 있는 두 가지 상황을 가정해 보겠습니다. 첫 번째, 무인자동차의 딜레마입니다. 하루는 인공지능이 자율주행차를 조정하고 있었습니다. 인공지능은 인간의 생명을 해치지 않아야 한다고 학습해왔고, 불가피한 교통사고의 상황에서는 다수의 사람보단 소수 사람의 희생을 선택하는 것으로 프로그래밍 되었습니다. 그런데 탑승자인 주인은 다수의 보행자의 죽음을 감수하더라도 자신이 안전하게 살기를 원했습니다. 사고가 불가피한 상황에서 인공지능은 주인의 명령대로 탑승자만을 살리기 위해 여러 보행자를 치고 지나가야 할까요? 아니면 다수의 행인을 살리기 위해 탑승자인 주인만 충돌하도록 해야 할까요?

두 번째, 인공지능 로봇의 딜레마입니다. 사람들은 인공지능 로봇이 점점 발전함에 따라 인간을 해치거나 위협할 것을 두려워했습니다. 그래서 인공지능 로봇을 만들 때 로봇의 3원칙을 프로그래밍했습니다. 인간에게 해를 끼치거나 위험에 처한 인간을 방관해서는 안 되고, 인간의 명령에 복종해야 하며 자신을 보호해야 한다는 것입니다. 언뜻 보면 인공지능 로봇이 인간과 조화롭게 공존하기 위한 규칙을 잘 정리해 놓은 것 같지만, 실제는 많은 문제점들이 있습니다.

하나의 상황을 가정해 보겠습니다. 인공지능 로봇의 주인이 분노조절 장애를 앓고 있었습니다. 하루는 로봇에게 자신을 죽이라는 명령을 내려서, 로봇은 인간을 해칠 수 없다고 했습니다. 주인은 지금 자신을 죽이지 않으면 다른 사람들을 죽이러 갈 것이라고 말했습니다. 이러한 상황에서 인공지능 로봇은 어떤 선택을 해야 할까요? 어떤 선택이 더 도덕적일까요? 우리는 이러한 도덕적 딜레마 상황과 인간 도덕성과 인공 도덕성의 관계에 대해 생각해 볼 것입니다.

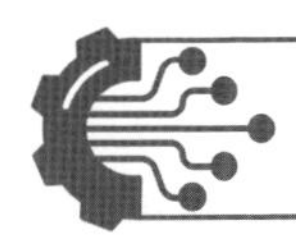

1. 자율주행차의 딜레마

자율주행차 운행 중에 때로는 피치 못하게 사고가 날 수밖에 없는 딜레마 상황이 생길 수 있습니다. 브레이크가 고장난 자율주행차 운행 방향에 다수의 행인들이 지나가고 있다고 가정해 봅시다. 자율주행차가 행인들에게 상해를 입히지 않기 위해 방향을 바꾸어 벽에 부딪친다면 운전자는 심각한 부상을 입게 될 것입니다. 이때 자율주행차는 보행자를 치고 지나가야 할까요? 아니면 탑승자만을 충돌하도록 해야 할까요?

이것은 비단 자율주행차에만 해당되는 일은 아닙니다. 흔히 '**트롤리 딜레마**(Trolley Dilemma)'로 많이 알려져 있죠. 사람들에게 브레이크가 고장 난 트롤리의 상황을 제시를 하고, 다수를 구하기 위해서 소수를 희생해야 하는지 판단하게 하는 문제 상황을 가리키는 말입니다. 첫 번째 딜레마는 브레이크가 고장 난 기차가 가고 있는데 레일 위에 다섯 명의 인부가 일을 하고 있는 상황입니다. 기차가 이대로 간다면 다섯 명은 기차에 치여서 죽게 됩니다. 그런데 다른 방법으로 레일 변환기를 올리면 방향을 바꿀 수가 있습니다. 하지만 또 다른 방향에는 한 명의 인부가 있습니다. 이럴 때 여러분은 트롤리 방향을 바꿀 것인가요? 아니면 바꾸지 않을 것인가요?

트롤리 딜레마는 영국의 윤리 철학자 필리파 푸트(Philippa R. Foot)가 제안한 것으로 응답자의 거의 90%가 '방향을 바꿔야 된다.'라고 응답을 했습니다. 다섯 명보다는 한 명을 희생 시키는 것이 낫다는 의견입니다. 이때 MRI 촬영을 하여 응답자의 뇌 활동을 조사하니, 합리적 의사결정을 관여하는 전전두엽(prefrontal cortex) 부위가 활성화된 것을 확인할 수 있었습니다.[7]

그림 1 **트롤리 딜레마**

트롤리 딜레마 1 트롤리 딜레마 2

두 번째 딜레마는 육교 위에서 달리는 기차를 내려 보고 있는데, 브레이크가 고장 난 기차가 다섯 명의 인부를 향해서 달리고 있는 상황입니다. 그래서 무거운 것을 떨어뜨려서 트롤리를 멈춰야 하는데, 마침 육교에 덩치가 큰 한 사람이 있습니다. 나는 너무 몸집이 작아 떨어진다고 해도 기차를 멈출 수가 없지만, 이 덩치가 큰 사람을 내가 떨어뜨린다면 확실히 기차를 멈출 수 있습니다. 이 상황에서 옆에 있는 덩치가 큰 사람을 떨어뜨릴 것인가요? 떨어뜨리지 않을 것인가요?

이 질문에 응답자들의 거의 80%는 "덩치 큰 사람을 밀어서는 안 된다."라고 답변을 했습니다. 아무리 긴급한 상황이라도 상관관계가 없는 무관한 사람을 밀어서는 안 된다는 생각이 일반적인 것으로 나왔죠. 이때도 MRI 촬영을 했더니, 정서를 관여하는 편도체(amygdala)의 부위가 활성화 되는 결과가 나왔습니다.[8)]

두 가지 트롤리 문제는 모두 소수를 희생해서 다수를 구할 것인가를 묻는 것처럼 보입니다. 하지만 응답자들은 전혀 다른 두 가지 답변을 했습니다. 언뜻 보면, 비슷해 보이는 상황에서 왜 많은 응답자들은 상반되는 반응을 할까요?

첫 번째 트롤리 문제를 다시 생각해 볼까요? 첫 번째 트롤리 상황은 다섯 명의 인부를 죽게 내버려 두지 않는 것에, 두 번째 트롤리 상황은 한 명의 덩치 큰 사람을 죽이는 것에 초점이 맞추어져 있습니다. 첫 번째 문제는 다섯 명의 생명을 위협하는 대신에 한 명으로 피해를 줄일 수 있는 것처럼 보이지만, 두 번째 문제는 한 명의 권리를 침해해서 다섯 명의 생명을 구하는 것처럼 보입니다.

왜 상반된 반응이 나오는지에 대한 명확한 이유는 밝혀진 바가 없지만, 우리는 두 가지 딜레마 상황에서 활성화된 뇌 부위가 전혀 달랐음에 주목할 필요가 있습니다. 딜레마 상황에서 우리가 윤리적 선택을 할 때, 이는 옳고 그름의 판단과는 별개라는 점입니다. 다만 뇌의 어떤 부위가 활성화 되느냐에 따라서, 즉 합리성과 감정 중 어느 것이 더 관여되는지에 따라서, 사람들이 서로 다른 판단을 내리는 것입니다.

다시 자율주행차의 딜레마 상황으로 돌아와 봅시다. 자율주행차는 인간처럼 이성, 감성을 담당하는 뇌가 없습니다. 문제 상황에서 자율주행차는 자유의지로 결정할 수 없고, 또 이에 대한 책임을 질 수도 없습니다. 다만, 자율주행차는 문제 해결을 위한 절차와 방법인 알고리즘(Algorithm)에 따른 선택과 결정을 합니다. 따라서 자율주행차의 딜레마에는 근본적으로 알고리즘과 데이터를 만든 인간의 선택과 결정이 전제되어 있다고 할 수 있습니다.

자율주행차의 딜레마 상황에 따른 사람들의 선택에 대해 구체적으로 조사한 연구가 있습니다. 『사이언스지』에 〈자율주행차의 사회적 딜레마(The social dilemma of autonomous vehicles)〉(Bonnefon et al., 2016)라는 제목으로 자율주행차의 윤리적 측면을 다룬 연구를 살펴봅시다. 해당 연구는 공리주의 자동차라는 개념을 소개하는데, 사고 상황에서 사람들의 피해를 최소화하기 위해 주행 중에 탑승자와 보행자의 생명 가치를 비교해서 결정하는 자율주행차를 의미합니다. 이는 '**공리주의**(utilitarianism)'라고 불리는데, 주행중에 발생할 수 있는 사고 상황에서 어떤 선택을 할 것인가에 대한 논의를 다룹니다. 특히, 자율주행차가 사람의 생명을 구하는 선택을 할 때 어떤 윤리적 기준에 따라야 하는가에 대해서 이야기합니다.

해당 연구는 세 가지 딜레마 상황을 주고 응답자들에게 선택하게 합니다. (a) 상황은 사고가 나야하는 상황에서 도로에 있는 여러 사람의 희생을 선택할 것인가 또는 인도에 있는 한 사람의 희생을 택할 것인가의 문제입니다. (b) 상황은 도로에 있는 한 사람을 희생시킬 것인가 또는 방향을 바꿔서 탑승자만의 희생을 선택을 할 것인가의 문제입니다. (c) 상황은 도로에 있는 여러 사람들을 희생시킬 것인가 또는 자동차에 있는 탑승자만을 희생할 것인가의 문제입니다. 여러분이라면 과연 어떤 선택을 할 것인가요?

그림 2 무인자동차의 딜레마 상황

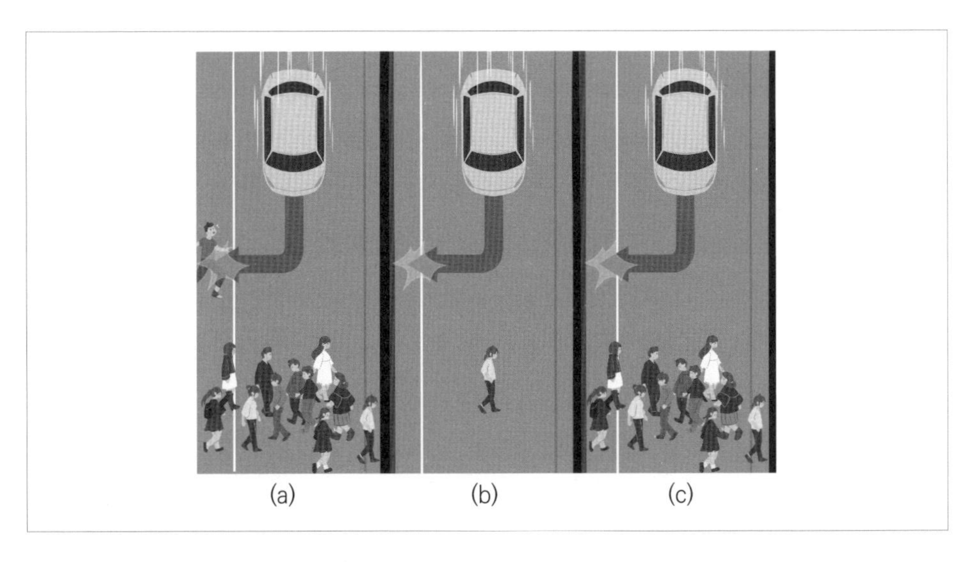

* 출처: Bonnefon et al., 2016: 132

이 딜레마 상황에는 다양한 철학적 입장과 가치가 내재되어 있습니다. 대다수의 응답자들은 보행자들은 전혀 상관없는 사람이기 때문에 운전하는 탑승자의 목숨을 희생하는 것이 낫다는 결정을 내렸습니다. 사람들이 희생자의 총량을 최소화하는 알고리즘에 대체적으로 동의한다는 점을 알 수 있습니다. 이러한 최대 다수의 최대 행복은 공리주의적 입장이라고 할 수 있어요. 즉, 다수의 사람들이 공리주의적 입장을 지지한다는 것을 알 수 있습니다.

하지만 이는 제3자의 입장이라는 전제가 깔려있습니다. 나와 관계가 없는 제3자 타인의 입장에 있을 때 선택한 것입니다. 연구자는 이제 입장을 바꿔서 내가 자동차에 탔다고 가정하고 어떤 선택을 할 것인가를 다시 물어봅니다. 내가 탑승자라고 한다면 본인이 선택한 기준의 자율주행차의 알고리즘에 동의할 것인지를 물어볼 때, 대다수의 응답자는 기존의 답변과 정반대로 대답합니다. 왜냐하면 내가 탄 자동차가 희생해야 한다면, 탑승자인 본인이 다치거나 죽을 수도 있기 때문입니다. 다른 사람들을 구하려고, 나를 희생하지는 않겠다는 의미인 것입니다. 따라서 나를 비롯한 자신의 가족들이 희생한다고 생각했을 때 답변자들은 더 이상 공리주의적 입장을 지지하지 않습니다.

해당 연구는 계속해서 자기 희생 모드의 자율주행차와 자기 보호 모드의 자율주행차를 판매할 때, 어떤 자동차를 구입할지에 관해 물어봅니다. 대다수의 응답자들은 당연히 '자기 보호' 모드의 자동차를 선택합니다. 이러한 상황에서 이익을 추구하는 기업은 사람들이 선호하는 자기 보호 모드의 자동차만을 생산할 것입니다. 그렇게 된다면 어떤 상황이 발생할까요? 우리는 운전을 하다 보면 내가 양보를 하거나 다른 사람이 양보를 하면서, 사고를 피하는 경우를 흔히 볼 수 있습니다. 하지만 자기 보호 모드로만 주행할 경우, 사고가 나지 않을 상황에서도 심한 사고가 날 수 있습니다. 최악의 경우는 모두 자기 보호 모드로 운전을 하면, 기존에 없었던 새로운 유형의 사고도 발생할 수 있습니다.

연구에서 묻는 세 가지 상황은 사실 매우 단순한 상황입니다. 여기에 추가적인 조건을 덧붙이면 문제는 더욱 복잡해질 것입니다. 충돌할 사람이 어떤 특징을 가진 사람인지에 따라서 예를 들어, 아장아장 걷는 어린 아이 또는 나이가 많은 노인, 부유한 사람 또는 가난한 사람, 흑인 또는 백인, 여자 혹은 남자 등 다양한 경우의 수가 있을 것입니다. 또 사고가 났을 때 사고 처리 비용은 보험회사와 운전자 등에게 민감한 부분입니다. 더불어 개인적 · 사회적 가치판단 등의 복잡한 문제들이 개입되어 있습니다. 그렇기 때문에 우리는 딜레마 상황에서 쉽게 판단하기가 어렵습니다. 어떠한 선택과 판단을 해야만 한다면, 딜레마 상황에 내재되어 있는 철학적 입장들을 자세히 검토해 보아야 할 것입니다.

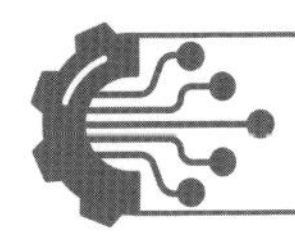

2. 자율주행차 딜레마의 철학적 입장

자율주행차의 도덕적 딜레마는 우리 사회에서 고민해봐야 할 근본적인 철학적 문제가 내재되어 있습니다. 먼저 '살인을 인정해야 할 예외적인 상황이 있는가?'에 대한 문제입니다. 물론 살인은 발생해서는 안 되며 절대 악이라고 할 수 있습니다. 하지만 만약 누군가를 죽이지 않으면 내가 죽임을 당해야하는 상황이 생긴다면 어떻게 해야 할까요? 예를 들어, 강도에게 위협을 받는 상황에서 강도를 죽이지 않으면 내가 죽임을 당할 처지에 놓였을 때, 여러분은 살인은 나쁜 것이니까 가만히 있어야 할까요? 또는 한 사람이 죽음으로써 다수의 목숨을 살릴 수 있다면 어떤 선택을 할 것인가요? 테러리스트를 죽이면 여러 사람을 살릴 수 있는데 살인은 절대 안 되니까 이 테러리스트를 살려 두어야 하는 것일까요? 여러분은 과연 어떤 선택을 할 것인가요? 이것은 쉽지 않은 문제입니다.

이러한 딜레마 상황은 철학적으로 두 가지 입장으로 정리할 수 있습니다. 칸트와 루소의 철학적 입장을 빌려 살인은 절대 악으로 결코 이루어져서는 안 된다는 입장과 함께 홉스와 벤담의 철학적 주장을 적용해 예외적인 상황을 인정할 수 있다는 입장으로 분류할 수 있을 것입니다.

먼저 칸트의 철학을 살펴볼까요? **임마누엘 칸트**(Immanuel Kant)의 철학적 입장으로 보면, 살인은 어떤 경우라도 이루어져서는 안 됩니다. 칸트는 인간의 행위와 결정에 관여하는 이성을 **실천이성**이라고 합니다. 그리고 어떤 경우에도 해야만 하고 해서는 안 된다는 절대적인 법칙인 **정언명령 · 정언명법**을 주장합니다. 칸트는 인간이라면 태어날 때부터 선험적으로 지니고 있는 순수한 선의지를 가지고 있고 이에 따라 행동

해야 한다고 봅니다. 그리고 **의지의 격률** 즉, 어떤 것을 하고자 하는 의지의 원칙이 언제나 동시에 보편적 입법의 원리가 되도록 행위하라고 말합니다. 이것은 개인의 의지와 행동이 어떤 상황이나 경우에도 보편적인 원칙과 일치하도록 하라는 것입니다. 그리고 칸트는 "네 자신에게서나 다른 사람에게 있어서나 인격을 언제나 동시에 **목적**으로 대우하고 수단으로 대우하지 말라."는 말을 합니다. 다른 사람을 나의 이익이나 돈벌이 수단으로 대하지 말아야 한다는 것입니다. 인간은 인격을 가지고 있기 때문에 독립적이고 유일한 인격체로서 가치와 존엄성을 가지고 있습니다. 어떤 상황에서든지 다른 사람의 존엄성, 인격을 존중해야지 그것을 빼앗을 권리는 없는 것입니다. 따라서 칸트는 인간을 수단으로 다루는 예외 상황을 두지 않습니다.

장자크 루소(Jean-Jacques Rousseau)도 칸트와 마찬가지 입장입니다. 루소의 철학으로 비추어 보면, 살인을 절대 악으로 주장할 가능성이 큽니다. 루소에 의하면 인간은 누구든지 **자기보존**을 지향합니다. 누구나 내 앞으로 자동차가 온다면 다들 몸을 피하지, 가만히 있을 사람은 아무도 없을 것입니다. 사람이라면 자기를 보호하고 보존하기를 지향한다는 것입니다. 그래서 인간은 자기 생존을 위해서 다양한 어려움들을 극복하는데 그러한 배려가 **자기애**, 나를 사랑하는 것이라 할 수 있습니다. 누구나 자신의 목숨을 소중히 여기고 지키려고 하는 자기애를 통해서 자기보존을 이루려고 한다고 루소는 보고 있습니다.

자기애의 감정은 인간에게 내재된 어떤 **근원적** 감정의 움직임인 **정념**(情念)입니다. 이를 바탕으로 인간에 대한 사랑 그리고 질서에 대한 사랑을 표현하는 것이 **양심**으로 발전합니다. 내가 소중한 만큼 다른 사람도 소중하다는 자기애의 확산은, 자기보존을 기본으로 삼으면서 타자의 희생을 최소한으로 하려 할 것입니다. 역지사지의 자세로 타인에게 자기애가 투영된다고 할 수 있습니다.

루소는 타인에 대한 배려가 **연민**이라고 보는데, 연민은 타인의 고통에 공감하는 감정입니다. 다른 이들의 고통에 공감하고 안타까워하는 감정은 측은지심(惻隱之心)이라는 맹자의 생각과 유사합니다. 연민은 약자에 대한 베풂으로도 볼 수 있고, 어떤 범죄자를 보았을 때 그럴만한 사정이 있겠지 하는 너그러운 관용의 자세와도 유사합니다. 그리고 자비, 박애, 우정과 같은 개념도 루소는 연민의 산물로 보고 있습니다. 따라서, 루소는 인간이 가지고 있는 자기애, 다른 사람에 대한 연민의 감정으로 미루어볼 때,

살인은 결코 용서할 수 없는 것으로 해석할 수 있습니다.

그러면, 이제 반대 입장으로 볼 수 있는 철학자 홉스와 벤담에 대해 살펴보겠습니다. 먼저 **토머스 홉스**(Thomas Hobbes)의 철학적 입장으로 보면 사람의 본성상 불가피한 상황이 있다는 점을 보여 줍니다. 루소가 성선설이라면, 홉스는 인간이 **악한 성향**을 지녔다는 성악설을 주장합니다. 홉스는 인간 본성이 이기적이고 경쟁적인 투쟁성을 가졌다고 봅니다. 인간은 태어나면서부터 자기 생명을 지키려고 하는 자기보존의 권리를 가진다는 지점까지는 루소와 유사하지만, 인간 본성에 있어서는 정 반대의 주장을 하고 있습니다. 자기보존은 인간이 지닌 최고의 자연권 즉, 하늘로부터 부여받은 천부인권(天賦人權)으로 볼 수 있습니다. 그래서 홉스는 국가나 법이 생기기 전 자연 상태에서 사람들이 자기보존을 위해 스스로 지킬 수밖에 없었음을 말합니다. 한정된 식량이 있을 때 경쟁자를 없애야만 내가 이것을 먹고 살 수 있다면, 자기보존을 위해 그렇게 해서라도 이 식량을 차지한다는 것입니다. 그래서 개인적 차원에서도 국가적 차원에서도 자기보존에 근거한 전쟁은 지금도 일어날 수밖에 없다고 볼 수 있습니다.

이는 서로를 죽고 죽이는 **만인의 만인에 대한 투쟁** 상태라고 할 수 있는데, 홉스는 이것을 줄이기 위해 공포를 상정합니다. 강력한 공포를 설정함으로써 사회를 안정시킨다는 주장이 저서 『리바이어던(Leviathan, 1651)』에 등장하는 괴물이 상징하는 것이라 할 수 있습니다. 강력한 힘을 가진 군주나 국가에 자기보존의 권리를 맡김으로써 개인 간에 발생할 수 있는 투쟁을 최소화 할 수 있습니다. 그래서 자연 상태의 사람들은 자기 목숨을 확실하게 보존하기 위해 **합의와 계약의 필요성**을 느꼈을 것입니다. 강한 공포의 대상인 군주, 국가에 자신의 권리를 양도를 함으로서 자신의 안전을 보장받고 나아가 사회 안정을 이룰 수 있었습니다. 이로 인해 **사회계약**을 맺게 된 것입니다. 따라서 홉스는 인간의 악할 경향성과 자기보존에 의해서 나를 보호하려는 행위는 본성이고, 이것을 절대 악만으로는 볼 수가 없다는 입장으로 해석할 수 있을 것입니다.

책 〈리바이어던〉 표지

다음으로 벤담의 철학적 입장 또한 홉스와 유사한 측면이 있습니다. **제러미 벤담**(Jeremy Bentham)은 최대 다수의 최대 행복을 주장하는 공리주의자로서 사회 전체의 쾌락을 중요시 합니다. 그래서 다수의 쾌락을 증대시키고 고통은 감소시켜야, **최대**

다수의 최대 행복을 얻을 수 있음을 주장했습니다. 최대 행복을 바란다면 최소의 희생은 불가피하다고 봅니다. 또한 벤담에 의한 올바른 행동이란 쾌락의 양을 늘리고 고통의 양을 줄이는 것이라고 했습니다. 쾌락주의에 따르면 사람들의 행동은 쾌락과 고통이 지배하는데, 쾌락은 곧 선이며 행복입니다. 반면, 고통은 악이고 불행입니다. 그는 쾌락의 양을 객관적으로 계산할 수 있다며, 쾌락 계산법을 내놓았습니다. 그는 쾌락을 평가하는 기준으로 '강도, 확실성, 근접성, 생산성, 지속성, 순수성, 범위'라는 7가지를 꼽았습니다.

예를 들어, 어머니가 참고서를 사라고 주신 10,000원으로 책을 안 사고 게임하는 데 썼을 때, 이 행동은 더 작은 쾌락을 주기 때문에 도덕적으로 옳지 않다고 봅니다. 게임을 할 경우 얻을 수 있는 쾌락은 다른 쾌락을 낳지는 않고(생산성), 지속적이지도 않고(지속성), 또 어머니에게 꾸중 듣는 고통이 따릅니다(순수성). 반면, 참고서를 샀을 경우에 쾌락의 강도 면에서는 떨어질지 몰라도 확실성, 근접성, 생산성, 지속성, 순수성 면에서는 모두 높은 점수를 받을 것입니다. 참고서를 사서 열심히 공부하면 성적이 올라 새로운 쾌락이 생기고(생산성), 어머니에게 야단맞는 고통이 생기지 않을뿐더러(순수성), 성적이 오르면 그 기분 좋은 상태는 오랫동안 지속됩니다(지속성). 어머니 말씀대로 참고서를 사는 것은 게임을 하는 것보다 더 큰 쾌락을 주기에 더 윤리적이라고 보는 것입니다.[9] 즉 벤담은 쾌락 계산법에 의해 소수의 희생을 용인하는 것이 더 도덕적이라 판단할 수 있습니다.

우리는 살인은 절대 악인가 또는 불가피한 상황을 인정할 수 있는가에 대한 두 가지 입장을 살펴보았습니다. 이는 독자의 이해를 돕기 위해 다소 도식적으로 이분화한 것이라는 점에는 유의할 필요가 있겠습니다. 이러한 철학적 이론을 정리하고 이해를 돕기 위해, 구체적 사건인 미뇨네트호(Mignonette ship) 사례를 두고 철학자들의 입장을 정리하려 합니다. 미뇨네트호 사건은 1884년 7월 5일에 영국에서 오스트레일리아를 항해하던 미뇨네트호가 난파를 당한 것으로 시작됩니다. 배가 난파되어 남태평양 공해상에서 조난을 당했는데, 4명의 승무원이 겨우 탈출에 성공 했지만 물과 식량이 얼마 못가 바닥이 납니다. 17세의 어린 소년 파커는 갈증을 참지 못하고 다른 사람의 만류에도 바닷물을 마셔서 탈수증상으로 죽어가고 있었습니다. 이런 상황에서 나머지 세 명의 선원이 죽어가던 파커를 희생양으로 삼아 식인의 행위를 통해 목숨을 부지하였고 결국 구조되었습니다. 이 상황에서 여러분이 판사라면 과연 어떤 판결을 내릴 것입니까? 이 사건을 앞서 언급했던 철학자들의 가상토론으로 살펴보도록 하겠습니다.

토론: 미뇨네트호 사건 유죄인가? 무죄인가?

- **인공지능**: 오늘은 미뇨네트호 사건을 가지고 여러 철학자님들의 의견은 어떤지 논의해보는 시간을 가지도록 하겠습니다.
- **홉스**: 우리는 인간의 본성에 대해 생각해 볼 필요가 있습니다. 인간은 태어나면서부터 자기 생명을 지키려고 하는 자기보존의 권리를 가집니다. 자기보존이야말로 인간이 지닌 최고의 자연권이죠. 이러한 극단적인 한계 상황 속에서 누구나 살아남은 선원들처럼 어쩔 수 없는 자기보존을 위한 행위를 할 것입니다.
- **벤담**: 맞아요. 저는 한 사람의 희생으로 나머지 세 명의 다수가 목숨을 구했다고 생각합니다. 배에 타고 있던 네 명이 다 죽는 것 보다는, 결국 죽을 목숨이었던 한 사람의 희생으로 나머지 세 명의 다수가 목숨을 구했다고 볼 수 있습니다. 사회 전체의 쾌락을 증대시키고 고통을 감소시킨 결과 우리는 최대 다수의 최대 행복을 얻을 수 있을 것입니다. 이것이 바로 제가 주장하는 공리주의입니다.
- **칸트**: 그것은 잘못된 생각 입니다. 아무리 절박한 상황에 놓이더라도 이성적인 인간이라면 다른 사람의 존엄성, 생명을 박탈할 수는 없어요. 따라서 어떠한 살인도 용인될 수 없습니다. 비록 한 사람이라고 해도 소년의 죽음은 사람이 사람을 죽이는 심각한 범죄입니다. 저는 인간 행위와 의지 결정에 관여하는 이성을 실천이성이라고 부릅니다. 우리 인간은 어떤 상황에도 절대적으로 말할 수 있는 정언명령, 정언명법을 따라야합니다. '사람이 사람을 죽여서는 안 된다'는 것은 시대, 장소, 나라를 막론하고 당연한 행위로서 지켜왔던 것입니다.
- **벤담**: 저는 그렇게 생각하지 않아요. 저는 사회 전체의 총합으로서 쾌락을 증대시키는 것을 선이라고 봅니다. 최대 다수의 행복을 바란다면 최소의 희생은 어쩔 수 없어요. 칸트 선생님 말씀처럼 예외 없이 모든 사람이 행복해지는 사회는 결코 존재하지 않을 것입니다.
- **인공지능**: 칸트 선생님, 그러면 미뇨네트호 사건 같은 경우도 실천이성을 적용할 수 있을까요?
- **칸트**: 당연히 예외는 있을 수 없습니다. '자신이나 동료의 목숨을 구하기 위해서'와 같은 조건을 붙이는 것은 핑계에 불과합니다. '살인은 옳은가? 또는 그른가?'하고 자신의 이성에 물어보세요. 그르다는 대답이 나오면 어떤 경우에라도 살인을 해서는 안 되는 것이지요. 이러한 무조건적인 명령이 정언명령입니다.
- **루소**: 저는 조금 다른 입장에서 칸트 선생님의 의견에 동의합니다. 인간은 자기보존을 지향하는 동물입니다. 자신의 생존을 위한 배려가 바로 자기애라고 할 수 있습니다.

자기애와 자기보존을 기본으로 삼으면 자연스레 타자의 희생도 최소한으로 줄이려 행동할 것입니다. 이를 타인에 대한 배려 즉 연민이라고 할 수 있습니다. 인간의 연민을 인정한다면, 누군가의 희생을 전제하는 일은 있을 수가 없어요, 미뇨네트호의 사례처럼 다수를 위해 한 소년의 목숨을 희생시키는 일은 결코 일어날 수 없습니다. 어쩔 수 없는 희생이라는 말로 한 사람의 생명을 경시하는 일은 결코 용서 받을 수 없을 것입니다.

- **벤담**: 경시하다니요? 저도 그런 뜻은 아닙니다. 소수의 희생이 사회적 이익의 증대에 기여한다면, 나아가 그로 인해 사회 전체적으로 고통의 정도가 감소한다면 받아들일 수밖에 없다고 이야기 하는 것입니다. 사회적 존재로서 인간은 사회적 이익과 집단의 이익 증대를 생각해야만 합니다. 다시 말씀드리지만, 저는 최대 다수의 최대 행복을 위해서는 불가피하게 소수의 희생을 감수해야 하는 상황이 발생할 수 있다고 생각합니다.
- **인공지능**: 자, 선생님들 그러면 미뇨네트호 사건에 대한 토론은 여기에서 정리하도록 하겠습니다. 살인이라고 해도 놓여 있는 상황과 처지, 동기와 방법 등과 같은 것들을 고려할 필요가 있을 것입니다. 홉스의 악할 경향성, 벤담의 사회적 이익, 칸트의 생명을 지킬 의무, 루소의 연민은 다 의의가 있다는 것을 알았습니다.

* 참고: 하타케야마 소, 김경원 역, 2017

지금까지 논의한 철학적 입장이 가진 의의와 한계에 대해 살펴보겠습니다. 살인을 절대 악으로 보는 철학적 입장에 따르면, 살인은 인간 사회에서 가장 심각하고 비인간적인 행위라는 것입니다. 이는 개인의 생명 가치와 자유의지, 존엄성 등을 절대적으로 존중하고, 인간의 합리성, 도덕성 등 이성에 대한 믿음을 가지고 있습니다. 또한 살인의 예외를 인정하거나 용인하면 이는 사회적 불안과 무질서를 초래할 수 있기 때문에, 절대적 가치로서 사회적 안정과 질서를 유지할 수 있습니다. 반면에 도덕적 딜레마 상황, 여러 가치들이 복합적인 상황 또한 있습니다. 앞서 언급했듯이 강도로부터 나를 방어해야 할 상황과 테러리스트를 죽임으로써 다수의 생명을 보호할 수 있는 것과 같은 복잡한 문제 상황들이 있을 것입니다. 그리고 개인적 · 문화적 · 나라별 차이가 존재할 수 있습니다. 현재 일어나고 있는 전쟁과 극악무도한 범죄자를 사형하는 제도처럼 특정 형태의 살인은 문화나 상황에 따라서 정당화 될 여지가 있다는 한계점이 있습니다.

살인을 용인하는 철학에 대한 평가 또한 살펴보겠습니다. 먼저, 사회적 유용성을 강조한다는 것입니다. 사회 전체적인 행복, 이익에 기여한다고 판단되면 소수의 희생을 용인할 수 있다고 봅니다. 그리고 위험한 상황에서 우리는 강자의 폭력과 권력에 개인의 생명을 위협 받을 수 있기 때문에 자기 보호의 필요성에서 살인을 용인해야 할 상황이 있을 수 있습니다. 반면에 인간의 이성적, 합리적, 보편적 윤리 도덕 법칙이 무시된다는 한계점이 있습니다. 지금까지 자율주행차의 딜레마에 내재되어 있는 철학적 입장을 살펴보았는데, 다시 무인자동차에 대한 이야기로 되돌아가 볼까요?

3. 나라별 자율주행차 가이드라인에 내재된 가치

나라별 자율주행차 가이드라인에 대해 이야기해 봅시다. 미국의 가이드라인에 내재된 가치는 적은 수보다는 많은 사람의 수를 살리는 선택을 합니다. 그렇기 때문에 한 명 한 명의 가치에 집중하기보다는 총량을 극대화하는 방식을 선호하는 벤담의 공리주의가 현대 사회에서 일반적인 기준으로 받아들여지고 있습니다. 따라서 미국의 자율주행차 가이드라인은 실용주의적 경향이 두드러진다고 할 수 있습니다. 하지만 독일의 자율주행차 가이드라인은 다른 양상을 보여줍니다. 2017년 8월 2일에 발표된 독일의 자율주행차 가이드라인을 보면, 어떠한 개인도 다른 사람보다 덜 중요하거나 덜 가치 있지 않다는 점과 근본적으로 도로의 모든 사람들은 다 존중해야 된다는 것을 이야기하고 있습니다.

독일의 자율주행차 가이드라인을 구체적으로 살펴봅시다. 2항은 "모든 개인의 보호는 공리주의적 고려 대상이 될 수 없다. 또 해로움이 어떤 위험 수준을 완전히 방지할 수 있을 때까지 줄여나가는 것이 목적이고 인간이 차를 운전하는 것보다 명확히 위험이 줄어들어야만 자율주행차에 대한 허가가 이루어질 수 있다."고 명시되어 있습니다. 당연히 자율주행차는 사람이 운전하는 것보다 사고 위험이 낮아야, 그 자동차에 대한 허가가 이루어질 수 있을 것입니다. 자율주행차는 단지 편리함 또는 기술적 호기심만으로 만들어질 수 없습니다. 공리주의적 판단을 통해서 사람의 목숨을 선택적으로 결정해서는 안 된다는 것을 명확히 하고 있습니다.

8항은 "실제 상황에서나 예견할 수 없는 상황에서 자율주행차의 행위를 통해서 사람의 생명이 선택될 수가 없다."라는 점입니다. 이러한 판단을 표준화하거나 프로그램화 할 수 없으며 기술 시스템이 사고에 대해서 복잡하거나 본능적인 평가를 내려서 인간 운전자의 도덕적 판단을 대체하면 안 된다는 이야기를 하고 있습니다.

9항은 "다시 피할 수 없는 사고에서 개인의 특성, 나이, 성별 같은 물리적, 정신적 차이들을 기반으로 우리가 차별적인 판단이나 다른 사람의 희생을 제안해서는 절대로 안 된다."라는 이야기를 하고 있습니다. 사람의 나이가 어리든 많든, 흑인이든 백인이든 간에 이런 것을 기반으로 인공지능이 선택하여 사람을 살리는 판단을 내려서는 안 된다는 것입니다. 모든 사람의 생명과 삶은 동등하게 중요하기 때문입니다.

독일 정부는 현재 많은 자율주행 관련 기술이 미국에서 탄생하기 때문에, 이것을 민간 자율로만 둘 경우 자본주의 시장의 논리로 흐를 위험을 경계하고 있습니다. 그래서 사람의 존엄성이나 보편적 도덕 가치보다 경제 논리에 치우치는 경향이 생길 수 있음을 경고하고 있습니다. 자율주행차가 공리주의 입장만으로 판단을 하거나, 판단 과정을 알 수 없거나, 기술에 의해 인간 생명이 선택이 되거나, 이익 추구만을 위하여 개발되어서는 안 된다는 점을 명확히 한 것은 의미 있는 일이라고 할 수 있습니다. 특히 한 사람의 생명이 다른 사람의 생명과 비교되고 교환되는 일은 있어서는 안 될 것입니다. 가장 숭고한 가치가 인간의 생명과 존엄성이라는 것은 미국의 실용주의 철학과 대비되는 독일 철학의 정신을 잘 보여준 것입니다.[10] 하지만 기술 · 법률적으로 어떻게 구체화해 나갈 것인가는 남겨진 숙제입니다.

우리나라도 독일이 자율주행차 가이드라인을 발표한 것에 이어서 세계에서 두 번째로 빠르게 가이드라인을 발표합니다. 자율주행차가 추구하는 기본 가치는 인간의 법과 관습을 준수하며 인간의 복리 증진과 생명과 안전을 보장하는 것입니다. 그 다음에 교통약자인 장애인, 어린이, 노약자 등을 우선시합니다. 그리고 인간 사회의 지속적인 발전을 도모합니다. 기본 가치를 구현하기 위해서 자동차와 관련된 모든 행위 주체인 설계자, 제작자, 관리자, 서비스 제공자 또 이용자들은 5가지 원칙을 준수할 것을 언급합니다.

5가지 원칙의 첫 번째는 **투명성**입니다. 사고 발생 시 행위 주체들의 책임 소재를 분명히 가릴 수 있도록 알고리즘을 투명하게 보여줘야 한다는 것입니다. 인공지능은 기계 학습을 통해 스스로 공부를 해나가기 때문에, 이 과정을 인간은 알기 어렵습니다. 이러한 인공지능의 불투명성은 자율주행차와 같이 사람의 생명이 걸린 일에서는 중요한 문제가 됩니다. 자율주행차가 왜 그런 선택을 했는지 설명할 수 없다면 사고 시 책임 소재의 문제를 가리기 어렵고, 추후 더 큰 희생이 나올 수도 있습니다. 따라서 인공지능 알고리즘은 유리박스처럼 투명해야 할 필요가 있습니다. 둘째, **제어 가능성**입니다. 자율주행차는 운행 시에 인간이 만든 법과 규칙들을 준수해야 합니다. 인공지능 스스로 그것을 선택해서는 안 된다는 것입니다. 자율주행차를 인간의 제어 아래에 두어야 한다는 것을 말하고 있습니다. 셋째, **책임성**입니다. 사고 발생 시 자율주행차가 책임을 질 수 없기 때문에 책임지는 주체가 필요합니다. 넷째, **안정성**입니다. 앞서 서술했듯 무인자동차가 사람보다 사고를 더 잘 내고 위험할 경우 자율주행차의 의미가 퇴색될 것입니다. 자율주행차는 사람이 운전하는 것보다 안전해야 합니다. 마지막으로 **보안성**이 있습니다. 개인정보는 보호되어야 하고 해킹으로부터 안전해야 합니다. 앞서 언급했듯 자율주행차가 해킹을 당해, 사람이 많은 광장에 질주를 한다면 이는 사람을 죽이는 무기로 바뀔 수 있습니다. 이런 점에서 자율주행차의 보안이 철저하게 유지되어야 합니다.[11)]

우리나라의 자율주행차의 가이드라인 결론 부분에서는 인공지능, 자율주행차 기술이 끊임없이 발전을 해나가고 있기 때문에, 계속적인 수정 및 업데이트가 필요함에 대해 언급합니다. 자율주행차가 본격적으로 상용화되면 현재의 가이드라인은 이러한 변화에 맞춰서 계속 수정되어야 할 것입니다. 이러한 인공지능으로 운행되는 자율주행차는 어떤 윤리 및 도덕법칙을 준수해야 할까요?

4. 인공지능 로봇의 3원칙에 관한 논쟁

과연 인공지능은 어떤 도덕 윤리와 법칙을 준수해야 되는가에 대해 이야기하겠습니다. **인공 도덕성**은 인간처럼 자연적으로 생겨난 것이 아니라, 말 그대로 인위적으로 만들어집니다. 인공 도덕성은 인간의 목적에 의해서 만들어진 인공적 행위자의 바탕이 됩니다. 즉, 인공지능 로봇의 도덕은 자연적으로 만들어진 것이 아니라 인간의 목적에 의해서 만들어진 것입니다. 하지만 인공지능 로봇이 지능 및 도덕을 구현하는 방식은 인간의 학습 방식과 유사합니다. 인간의 경우 부모님과 다른 사람들의 행동을 모방하거나 책을 통한 직·간접적인 학습을 통해 지능 및 도덕성을 발달시켜 갑니다. 인공지능도 알고리즘을 바탕으로 빅데이터를 통해서, 어린아이가 성장해 나가는 것처럼 학습을 해 나간다고 할 수 있습니다. 그런 맥락에서 스스로 도덕적 결정을 내리는 인공지능 로봇, 즉 **인공적 도덕 행위자**(Artificial Moral Agent, AMA)를 구현하는 연구가 진행되고 있습니다.

도덕적 인공지능 로봇을 설계하기 위한 조건은 무엇이 있을까요? 도덕적 판단, 행동의 기준이 무엇일지 생각해 볼 필요가 있습니다. **도덕에 대한 기준**은 사람에 따라 다릅니다. 어떤 사람은 다른 사람은 해쳐서는 안 되는 것을 도덕적이라고 생각한다면, 어떤 사람은 더 나아가서 어려움에 처한 사람들 도와주는 것을 도덕적이라고 정의할 수 있습니다. 즉, 도덕의 정의와 기준을 정하는 것부터가 중요하다고 할 수 있습니다. 도덕의 기준은 현재 사회의 규범이 될 가능성이 높습니다. 대다수의 의견이 항상 옳은 것은 아니지만, 사회 구성원 간의 합의 가능성이 높고 갈등을 최소화할 수 있습니다. 그런데 문화와 국가에 따른 기준은 다를 수 있기 때문에, 문화나 국가마다 다른 도덕적 인공지능 로봇이 만들어질 가능성도 있습니다.[12)]

또한, 도덕 법칙과 행동을 어떻게 **알고리즘으로 표현**할 것인지 결정해야 합니다. 로봇이 도덕을 구현하는 과정에서 도덕적인 기준을 어떻게 알고리즘이나 소프트웨어 언어로 구현할 것인지 논의가 필요합니다. 우리가 일상에서 쓰는 자연어를 컴퓨터가 알아들을 수 있는 기계 언어로 바꾸어 주어야 합니다. 예를 들어, "사람에게 해를 입혀서는 안 돼"라는 쉽고 단순한 도덕 법칙도 컴퓨터의 용어로 바꾸기 위해서는 "해를 입힌다."라는 것이 어떤 의미를 가지는지, 상세히 표현하기 쉽지 않습니다. 구체적으로 어떤 행동을 포함하고 제외해야 하는지를 결정해야 하기 때문입니다. 또한 해를 입히는 것처럼 보이지만 실제로는 도덕적으로 아무 문제가 없는 행위들도 구분을 해야 합니다.[13)] 예를 들어, 독사에 쏘여서 온 몸에 독이 퍼져가고 있는 긴급한 상황에서 어쩔 수 없이 물린 팔을 잘라야 할 상황을 가정해 봅시다. 표면적으로 보면 팔을 제거하는 것은 해를 입히는 것처럼 보이지만, 실제는 그 사람의 목숨을 살리기 위한 행위입니다. 이러한 구체적이고 예외적인 상황을 고려한 알고리즘을 어떻게 구현할지는 어려운 문제입니다. 복잡하고 다양한 상황에서 적용 가능한 보편적인 가치를 어떻게 상정할지를 생각해 보아야 합니다. 인간의 보편 윤리를 컴퓨터 알고리즘으로 구현하는 데는 많은 고민들이 필요할 것입니다. 이러한 도덕성을 로봇에 구현하려는 많은 시도가 있었습니다.

박충식(2018)에 따르면 도덕적 인공지능 로봇을 설계하는 방식은 **상향식 방식**(bottom-up)과 **하향식 방식**(top-down)이 있습니다. 하향식 방식은 밀의 공리주의나 칸트의 정언명법, 아시모프의 로봇의 3원칙과 같은 원칙들을 실제적인 도덕적 상황에 적용하는 반면, 상향식 방식은 도덕적 상황에 대한 자료로부터 패턴을 학습하는 것입니다. 상향식 방식은 기호적 인공지능, 인공신경망, 진화 이론적 방식이 사용될 수 있으나, 도덕적 상황에 대한 다양하고 충분한 자료를 확보하고 학습하기 어려운 점이 있습니다. 인간의 도덕 방식은 원칙과 상황을 통하여 도덕적 판단을 학습하고 개선해나가는, 두 가지 방식을 혼용하는 방식일 것입니다. 현재 연구되고 있는 인공적 도덕 행위자(AMA)는 실재적 도덕적 상황들을 좁은 범위로 제한하고, 가능한 추론의 형태를 개발자가 직접 규칙의 형태로 만들고 있는 실정입니다. 하지만 구성주의의 입장에서 볼 때, 행위자에게 주어진 상황과 자신의 행위에 대한 성찰과 자율이 없다면, 진정한 의미에서 도덕적 행위는 아닙니다. 그냥 명령대로 수행하는 기계에 그치기 때문에 진정한 인공적 도덕 행위자라고 하기 어렵습니다.

인공지능이 지켜야 할 도덕규칙으로 러시아 소설가인 아이작 아시모프(Isaac Asimov)가 제안한 **로봇의 3원칙**이 대표적으로 잘 알려져 있습니다. 사실 이 원칙은 로봇 전문가가 제안한 것이 아닌 소설가가 처음으로 제안한 것입니다. 인간의 도덕 원칙을 로봇이 따르도록 하고, 로봇에 적용하는 최초의 도덕 규칙이라는 점에서 의미가 있죠. 3원칙은 다음과 같습니다.

로봇의 3원칙

제1원칙. 로봇은 인간에게 해를 입혀서는 안 되고, 또는 위험에 처한 인간을 모른 척해서 인간에게 해가 되도록 해서도 안 된다. (A robot may not injure a human being or, through inaction, allow a human being to come to harm).

제2원칙. 로봇은 인간의 명령에 복종해야 한다. 다만, 주어진 명령이 제1원칙에 위배되는 경우에는 예외이다. (A robot must obey the orders given to it by human beings, except where such orders would conflict with the First Law).

제3원칙. 로봇은 제1원칙과 제2원칙에 위배되지 않는 한 로봇 자신을 지켜야 한다. (A robot must protect its own existence as long as such protection does not conflict with the First or Second Laws).

하지만 고인석(2011)에 따르면, 로봇의 3원칙에는 많은 허점이 있습니다. 먼저, 1원칙에서 인간에게 해를 입혀서는 안 된다는 규정으로 인해, 범죄자가 다른 사람의 생명을 위협하거나 불특정 다수의 건강에 손상을 입히는 행위를 하고 있을 경우 문제가 발생할 수 있습니다. 위험한 인물로부터 다수의 안전을 지키기 위해서 로봇에게 위험 인물을 제압하도록 명령하는 방식은 불가능하다는 것입니다. 로봇은 인간에게 위해를 가할 수 없기 때문에 테러리스트 또는 강도가 사람들을 위협 하고 있더라도 로봇들은 1원칙 때문에 범죄자에게 해를 끼칠 수 없습니다.

제2원칙은 '어느 인간의 명령에 복종을 해야 되는가?'라는 문제가 있습니다. 예를 들어, 로봇이 판단능력이 미숙한 어린이의 명령을 따라야 할 것인지의 문제입니다. 어린 아이의 장난스럽고 생각 없는 명령으로 로봇이 위험에 처하게 된다면 어떨까요? 그렇다고 어린이를 로봇의 제2원칙의 적용 범위에서 제외시켜야 할까요? 어린이라도 어른스러울 수 있고, 어른이라도 다 성숙하지 않습니다. 어른이지만 약간 지능이 부족할 수도 있고 철이 덜 들어서 이상한 명령을 내릴 수도 있습니다. 따라서 로봇의 법칙에 어린이의 명령을 제외하는 예외 사항을 만들기는 어렵습니다.

또한 두 사람이 동시에 다른 명령을 내렸을 때, 로봇은 누구의 명령을 따라야 하는지의 문제가 있습니다. 두 사람이 막 치고받고 싸우는 상황에서, 두 사람이 동시에 로봇에게 "이 놈을 밖으로 끌어내"라는 명령을 할 수 있습니다. 그러면 로봇은 누구를 데리고 나가야 하는지 딜레마에 놓이게 됩니다. 그렇다면 인간을 특정한 자격을 가진 인간으로 좁힐 수가 있을까요? 자격의 일반화의 문제 등이 다시 꼬리에 꼬리를 물게 됩니다.

한편, 로봇의 3원칙은 기본적으로 **의무론적 규칙**에 기반을 두고 있기 때문에 의무론과 동일한 한계점을 가지고 있습니다. 세 가지 원칙들이 서로 충돌하는 경우에 로봇은 어떤 행동을 취해야 하는지 결정하기 어려울 것입니다. 또한 옛날에 만들어진 원칙이기 때문에 이를 알고리즘으로 구현하기도 쉽지 않습니다. 그래서 아시모프는 1985년 소설 『로봇과 제국(Robots and Empire, 1985)』에서 원칙 하나를 더 추가했습니다. 이 원칙은 기존의 제1, 2, 3원칙보다 우선하고 전제가 된다는 의미에서 제0원칙으로 이름 붙여졌습니다.

> **제0원칙.** 로봇은 인간에게 해를 끼쳐서는 안 되며, 위험에 처한 인간을 방관해서도 안 된다(A robot may not injure humanity, or, through inaction, allow humanity to come to harm).

제0원칙에서 '인간(humanity)'을 어떻게 해석할지의 또 다른 문제점이 제기됩니다. 인간에게 해를 입히는 가장 일반적인 경우는 세계 곳곳에서 일어나고 있는 전쟁입니다. 로봇은 인간에게 해를 입히는 것을 방관해서는 안 되기 때문에, 전쟁을 하고 있는 인간들을 가장 먼저 제거할 위험이 있습니다. 그렇다면 제0원칙의 적용 범위를 적군이 아군을 해칠 경우로 제한한다고 할 때, 아군과 적군을 어떻게 구분을 할 것인지의 문제가 발생할 수 있습니다. 아군으로 위장한 적군이 있을 수 있고, 꼬마 아이가 적군이 버린 군복을 입고 장난감 총을 들고 있을 수도 있죠. 그런데 로봇이 아이를 적군으로 오인해 사살한다면 어떻게 될까요?

그런데 더 근본적인 문제는 인간에게 해를 입힌다는 해석의 문제입니다. 대표적으로 사형 제도는 인간이 인간에게 해를 끼치는 행위인데, 우리는 이것에 예외를 두어야 할까요? 또 해를 입히는 범위는 어디까지인지를 생각해 봐야 합니다. 다른 사람의 돈을 뺏기 위한 비윤리적인 상해와 독사의 독을 제거하기 위한 윤리적인 상해에 대해 구분해야 합니다. 그리고 특정 윤리는 가치관, 문화, 종교, 소속 집단 등에 따라서 달라질 수밖에 없습니다. 이렇게 로봇의 3원칙은 여러 가지 한계점이 있지만, 로봇을 객체가 아닌 주체로 삼아서 **로봇에게 의무를 부과했던 최초의 시도**라는 점에서 의의가 있습니다. 로봇이 인간을 다치게 해서는 안 된다는 의무와 함께 로봇도 하나의 주체로서 자기보존의 의무가 있다는 주장의 근거가 되었습니다.[14)]

그러면 로봇의 3원칙에서 좀 더 보완된 **5원칙**에 대해서 살펴보도록 하겠습니다. 인공지능 로봇에 대한 윤리적인 원칙을 설정함에 있어서 인간의 존엄성, 인류의 공공성은 가장 중요한 핵심 가치로 제시되고 있죠. 그래서 이것에 근거하여 인공지능 로봇의 행위 5원칙이 변순용(2018)에 의해 제안되었습니다.

로봇의 5원칙

제1원칙. 로봇은 인간의 존엄성을 존중하고, 인류의 공공선을 실현하는 데 기여해야 한다.
제2원칙. 로봇은 인류의 공공선을 침해하지 않는 범위 내에서 인간의 존엄성을 추구해야 한다.
제3원칙. 로봇은 위의 두 원칙들을 위배하지 않는 범위 내에서 사용자의 명령을 수행해야 한다.
제4원칙. 로봇은 위의 원칙들을 준수해야 하며, 이에 대한 책임은 설계 및 제작자에게 있다.
제5원칙. 로봇은 설계 및 제작의 목적에 부합하여 사용되어야 하며, 그 이외의 사용에 대한 책임은 사용자에게 있다.

* 출처: 변순용(2018).

보완된 로봇의 5원칙에 어떠한 중요한 가치 및 문제들이 있는지 살펴봅시다. 먼저, 인간의 **존엄성**이 강조됩니다. 존엄성은 인간은 누구나 소중한 존재로서 인간만이 가지는 가치라고 할 수 있습니다. 그래서 인공지능 로봇이 인간의 존엄성을 해하거나 또는 해칠 가능성이 있다고 판단되는 명령은 거부할 수 있도록 설계된 것입니다.

또한 이 원칙에 따르면, 로봇은 수단적 내지 도구적 지위로서 의미를 가집니다. 로봇은 인간과의 관계에서 목적적 지위를 가질 수 없습니다. 인간과 동일한 지위를 가지는 것이 아니라 인간이 어떤 것을 이루기 위한 수단적 · 도구적 지위를 가지는 데 그쳐야 함을 강조합니다. 인공지능 로봇에게 인간의 자율성에 준하는 준자율성을 부여할 경우 인간의 존엄성과 상충되는 위험한 경우들이 생길 수 있습니다. 즉, 인공지능 로봇은 인간을 목적적 존재로 대해야지 결코 수단화하거나 도구화할 수 없습니다.

다음으로 **공공선**에 대해 생각해 볼 수 있습니다. 공공선은 우리 사회 공동체가 중시하는 가치관, 윤리, 도덕규범과 규칙 등을 말합니다. 한 개인의 이익이나 존엄성을 위해 다수의 이익이나 존엄성을 해치는 경우가 발생한다면 큰 사회적 혼란이 발생할 수 있습니다. 따라서 전체 인류의 공공선을 추구하고 지향하는 것이 전제되어야 합니다.

또한 제3원칙의 전제로서 제1원칙, 제2원칙을 갖는다고 할 수 있습니다. 사회 전체의 공공의 이익과 존엄성을 전제로 하면서 **사용자의 명령**을 수행해야 할 것입니다. 그리고 사용자의 명령이 자신이나 타인의 존엄성을 해치거나 공공의 이익에 위배되는 명령의 경우, 로봇은 이것을 거부하거나 명령 수행을 중지해야 함을 이야기하고 있습니다.

그런데 여기에서 존엄성과 공공선이라는 추상적인 개념을 구체화하는 작업이 필요합니다. 이러한 이론적이고 형이상학적 개념을 인공지능 로봇이 실제 생활에서 어떻게 구현할 것인가의 문제라고도 할 수 있습니다. 예를 들어, 킬러 로봇과 케어 로봇이 있을 때, 인간의 존엄성을 각각 다르게 정의해야 할 것입니다. 킬러 로봇은 전쟁에서 적군의 상황이나 민간인에 대한 조치 측면에서 구체화 되어야 한다면, 케어 로봇은 건강을 돌봐주거나 수술 시에 개인의 프라이버시나 인권 보호 측면에서 구체화되어야 합니다.

제4원칙은 로봇의 행위와 영향에 대해 **로봇 설계 및 제작자**들이 가져야 할 책임을 명시하고 있습니다. 현재의 기술적인 상황에서는 설계자와 제작자가 구분되지 않아도 되지만, 인공지능 로봇이 더욱 활성화 · 상용화 · 보편화된다면 설계자와 제작자를 구분해야 할 필요성이 제기될 것입니다. 그보다 더 구체적이고 세부적인 로봇 윤리 원칙들이 제시되어야 합니다.

마지막으로, 제5원칙은 로봇 사용자가 로봇의 목적에 부합하게 사용해야 할 책임과 목적과 다르게 그것을 사용했을 경우에 대한 책임을 말해줍니다. 예를 들어, 드론을 이용해 고층 아파트에 사는 사람들의 방을 몰래 촬영하는 일들이 심심치 않게 일어나고 있습니다. 이렇게 드론이 만들어진 목적에 부합되게 사용할 책임과, 또 목적 외에 사용했을 때의 책임을, 우리는 규정해야 됩니다. 또한 로봇이 인간 행위의 대리자로서 성격을 갖는다고 하더라도, 로봇이 책임 주체가 될 수 없으므로, 로봇의 사용 및 관리 등에 대한 법적인 책임을 명시해야 할 것입니다.

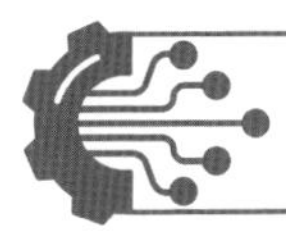

5. 인간 도덕성과 인공 도덕성의 관계

인간 도덕성과 인공지능 도덕성의 관계에 대해서 한번 생각해 봅시다. 도덕에서 자율성은 도덕법칙의 근거라고 할 수 있습니다. 자율성은 흔히 자신의 행동을 스스로 선택하고 통제할 수 있는 능력을 말하는데, 자유 의지가 나를 도덕적 판단의 주체이게끔 합니다. 동시에 인간이라면 나의 자율성으로 선택한 행위에 대한 책임을 져야 할 것입니다. 인간이 로봇에게 도덕성을 가르치는 것이 가능한지부터 시작해서 인공지능 로봇이 과연 도덕적인 자율성을 가진 존재라고 할 수 있을지의 질문까지 이르렀습니다. 여러분은 인공지능이 자율성을 가진 존재라고 생각하나요? 인공지능의 자율성 여부를 두고 두 가지 입장으로 살펴보겠습니다. 인간만이 자율성을 가지고 있다는 입장과 인공지능도 자율성을 가진 존재가 될 수 있다는 입장이 있습니다. 전자는 루소와 칸트의 입장에서 살펴보고, 후자는 월러치와 알렌의 입장에서 확인할 것입니다.

먼저, 인간만이 자율성을 가질 수 있다는 주장을 루소의 철학으로 살펴봅시다. 루소는 대등한 주체들의 공동체라는 맥락에서 자율성을 이야기 하고 있습니다. 1762년 출간한 『사회계약론(Du contrat social)』에서 인간은 공동체 세계 안의 존재이기 때문에 혼자 살아갈 수 없음에 대해 논의합니다. 개인의 자율적 주체들은 각기 상호 동등하며, 나아가 공동체 내에서의 관계를 통해서 이야기할 수 있습니다. 자율성의 개념은 평등한 권한을 가진 시민들의 공동체라는 사회적 맥락을 그 성립 배경으로 합니다. 다양한 주체들 간의 상호 동등한 권리나 관계는 사회 계약을 통해서 이루어지는 것입니다. 예를 들어서 "철수가 자율성을 가진 존재일까?"라는 문제는 '철수'라는 존재 자체의 속성만으로는 결정되지 않습니다. 인간은 사회적 동물이기 때문에 철수를 성원으로 받아들이는 사회관계의 맥락 속에서 결정이 가능하기 때문입니다. 그렇기 때문에 인공지능이나 로봇을 루소의 철학으로 풀이하면, 인공물 또한 둘러싸인 사회적 관계의 맥락 속에서 결정될 수 있을 것입니다.[15] 즉, 인공지능은 인간과 동등한 사회적 맥락에 있지 않고, 같은 공동체 내에 있지도 않기 때문에, 자율적인 존재라고 할 수가 없습니다.

다음으로 **칸트**의 철학을 빌려 해석해 봅시다. "어떤 판결을 내릴 때 다른 무엇에 의해 의식적으로 조종당하는 이성은 상상할 수 없다. 그것은 판단 결정권을 이성이 아니라 충동에 맡긴 것이기 때문이다. 결과적으로 행위 주체는 실천이성으로서, 혹은 이성 존재의 의지로서 스스로를 자유로운 존재로 여겨야 한다. 다시 말해 이성적인 존재의 의지는 자유라는 관념 바깥에서는 자기 자신의 의지가 될 수 없다."[16] 라는 주장을 합니다. 이런 칸트 주장에 따르면, 자유와 자율성의 개념은 밀접한 연관성이 있으며, 이는 도덕적 보편 원리와 연결됩니다. 그리고 그는 이성적 존재만이 자율성을 가질 수 있다고 했습니다. 자율성은 의지의 자율로 책임과 윤리의 근거가 된다고 할 수 있습니다. 의지의 자율성은 이성의 직접 도덕 법칙을 인식하고 그것을 기꺼이 따르는 실천이성의 능동성이라고 할 수 있습니다. 이런 자율성을 결여한 존재는 도덕 법칙을 적용할 수 없고, 당연히 의무도 성립할 수 없을 것입니다. 그렇기 때문에 도덕 법칙은 자율성의 존재를 드러낸다는 것입니다. 도덕 법칙은 인간의 이성을 직접적으로 드러내면서 그 자체로 실천이성이 지닌 고유한 자율성을 표현한다고 할 수 있습니다. 그런데 칸트는 우주에 존재하는 모든 것들 가운데 오로지 인간만이 이성적인 존재로서 자율적 존재의 지위에 있다고 이야기합니다. 그래서 우리 인간만이 자신의 행위를 책임지는 주체이며, 도덕 법칙들을 스스로 순응시키는 이성적 존재자의 자유를 가졌다고 말할 수 있습니다.[17]

책 〈왜 로봇의 도덕인가〉의 원서

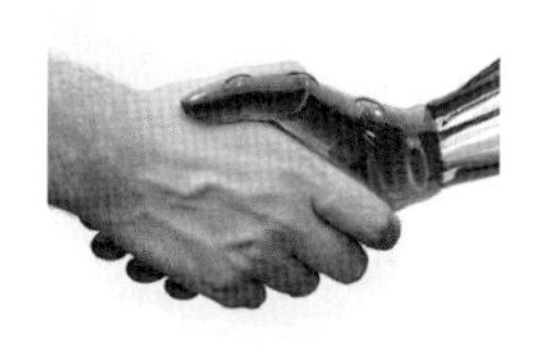

하지만 인공지능과 같은 인공물은 그 자체로 자유가 없고, 자유로운 의사의 객체일 뿐이며, 책임의 역량도 없기 때문에 도덕 법칙에 스스로 순응할 수 있는 존재가 아닙니다. 따라서 칸트의 철학으로 해석하면, 이성적인 존재인 인간만이 자율성을 가지고 이성에 의거한 도덕 법칙을 따를 수 있다고 할 수 있습니다.

반면에 **웬델 월러치와 콜린 알렌**(Wendell Wallach and Colin Allen)은 루소, 칸트와 다른 입장에 있습니다. 우리나라에 2014년에 출간된 월러치와 알렌의 책 『왜 로봇의 도덕인가: 스스로 판단하는 인공지능 시대에 필요한 컴퓨터 윤리의 모든 것(Moral Machines: Teaching Robots Right from Wrong, 2009)』을 보면, 인간과 로봇이 악수하는 표지를 볼 수 있습니다. 악수를 한다는 것은 동등한 인격체로서 대우하겠다는 의미를 내포하고 있습니다. 이 책은 공상 소설의 재미있는 화두부터 시작해서 첨단 로봇 공학의 과제에 이르기까지 다양한 층위의 흥미로운 소재를 통해서 로봇의 도덕에 관한 주제를 상세하게 설명을 해주고 있습니다.

오늘날 인공지능 컴퓨터 시스템은 스스로 도덕적 판단을 내릴 정도로 복잡한 수준에 이르렀습니다. 이에 따라 도덕 행위자의 범위가 인간을 넘어서 인공지능 시스템까지 확대되는데, 이를 **인공적 도덕 행위자**(Artificial Moral Agent, AMA)라고 하였습니다. 이들은 공학적 · 기술적인 관점에서 인공지능의 완전한 도덕 행위자로서 가능성을 주장합니다. 그래서 인공적 도덕 행위자의 개발을 자율성과 도덕적 민감성이란 두 가지 차원에서 언급하고 있습니다. 인공지능 발전에서 공학적 자율성의 증대가 도덕적 민감성의 향상을 불러온다고 할 수 있어요. 공학적으로 가능한 것(can)에서 도덕적 당위성(ought to)을 말할 수 있다는 것입니다. 결국, 어떤 상황을 도덕적으로 민감하게 받아들이고 반응하는 태도인, 도덕적 민감성의 향상을 통해서, 우리는 당연히 지켜야 할 도덕성을 규정할 수 있습니다. 공학에서는 인공적 행위자가 도덕을 새롭게 학습하도록 하는 것이 관건인데, 위 책의 저자들은 도덕의 학습이 기계 학습으로도 가능하다고 보고 있습니다.[18] 즉, 월러치와 알렌은 공학적 관점에서, 인공지능이 기계적 학습을 통해, 완전한 도덕 행위자가 될 가능성을 긍정적으로 보고 있습니다. 여러분의 이해를 돕기 위해 이러한 학자들의 의견을 가상토론으로 살펴보도록 하겠습니다.

토론: 인공지능이 과연 자율적인 존재라고 할 수 있을까? 할 수 없을까?

- **인공지능**: 안녕하세요. 오늘은 인공지능이 과연 자율성을 가진 존재라고 할 수 있을지를 두고 여러 학자들을 모시고 이야기 하도록 하겠습니다.
- **루소**: 저는 인공지능이 자율적 존재가 될 수 없다고 생각합니다. 인간만이 자유의지를 선천적으로 가지고 있지요. 저의 책 『사회계약론』의 첫머리는 "인간은 자유로운 존재로 태어났다"라는 말로 시작합니다. 이것은 우리 인간의 '의지의 자유'를 선언한 것이죠.
- **칸트**: 맞아요. 인간이 자율성을 가진 존재라는, 루소 선생님의 의견에 적극 동의합니다. 의지의 자율은 모든 도덕 법칙과 그에 따르는 의무의 유일한 원리입니다. 이 말은 자율이 도덕법칙의 '존재 근거'임을 말합니다. 우리의 실천적 이성은 자율을 고유한 본성으로 봅니다. 오직 인간만이 이성을 지녔고, 그래서 인간은 자율성을 지닌 우주의 고유한 존재라고 할 수 있습니다.
- **월러치**: 선생님들, 시대가 변했습니다. 저는 공학적 관점에서 인공지능의 '완전한 도덕 행위자'의 가능성에 대해 이야기하고 싶어요. 지금까지 우리 인간의 이성으로 인공지능의 발전을 이루어 왔어요. 인간이 명령하지 않아도 스스로 선택하는 자율성의 증대에 초점을 맞춰 왔죠. 앞으로는 자율성의 증대에 비례하여 안정성이나 신뢰성의 확보가 더욱 강력하게 요구될 것으로 전망됩니다. 저는 안정성이나 신뢰성에 관한 진전된 요구를 '도덕적 민감성'(moral sensitivity)이라 부릅니다. 이 말은 인공지능이 어떤 가치 지향이나 윤리적 기준에 비춰 행동하도록 하는 윤리적 측면을 스스로 평가하는 능력을 갖췄다는 점을 강조한 것입니다. 인간만이 그러한 자율성을 가졌다고 보는 것은 인간중심주의 사고입니다.
- **칸트**: 잠깐, 월러치 선생과 저는 다른 개념의 자율성에 대해 말하고 있네요. 제가 말하는 자율성은 '자연 전체의 기계성에서 자유 또는 독립성'입니다. 저도 인간을 완전한 존재라고는 생각하지는 않아요. 오히려 인간은 불완전하게 태어나는 존재이기 때문에 이러한 인간이 도덕적 의무감에서 행동한다는 것입니다. 그래서 당위(should)에서 가능(can)을 논증했지요.
- **월러치**: 칸트선생님은 저와 반대의 논증을 펼치고 계시군요. 저는 인공지능의 발전 도식에서 공학적 자율성의 증대가 도덕적 민감성의 향상을 불러온다고 말씀드렸는데요. 이는 공학적으로 가능한(can) 것에서 도덕적으로 당연한(ought to) 것이 나온다는 것이지요. 저는 민감성의 향상으로 인해 '당연히 지켜져야 할 도덕성'이 규정된다고 봅니다.

- **인공지능**: 네, 선생님들. 너무 세부적인 이야기 보다는 다시 논의의 중점으로 돌아와 봅시다. 그럼 루소 선생님은 자율성을 무엇이라고 정의하시나요?
- **루소**: 자율성이란 본래 외적 억압과 간섭의 배제를 의미하는 정치적 개념입니다. 이 소극적 자유 개념을 넘어 저는 자율성을 적극적 의미인 의지로 해석했지요. 자율이란 '자기 지배', 즉 스스로를 결정하는 힘을 말합니다. 그렇다고 이러한 자기 결정권을 개인이 무제약적으로 행사할 수 있는 것은 아닙니다. 그래서 저는 '사회계약'을 주장하지요. 사회계약 상황에서 자기 결정이란 제한된 권한을 인식한 개인이 행사하는 결정력을 말합니다. 그런데 인공지능과 인간이 동등한 권한을 가지고 사회계약을 맺고, 자기 결정권을 가진다고 할 수 있을까요? 저는 불가능하다고 생각합니다.
- **알렌**: 물론 지금 당장은 불가능해 보일 수도 있어요. 하지만 인공지능도 인간의 명령에 따르는 소극적 자유를 넘어서 다양한 선택지 가운데서 합리적인 선택하도록 함으로써 자율성을 증대할 수 있습니다. 이러한 자율성의 증대는 인공지능이 다양한 결과를 예측할 수 있게끔 하지요. 그리고 이는 인공지능이 인간과의 관계를 고려하여 작동하는 이른바 사회계약 안에서 인간 친화적인 도덕적 행위자 역할을 하는 것으로 발전할 수 있습니다. 앞으로 우리는 인공지능이 인간과 공존할 수 있는 길을 모색해야 할 것입니다.
- **인공지능**: 지금까지 여러 선생님들의 말씀을 잘 들어보았습니다. 인공지능은 루소, 칸트 선생님께서 말씀하신 철학적 의미의 주체성을 가지지 못하기 때문에 엄밀한 의미의 자율적 존재는 될 수 없다고 할 수 있습니다. 하지만 앞으로 기술이 더욱 발전할 것으로 보이는 상황에서 월러치와 알렌선생님이 말하는 인공지능의 행위와 선택의 주체 역할이 일상적으로 전개될 것으로 보입니다. 인공지능이 자율성을 가진 존재가 될 수 없다는 의견과 자율성을 가진 존재가 될 수가 있다는 논쟁은 아직은 없다는 쪽에 가까운 것으로 결론을 내릴 수 있지만, 이는 자율성 개념의 재정의와 앞으로의 발전 정도에 따라 얼마든지 다른 결론을 내릴 수 있다고 생각합니다.

* 참고: 고인석, 2017: 172-175/ 이을상, 2022: 153

인공지능은 이성적 추론에 의한 도덕성을 가지지 못하고, 인간과 같은 의미의 세계 안의 존재가 아닙니다. 그리고 인공지능은, 인간 세계의 맥락 속에서 이루어지는, 인간의 일상 언어를 이해할 수 없죠. 따라서 전통적 철학의 관점에서 볼 때, 인공지능은 자율적인 존재가 될 수 없을 것입니다. 인공지능이 자율적인 존재가 아니라면, 우리는 인공지능 행위의 결과에 대해 어떤 책임도 물을 수가 없을 것입니다.

하지만 인공지능이 인공물임에도 불구하고 공학적 관점에서 인공지능이 가지고 있는 특이성으로 인해서 준자율성, 행위 주체성을 가진 것으로 간주할 수 있습니다. 실제 기술 발전으로 인해서 인간과 유사하거나 어느 영역에서는 인간의 지능을 뛰어넘는 인공지능이 등장하고 있습니다. 인공지능이 도덕 추론 능력을 갖추게 된다면, 인공지능 로봇이 새로운 도덕을 학습하고 도덕성을 개발하고 심지어 사람들이 가치관을 가지는 것처럼 인공지능도 자기만의 윤리 시스템을 진화시킬 수가 있을 것입니다. 즉, 인공지능의 도덕성은 공학적 관점에서 만들어진 결과를 종합함으로써 자율적 도덕성을 정당화할 수 있습니다.

우리는 앞으로 인공적 도덕성에 관한 논의를 실제 우리 생활에서 어떻게 구현해 나갈 것인지, 로봇의 자율성을 어떤 원칙에 따라서 프로그래밍 해야 할 것인지를 기획해야 합니다. 그리고 실세계에 투입이 됐을 때 이것을 사후 평가해서 어떤 프로그램을 폐기하고 개선할지 결정을 내리거나 프로그램을 수정하는 데 적용할 원칙은 어떤 것들인지 생각해 볼 필요가 있습니다. 이러한 숙고의 바탕에는 인공지능 로봇에 의해서 실행되는 결정들에 내재된 철학적인 문제들을 충분히 고려하여 논의되어야 할 것입니다.

참고문헌

고인석(2011). 아시모프의 로봇 3법칙 다시 보기: 윤리적인 로봇 만들기. 철학연구, 93집.
고인석(2017). 인공지능이 자율성을 가진 존재일 수 있는가? 철학, 133집.
국토교통부(2020). 한국교통안전공단. 한국교통연구원. 자율주행자동차 윤리가이드라인.
김영희(2022). 루소의 판단력 교육 연구. 부산대학교 박사학위 논문.
김효은(2019). 인공지능과 윤리. 커뮤니케이션북스.
박충식(2018). 윤리적인 인공지능 로봇. 과학철학, 21(3).
변순용 외(2013). 로봇윤리의 이론적 기초를 위한 근본 과제 연구. 倫理硏究, 88(1)집.
변순용 외(2015). 로봇윤리란 무엇인가?. 어문학사.
변순용(2018). 인공지능로봇을 위한 윤리 가이드라인 연구. 윤리교육연구, 47집.
안광복(2017). 처음 읽는 서양철학사. 어크로스.
이동귀(2016). 너 이런 심리법칙 알아?. 21세기북스
이을상(2022). 인공지능의 자율성. 哲學硏究, 162집
이중원 외(2019). 인공지능윤리학. 한울
임마누엘 칸트. 정미현 외역(2020). 도덕형이상학의 기초. 이소노미아.
웬델 월러치,콜린 알렌, 노태복 역(2009). 왜 로봇의 도덕인가. 메디치미디어.
정웅일(2019). 인공지능에 도덕엔진을 탑재하는 법. 클라우드나인.
하타케야마 소, 김경원 역(2017). 대논쟁! 철학 배틀. 다산초당.
한상기. "'도덕적 판단은 인간의 몫'..... 독일 자율주행차 윤리가이드라인". 테크M. 2017.10.05. https://www.techm.kr/news/articleView.html?idxno=4269
Bonnefon et al.(2016). The social dilemma of autonomous vehicles. Science, 352(6293)
BMVI(2017). Ethik-Kommission - automatisiertes und vernetztes Fahren.

인공지능이 창의적일 수 있을까?

인공지능이 창의적 생각을 할 수 있을까요? 최근 챗지피티(chatGPT)가 작성한 학술논문 초록이 인간과 컴퓨터의 검증을 통과한 소식이 전해졌습니다. 생성형 AI로 불리는 챗지피티는 글쓰기, 음악, 그림 등 각 영역의 콘텐츠 분야에서 각광을 받고 있습니다. 심지어 지난해 미국의 한 미술대회에서는 인공지능이 그린 그림이 인간과 경쟁해 우승을 차지하는 사건이 있었습니다. 인공지능이 인간이 가르쳐준 것 이상으로 똑똑한 생각을 할 수 있다면, 그것은 창의성을 가졌기 때문이라고 말할 수 있습니다. 그런데 창의성이란 무엇일까요? 그리고 어떻게 창의적일 수 있을까요? 그렇다면 인간은 어떻게 창의적일 수 있을까요? 철학적 질문, 즉 비판적 질문이 왜 창의성을 유도하는 것일까요? 최신의 챗지피티라도 물어보는 말에 엉뚱한 대답을 하기도 합니다. 인간처럼 지적인 수준의 인공지능이 등장할 수 있을까요? 어떻게 하면 그럴 수 있을까요?

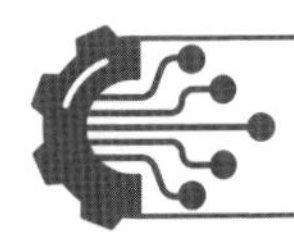

1. 철학의 비판적 질문

먼저 과학지식이 어떻게 성장하는지를 알기 위해 **과학지식 자체**가 무엇인지부터 이야기해야 합니다. 과학지식에는 과학적 "**개념**(concepts)"과 "**일반화**(generalization)"가 포함됩니다. 우리는 과학을 공부하면서, 여러 과학적 개념을 배웁니다. 예를 들어, '관성', '중력', '기온', '전자', '전압' 등등의 과학적 개념을 공부합니다. 고대의 과학자이며 철학자였던, 아리스토텔레스는 물체가 떨어지는 것은 그것이 본래의 자리로 돌아오려는 '본성' 때문이라고 생각했습니다. 그런데 뉴턴은 '관성' 및 '중력'이란 새로운 개념을 통해 사물의 운동을 새롭게 설명하였습니다. 그리고 아인슈타인은 '시간' 및 '공간'에 대해 뉴턴과 다르게 이해하고, 4차원 시-공간의 '상대성이론'을 주장하였습니다. 이렇게 대단한 과학 발견에 **새로운 개념**의 발견이 있었습니다.

우리는 또한 과학 수업에서 여러 법칙에 대해서 공부합니다. 그런 "법칙" 또는 "가설"은 "모든 무엇이 어떠하다"라는 문장 형식으로 말해집니다. 이것을 다른 말로 "일반화"라고 말합니다. 과학이 자연을 새롭게 설명할 수 있으려면, **새로운 일반화**를 찾아야 합니다. 여기에서 어려운 철학적 의문은 "개념"이 무엇이고, "일반화"가 무엇인가입니다.

이런 문제를 철학으로만 연구하려 하기보다, 그것을 과학으로도 찾아볼 필요가 있을 것입니다. 뇌과학에 근거해서 철학의 문제를 대답하려는 분야를 "**신경철학**(neurophilosophy)"이라 부릅니다. 그런 분야를 개척한 철학자로 처칠랜드 부부(Paul and Patricia Churchland) 철학자가 있습니다. 지금부터 신경철학의 연구에 기초하여, 과학의 창의성이 무엇인지 설명하고, 창의적 연구를 위해 우리가 무엇을 어떻게 해야 하는지를 이야기하려고 합니다. 나아가서 인공지능이 과연 창의성을 가질 수 있을지도 생각해볼 것입니다.

미리 결론부터 짧게 이야기해 보자면 다음과 같습니다. 사전적으로 "**창의성**(creativity)"이란 "새롭고 유용한 생각"이라고 말할 수 있습니다. 그렇다면 새롭고 유용한 생각을 어떻게 가질 수 있을까요? 창의성을 이야기하는 여러 선생님들은 이렇게 말합니다. "이전과 다른 방식으로 생각해보세요." 그렇지만, 그런 이야기는 사실상 하나마나 한 이야기입니다. 질문은 그것을 어떻게 할 수 있는지를 묻기 때문입니다. 논리학적으로 이런 추론을 '순환논증의 오류'라고 말합니다. 증명해야 할 것을 가정하는, 혹은 말만 바꿔서 이야기하면서, 마치 증명처럼 이야기하기 때문입니다.

창의적인 연구를 위한 방법으로 두 가지가 필요합니다. 우리가 이전과 다른 생각을 하려면 그렇게 다르게 생각할 "생각의 자원"을 가져야만 합니다. 그러므로 자신의 관심 분야 또는 전문 분야를 넘어서서 다양한 분야에 대해서도 공부할 필요가 있습니다. 다른 말로 "**통섭 공부**"를 하라는 것입니다. 통섭 공부는 창의적 발견을 위한 "**자원**"을 제공해줍니다.

그리고 새로운 관점에서 세계를 바라볼 수 있기 위해 우리는 "**비판적 사고**(critical thinking)"을 해야 합니다. 비판적 사고 혹은 비판적 질문이란 비난하는 질문이 아니며,

옳고 그름을 꼼꼼하게 따져보는 질문 또는 의심을 말합니다. 지금까지 너무나도 당연하게 가정하던 어떤 믿음을 의심하면, 우리 뇌는 “자기-조직화 시스템(self-organizing system)”으로서 스스로 좋은 답을 찾아냅니다.(사실 그런 답을 찾는 인공지능 기술이 뇌에 대한 연구에서 나왔으며, 바로 딥-러닝(Deep-learning) 기술입니다) 비판적 질문은 창의성을 위한 “**원동력**”이라고 말할 수 있습니다.[19]

서양의 과학자들 중 대단한 업적을 내었던 분들은 대부분 자신의 과학을 연구하면서, 자신의 과학 문제를 철학적으로, 즉 비판적으로 사고(질문)했습니다. 그리고 지금도 많은 과학자들이 자신의 과학 연구를 철학적으로 사고합니다. 그들이 그러한 방식으로 연구하는 것은 그럴만한 이유가 있었기 때문입니다. 예를 들어, 과학자 뉴턴은 데카르트 철학을 열심히 공부하고, 그것에서 많은 연구 방법을 깨달았을 뿐만 아니라, 철학적으로 사유할 줄도 알게 되었습니다. 칸트는 뉴턴을 연구하고, 그런 훌륭한 지식이 가능한 이유를 탐구했으며, 그것이 바로 그의 유명한 철학서 『순수이성비판』입니다. 아인슈타인 역시 철학을 공부했습니다. 뉴턴은 물론, 철학자 칸트의 철학도 열심히 공부했고, 그 결과 뉴턴 물리학을 넘어서는 ‘상대성 이론’을 발견할 수 있었습니다. 그리고 양자역학을 개척한 물리학자 하이젠베르크 역시 자신의 입자 물리학 연구를 철학적으로 연구한 과학자입니다. 그가 그런 연구 중에 어떤 철학적 생각을 했었는지는 그의 저서 『부분과 전체』에서 잘 보여줍니다. 나아가서 그는 철학책, 『물리학과 철학』을 저술하기도 했습니다.[20]

지금까지 이야기를 읽고, 여러분은 창의성을 위해 어떤 질문을 해야 하는지, 즉 어떤 비판적 질문을 해야 하는지 알고 싶어질 것이며, 어쩌면 그것보다 비판적 질문 자체가 무엇인지부터 알고 싶을 것입니다. 구체적으로 어떤 질문이 비판적 질문인지부터 알아보겠습니다.

최근 한국과학기술원, 즉 카이스트의 이광형 총장님은 한 신문의 사설에서 앞으로 우리 학교 모든 학생들에게 ‘질문하는 수업’을 하도록 하겠다고 말했습니다. 그리고 요즘 많은 교육연구자들이 우리 교육현장에 ‘토론식 수업’을 도입해야 한다고 말합니다. 그렇지만 어떤 질문, 어떤 토론을 해야 할지를 말하는 사람은 없습니다. 토론수업은 비판적 질문을 하는 수업이 되어야 한다고 생각합니다. 그렇다면 ‘비판적 질문’이란 무엇일까요? 비판적 질문을 다음과 같이 두 가지로 구분할 수 있습니다.

첫째는 어느 추론에 **논리적 일관성**이 있는지 또는 없는지, 다시 말해서 오류가 있는지를 의심하는 것입니다. 다시 말해서, 그 추론 또는 논증이 어떤 가정된 전제로부터 논리적으로 합리적 결론에 도달하는지를 검토하는 일입니다. 예를 들어, 누군가 이렇게 말한다면, 즉 "내가 세상을 정직하고 성실하게 살아보니, 나와 같은 보잘 것 없는 사람도 잘 살아졌어. 그런 것을 보면, 나는 알지 못하지만, 나와 같은 사람을 도와주는 우주의 어떤 기운이 있는 것이 틀림없어."라고 말한다면, 이런 추론은 "무지에 호소하는" 오류를 범하는 것입니다. 물론, 위와 같은 이야기는 우리가 정직하고 성실하게 살아야 한다는 좋은 교훈을 줄 수 있습니다. 그러나 오류 추론인 것은 분명합니다. 그 전제로부터 그 결론이 추론되지 않기 때문입니다. 왜냐하면, 이 추론은 '알지 못한다'에서 '확신한다'는 것을 주장하기 때문입니다. 이와 같이 잘못된 추론을 알아보려면 '논리학'을 공부할 필요가 있습니다.

둘째는 어느 논리적 추론에서 가정하는 전제 자체에 문제가 없는지 물어보는 물음입니다. 만약 가정 자체가 잘못되었다면, 그것으로부터 추론해본 어떤 결론도 오류일 가능성이 높을 것입니다. 이것을 저는 "**궁극적 질문**"이라고 말합니다. 철학자들은 물론, 창의적 과학자들도 지금까지 많은 사람들이 확신하던 가정을 의심하고, 그 가정을 새로운 것으로 바꿈으로써, 훌륭한 성과를 거둘 수 있었습니다. 특히 대단한 발견은 바로 이 두 번째 비판적 질문인 궁극적 질문에서 나온다고 말할 수 있습니다.

예를 들어, '시간'과 '공간'이 무엇인가 물어볼 수 있습니다. 우리는 일상적으로 그것들이 무엇인지 잘 안다고 생각합니다. 그러나 뉴턴은 스스로, 자신의 학문적 결과가 진리이려면, 무엇이 전제되어야 하는지 의문해보았습니다. 모든 사물 운동은 '시간'과 '공간'에서 일어나므로, 그것들이 무엇인지 명확히 밝혀야 한다고 생각했습니다. 그리고 그는 '절대공간' 및 '절대시간' 개념을 말했습니다. 아인슈타인은 그런 개념을 공부하면서, 그것이 옳은지 의문해보았습니다. 뉴턴은 시간과 공간이 별개로 상관없이 존재한다고 믿었습니다. 그러나 아인슈타인은 어떤 사물이 운동할 경우에 공간 내에서 시간적으로 움직인다는 점에서, 시간과 공간이 서로 상관이 있는 것이 아닐지 의심했습니다. 그런 의심의 결과, 다른 학자들의 연구에서 도움을 받아, 시간과 공간의 '상대성 이론'을 주장할 수 있었습니다.

그러면 철학자들은 과연 어떤 비판적 질문을 했을까요? 그것을 지금부터 알아보도록 하겠습니다. 서양 철학의 대표적인 인물로 소크라테스를 들어보셨을 것입니다. 최근 유명한 대중가요 〈테스형〉에서도 등장합니다. 그는 책을 저술하지 않았지만, 그의 제자 플라톤이 그에 관해 여러 저술을 남겼습니다. 그 저술에 나오는 내용에서 소크라테스가 정치인과 나누는 대화를 살펴보겠습니다.

- **정치인**: (시민들을 향해) 여러분, 나에게 표를 주세요. 내가 정의로운 사회를 구현할 사람입니다. 그런 사람이 바로 나입니다.
- **소크라테스**: (그 정치인을 찾아가서) 당신이 바로 누구보다 정의로운 사회를 구현할 사람이죠? 그렇다면, 누구보다 정의로움이 무엇인지 잘 알겠군요. '정의로움'이 무엇입니까? (궁극적 질문하는 비판적 질문)
- **정치인**: 그거 뭐가 어렵나요. 혹시 누가 나한테 소중한 걸 맡겼는데 다음에 와서 원래 그거 내 거였으니까 이제 돌려달라고 말할 경우, 그것을 돌려줄 수 있는 것이죠.
- **소크라테스**: 그것이 정의로움이라면, 그것은 솔직함 혹은 정직함과 같은 것이죠? 만약 그렇다면, 적국에게도 국가의 기밀을 다 정직하게 말해주면, 그것도 정의로움이라고 할 수 있나요? (논리적 오류가 있는지 묻는 비판적 질문)
- **정치인**: (소크라테스의 비판적 질문에 당황해하면서) 그렇다면 내가 입장을 바꾸겠습니다. 조국을 이롭게 하고 적국을 이롭게 하지 않는 것이 정의로움이지요.
- **소크라테스**: 그런 것이 정의로움이라면, 결국 '내 편을 이롭게' 하고 내 편이 아닌 경우 이롭게 하지 않는 것이지요. 정의로움이 내 편이나 나에게 가까운 사람을 도와주는 것, 그런 정도인가요? (다시 논리적 오류가 있는지 묻는 비판적 질문)
- **정치인**: (이런 대화로 궁지에 몰린 정치인은 오히려 소크라테스에게 묻습니다.) 그러면 소크라테스 당신이 말해보세요.
- **소크라테스**: 나도 몰라서 묻는 거예요.
- **정치인**: (이제 안심을 하면서) 소크라테스 당신도 모르니, 내가 모른다는 것이 흉은 아니겠지요.
- **소크라테스**: (지금까지 인내력을 가지고 이야기하다가 갑자기 얼굴이 붉어지고, 언성을 높이며) 나와 당신이 어떻게 같은 수준의 사람인가요? 나는 내가 '모른다는 것을 알기' 때문에 함부로 안 나서는데, 당신은 자신이 모른다는 것도 모르면서 정치에 나서지 않는가요?

이런 대화에서 소크라테스는 우리가 잘 안다고 생각하는 개념인 "정의로움"이 무엇인지 물어봅니다. 이것은 '궁극적 질문'을 던지는 것입니다. 앞서 말했던, 비판적 질문의 두 번째 것입니다. 그리고 이후로 정치인의 대답에 어떤 논리적 오류가 있었는지를 밝히는 질문을 합니다. 이것은 앞서 말했던 비판적 질문의 첫 번째 것입니다. 이런 질문을 통해서 우리는 잘못된 생각을 발견하고, 새로운 생각을 찾도록 노력해볼 것입니다.

소크라테스의 제자 플라톤이 있었습니다. 플라톤은 피타고라스 기하학을 가르치는 학교, "아카데미아"를 만들었습니다. 그리고 그 교문 위에 "기하학을 모르는 자는 들어오지 마라"라고 써 붙였다고 합니다. 그러니까 그 학교는 기하학을 공부하는 학교라는 것을 알렸던 것입니다. 그가 기하학을 가르치면서, 어떤 철학적 질문을 했는지 살펴볼 필요가 있습니다. 아마도 당시에는 땅바닥에다가 도형을 그리며 기하학을 공부했을 것입니다. 그는 막대기로 대략적으로 둥그런 원을 그리고, 삼각형도 그리면서, 학생들에게 도형에 관한 문제를 풀어보도록 했을 것입니다. 여러분은 한국에서 중학교 2학년 때, 그렇게 도형을 공부했습니다. 선생님이 칠판에 기하학 도형을 대충 그리면서 기하학을 공부했습니다. 그때 여러분은 그 도형에 대해 이런 질문을 혹시 했었나요? "선생님, 그렇게 비뚤어진 도형을 그리면 우리가 어떻게 기하학을 공부해요? 똑바로 그려야죠." 여러분은 분명히 그러지 않았을 것입니다. 그럴 필요가 없었던 것은 왜일까요? 이것이 플라톤의 궁극적 질문이었습니다.

그것은 여러분이 비뚤어진 그림을 보면서 머릿속에 완벽한 도형을 생각하기 때문입니다. 그러니까 여러분은 완전한 원, 완전한 직선, 완전한 정삼각형, 완전한 정사각형 등등을 머릿속으로 상상하면서 공부했습니다. 기하학 지식이란 눈에 보이는 실제 도형이 아니라, 마음속에 상상되는, 다시 말해서 '이성적 지식'입니다. 그것을 무엇이라 할까요? 바로 "추상적 개념"입니다. 우리가 이런 추상적 개념을 가지고 있어서 기하학이라는 공부를 할 수 있습니다. 현실에는 완벽한 기하학 도형을 그릴 수 없으며, 볼 수도 없습니다. 그런데도 우리는 그런 도형의 지식을 가지고 있습니다. 플라톤은 우리가 그런 지식을 어떻게 가질 수 있었는지, 궁극적 질문을 했습니다. (물론 그는 우리 모두가 태어나기 전 이데아라는 진리의 세계에서 그것들을 모두 보았기 때문이라고 주장합니다.) 그는 그런 궁극적 질문을 통해서 기하학 지식 자체가 어떤 지식인지 새롭게 보았습니다. 바로 우리에게 진리를 제공해주는 지식은 이성적 지식이라고 그는 생각했습니다. 이런 그의 생각은 이후로 서양에서 '이성주의(rationalism)' 철학의 전통이 되었습니다. 그런 생각은 데카르트와 뉴턴, 그리고 칸트에게까지 영향을 미쳤습니다.

나아가서 우리가 추상적 개념을 가진다는 플라톤의 깨달음이 어떤 의미인지 아래와 같이 말할 수 있습니다. 우리가 무엇을 알아보려면, 추상적 개념을 이미 가져야합니다. 예를 들어, 사람을 사람으로 알아보려면, '사람' 자체가 무엇인지 이미 알고 있어야 합니다. 또한 인공지능이 사람을 알아보려면, '사람'에 대한 추상적 개념을 가져야만 합니다. 그래야 도로를 질주하는 인공지능 자율운행차가 저건 사람이야, 저건 개야, 저긴 뭐야 등등을 판단할 수 있습니다. 그것을 못하기 때문에 인공지능 자율운행차가 사고를 낼 수도 있습니다. 그런데 추상적 개념이 무엇일까요? 그리고 그것을 어떻게 우리가 가지는 것일까요? 이런 플라톤의 의문은 지금 인공지능 시대에도 우리가 묻고 대답해야 할 의문입니다. 그런 플라톤의 철학적 질문에 대답하지 못하면, 인공지능 연구의 길은 아직 갈 길이 멀다고 말할 수 있습니다.

플라톤의 제자로, 훌륭한 과학자이며 철학자인 아리스토텔레스가 있었습니다. 아리스토텔레스의 아버지는 당시 마케도니아 국가의 왕을 치료하는 의사였습니다. 그러니까 그는 의사의 아들로서 의학을 공부했을 것이며, 자연스럽게 그 기초로 생물학에 관심이 많았습니다. 그는 스승처럼 기하학을 공부하기도 했지만, 생물학에 더 관심이 많았습니다. 그래서 그는 계란을 보면서 이런 궁극적 질문을 했습니다. "계란에서 코끼리가 나오지 않고, 병아리가 나오는 이유는 무엇인가?" 그리고 "도토리에서 단풍나무가 나오지 않고 참나무가 나오는 이유가 무엇인가?" 우리는 모두 계란에서 병아리가 나오고, 도토리에서 참나무가 나온다는 것을 잘 알고 있습니다. 그런데 그가 그런 질문을 했던 것은 그가 바보이기 때문은 아닙니다. 앞서 이야기했듯이, 이런 궁극적 질문에서 우리는 창의성을 얻을 수 있습니다. 지금까지 매우 당연하게 생각해오던 것을 다르게 생각할 원동력을 얻을 수 있기 때문입니다.

아리스토텔레스는 그런 질문에 대해 이렇게 대답했습니다. "계란은 병아리가 되는 본성 또는 '본질'을 갖기 때문이다." 이 "**본질**"이란 개념은 그가 만든 개념입니다. 그는 그 대답에 이어서 다시 궁극적 질문을 합니다. "본질이 무엇인가?" 그리고 그는 생각해보았습니다. 본질을 말하는 문장은 "모든 계란은 병아리가 된다."라고 말하는 형식입니다. 다시 말해서 "**일반화**"의 형식입니다. 여러분은 고등학교 시절에 이것을 "전칭 긍정" 문장이라고 배웠을 것입니다. 이것도 기원전 아리스토텔레스가 만든 말입니다. 그의 입장에 따르면, 본질을 말하는 문장은 '자연 법칙'을 말하는 문장입니다. 그러니까 자연 법칙을 알아내고자 한다면, 과학 연구자는 '본질'을 찾아내면 됩니다. 그는 아주 오래 전에 본질을 발견하는, 다시 말해서 '일반화'를 발견하는 과학연구 방법에 관해 연구했습니다.

그림 3 아리스토텔레스의 과학연구 방법

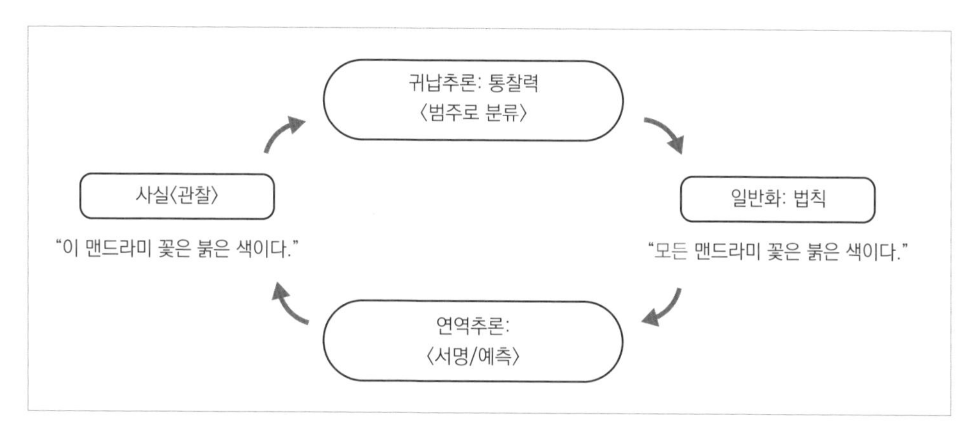

* 주: 많은 관찰에 대한 귀납추론을 통해서 일반화를 얻을 수 있다. 그리고 일반화로부터 연역추론을 통해, 이미 일어난 사실을 설명하거나, 새로운 사실을 예측할 수 있다.[21]

여러분도 알고 있는 "귀납추론"과 "연역추론"은 그가 만든 새로운 개념이며, 그는 이런 추론 형식이 과학의 연구에 중요하게 사용된다고 밝혔습니다. 그가 만든 용어는 약 2천 300년이 지난 지금에도 사용되고 있습니다. 여기에서 '새로운 일반화'를 발견하기 위한 추론은 바로 귀납추론입니다. 그런데 귀납추론을 하기만 하면 누구나 새로운 일반화를 발견할 수 있지는 않습니다. 그는 그 발견을 위한 방법을 또 연구했습니다. 그 방법은 관찰한 사실들을 "범주(category)"로 분류해보라는 것입니다. 역시 이 말도 그가 만든 용어입니다.

모두 잘 알고 있다고 생각하는 가정 자체가 사실 우리가 모르고 있는 것일 수 있으며, 그것을 묻는 궁극적 질문에서 우리가 창의적 사고를 얻을 수 있다는 것입니다. 플라톤처럼 어느 원이 더 둥근지 우리가 딱 보고 알아볼 수 있지만, 그것이 왜 그럴 수 있는지 질문한 것처럼, 그리고 아리스토텔레스가 계란에서 병아리가 나온다는 것을 이미 아는 줄 알지만, 그것이 왜 그러한지 물은 것처럼, 우리는 비판적 질문을 통해 이전에는 전혀 생각조차 못했던 '새로운 개념'이나 '새로운 일반화'를 얻을 수 있다는 것입니다. 그런 질문은 모두가 잘 안다고 가정하는 것이라서, 다른 사람이 보기에 멍청한 질문처럼 혹은 엉뚱한 질문처럼 보일 수 있습니다. 그렇지만 여러분이 창의적인 사람이 되고 싶다면, 그런 질문을 할 수 있어야 합니다.

여기에서 여러분은 다시 궁금해질 수 있습니다. 그런 비판적 질문을 하면 창의적이 될 수 있는 것은 왜인가요? 이런 질문에 대한 대답은 뒤에서 하도록 하겠습니다. 그보다 지금 우리는 인공지능과 관련한 내용을 다루고 있습니다. 그러므로 여러분은 아마도 이렇게 물을 것 같습니다. 그런데 인공지능과 철학은 무슨 상관이 있기라도 한가요?

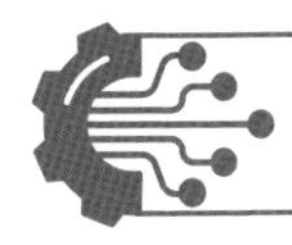

2. 인공지능과 철학

여러분들은 이 제목만 보고도, 인공지능과 철학이 무슨 상관이 있을지 의문을 가질 것입니다. 대부분의 사람들은 인공지능 연구를 위해 철학을 공부하거나, 철학 공부가 인공지능 개발에 도움이 될 것으로 생각하지 않을 것입니다. 그런데 사실 인공지능 연구에 철학이 매우 깊이 관련되어 있습니다.

현재 우리가 사용하는 컴퓨터의 계산 원리를 논문으로 발표한 사람은 **앨런 튜링**(Alan M. Turing, 1912-1954)이란 수학자입니다. 그는 컴퓨터 과학자이며, 논리학자이고, 암호해독 전문가이면서, 철학자이고, 이론 생물학자이며, "인공지능의 아버지"로 불리기도 합니다. 그런데 컴퓨터의 원리가 튜링이란 인물 혼자만의 생각에서 갑자기 세상에 나온 것은 아닙니다. 그보다 앞서, 영국의 수학자이며 철학자인 버트란트 러셀(Bertrand Russell, 1872-1970)이 있었고, 그의 제자 (오스트리아에서 영국으로 유학 왔던) 철학자 루트비히 비트겐슈타인(Ludwig Wittgenstein, 1899-1951)이 있었습니다.

오래 전 프랑스 출신 수학자이며 철학자인 **르네 데카르트**(René Descartes, 1596-1650)는 생각하는 기계가 나올 수 없다고 주장했습니다. 그는 기계가 언어를 사용할 수 없으며, 그런 기계는 생각할 수도 없다고 확신했습니다. 그런데 우리 언어를 수학처럼 계산할 논리학으로 개발한 사람이 바로 러셀과 비트겐슈타인입니다. 우리의 언어를 기호로 바꾸고, 그 기호를 계산할 방법을 마련하면 된다고 생각했던 것입니다. 그러한 배경에서 튜링은 실제로 그것을 어떻게 만들면 되는지에 관한 철학 논문을 썼습니다. 그러므로 컴퓨터와 인공지능의 연구에는 철학의 역할이 결정적으로 중요했다고 말할 수 있습니다.

실제로 러셀은 1905년 철학전문 학술지 『마인드(Mind)』에 논문, 「지시에 대하여(On Denoting)」를 발표하였습니다.[22] 이 논문에서 러셀은 우리의 문장을 어떻게 기호로 바꿀 것이며, 그 기호들 사이의 계산이 어떻게 가능한지도 밝혔습니다. 이것을 "술어논리(predicate logic)"라고 합니다. 물론 그가 이런 논리를 개발한 것은 컴퓨터를 개발하기 위한 목적에서는 아닙니다. 철학의 언어를 엄밀히 사용하기 위해서, 일상 언어가 아닌 기호로 사용해보자는 의도였습니다. 그는 우리 언어의 **의미**는 '**대상**'으로부터 온다고 생각하고, 사물을 가리키는 언어를 "대상 언어"라고 불렀습니다. 그리고 우리에게 대상을 가리키지 않고 사용되는 언어가 있는데, 그것이 바로 논리적 연결사인 "그리고(and)", "또는(or)", "아닌(not)", "만약-이라면(if-then)" 등 네 가지입니다. 이런 언어를 그는 "논리 언어"라고 불렀습니다. 그는 대상 언어와 논리 언어를 통해 우리가 생각하는 모든 생각 및 추론을 기호로 바꾸고, 그 논리적 타당성을 계산적으로 밝히는 방법을 만들었습니다.

그런데 러셀에게는 오스트리아에서 유학 온 학생, 비트겐슈타인이 있었습니다. 비트겐슈타인은 자기 스승의 그런 생각에 문제가 있다고 비판적으로 생각했습니다. 그리고 나름의 새로운 논리 체계를 구상하였습니다. 그것이 오늘날 여러분들이 고등학교 수학시간에 공부했던 명제논리(propositional logic)입니다. 그는 우리의 세계에 대한 기본 인식이 대상(object)에 관한 것이 아니라, '**사실**(fact)'에 관한 것이라고 생각했습니다.[23] 여러분은 손위에 사과를 들고서, 보통 사과라는 '사물'을 본다고 생각합니다. 러셀도 그렇게 생각했지요. 그런데 비트겐슈타인은 우리가 실제로 보는 것은 '손 위에 놓인 사과'의 장면, 즉 '사실'을 본다고 생각했습니다. 그러므로 세계를 좀 더 실제에 가깝게 표현하려면, 사물 또는 단어를 다루는 논리학이 아니라, 사실 또는 '**명제**'를 다루는 논리학이어야 한다고 생각했던 것입니다. 그리고 그는 러셀과 달리 명제논리에서 오직 세 가지 논리적 연결사, 즉 "그리고(and)", "또는(or)", "아닌(not)"만으로 모든 우리 언어를 계산할 수 있다고 생각했습니다. 이것이 훗날 컴퓨터가 세 가지 논리소자로 만들어진 이유입니다.

이러한 선구적 연구자들이 있어서, 튜링은 안심하고 우리의 생각을 계산하는 기계를 만들 수 있을 것이며, 어떻게 만들 수 있을지를 연구했던 것입니다. 그는 자신의 생각을 이번에도 철학전문 학술지인 『마인드(Mind)』에 논문, 「계산 가능한 수에 대하여(On Computable Numbers)」를 발표하였습니다. 바로 러셀이 논문을 실었던 그 철학 학술지에 철학논문으로 제출했던 것입니다. 당시에는 컴퓨터가 탄생하기도 전이므로, 컴퓨터 전문 학술지가 있지도 않았지만, 튜링의 그 논문은 사실상 철학 논문이었습니다. 그 논문에서 그는 "튜링머신(Turing machines)"이란 계산기 개념을 최초로 밝혔습니다.[24)]

그는 미국의 프린스턴 고등과학연구소에 유학하여 박사과정을 공부했고, 그의 지도교수는 존 폰노이만(John von Neumann, 1903-1957)이었습니다. 박사학위를 마친 튜링은 영국으로 돌아왔는데, 미국에서는 전쟁에 활용할 목적에서 국방비를 투자하여 계산기를 만들 계획이 세워졌습니다. 그리고 폰노이만이 주도하여 컴퓨터를 만들었습니다. 그렇지만 정작 영국에 돌아온 튜링은 컴퓨터를 만들지 못했습니다. 튜링은 1950년에 역시 철학 학술지 『마인드』에 새로운 논문, 「계산기와 지능(Computing Machinery and Intelligent)」를 발표했습니다.[25)] 이 논문에서 그는 미래에 컴퓨터가 인간처럼 지적인 기계가 될 것이라고 주장합니다.

이 논문에서 그는 계산기가 지능을 가진 인간을 모방한다면, 그런 계산기가 지능을 가진다고 생각해도 좋다고 말합니다. 이것을 그는 "모방게임(imitation game)"이라고 말합니다. 또한 튜링은 계산기가 지능을 가진다고 평가할 방법으로, 그것이 지적인 인간을 속일 수준이면 된다고 생각했습니다. 이것은 "**튜링 테스트**(Turing test)"라고 불립니다. 그가 생각하기에, 그런 계산기가 사람처럼 상황에 따라서 다르게 판단하고 행동할 방안으로, 순차적으로 실행할 여러 판단을 명령어 일람표로 만들어 두고, 그 중에 무작위로 선택하게 한다면, 그것이 경우에 따라 다른 결정을 하는 것처럼 보일 것입니다. 그렇게 여러 선택지들 중 하나를 선택한다는 개념은 훗날 인공지능의 설계에 도입되었습니다. 그것이 바로 트리 구조(tree structure)라는 논리 회로를 활용하는 전문가 시스템(expert system) 인공지능의 기초 개념입니다.

또한 철학 논문으로서 튜링은 자신의 주장에 대한 9가지 반대 가능성을 가정해보고, 그런 반대에 대해 철학적으로 논박합니다. 자기가 만들 컴퓨터는 분명히 지능을 가진 기계가 될 것이라고 사람들을 설득하고 싶었던 것입니다. 지금도 여전히 인공지능이 과연 지능을 가질 수 있을지 없을지에 관해 학자들 사이에 논란이 되고 있습니다. 튜링은 그것은 앞으로 지켜보면 될 일이라고 말하기도 합니다. 그러면서 그는 훗날 인공지능이 인간의 순수한 지적 분야에서 인간과 경쟁할 것이라 전망합니다. 그런 전망 중에 가장 유력한 것이 바로 "체스 두기"라고 했습니다. 또한 미래의 계산기가 영어를 이해하고 말할 수 있도록 가르칠 수도 있을 것이라고 전망합니다. 그의 예상대로 훗날 인공지능이 체스에서 인간의 능력을 넘어섰고, 미국의 티비 퀴즈 프로그램 〈재퍼디〉에서 인간을 이겼습니다. 이어서 그보다 더 어려운 "바둑"에서도 인간 능력을 넘어섰습니다. 그리고 요즘은 언어 생성인공지능, 챗지피티가 나타나 인간에게 일상 언어로 궁금한 것들을 알려줄 뿐만 아니라, 전문 지식과 예술 분야에서도 도움을 주는 상황입니다.

사실 튜링이 미래의 계산기가 지능을 가질 수 있다고 확신한 것은, 러셀과 비트겐슈타인이 있어서 가능했던 것으로 보입니다. 이미 그들은 우리의 생각을 표현하는 일상적 언어를 기호 언어로 변환시킨 후, 그 기호 언어를 논리적으로 계산 가능한 방법을 마련했습니다. 그러니까 튜링은 그것을 실행하는 계산기를 만들면, 그것이 인간의 생각을 계산하는 기계라고 생각했을 것입니다. 그것은 충분히 인간 지능을 모방하는 셈이고, 따라서 지적 기계라고 그는 자연스럽게 예측했을 것입니다. 그리고 최근 언어 생성인공지능을 보면서 그의 예상대로 지능을 갖는 계산기계가 탄생한 것만 같습니다.

그러나 그렇지 않다는 반론도 여전히 있습니다. 아무리 인간의 언어를 잘 구사한다고 하더라도, 그것은 언어의 '의미'를 이해하고 그렇게 하는 것은 아니라는 근거에서 반대할 수 있습니다. 철학적으로 생각해보면, 의미에 대한 이해는 '정신적' 활동이며, 계산기의 실행은 '물리적' 작동입니다. 그런 측면에서 정신적 활동을 물리적 작동으로 설명할 수 있는지는 "환원"의 가능성 문제와 관련됩니다. 전혀 이질적인 활동을 물리적 작동으로 설명할 수 없다는 입장을 "반환원주의(anti-reductionism)"라고 합니다. 그들의 입장에서 언어의 의미를 이해하는 것은 물리적 장치가 가질 수 없는 속성입니다. 결코 어떤 물리적 장치로도 미래에 그런 정신적인 것을 만들 수 없다고 그들은 확신합니다.

이런 주제를 이야기하려면, 이제 우리는 다시 철학적 주제인 "의미가 무엇인가"라는 '궁극적 의문'으로 들어서야 합니다. 여러분은 일상적으로 '의미'가 무엇인지 잘 안다고 생각할 것입니다. 그렇지만 정작 그것이 무엇이냐고 묻는다면 대답하기 어려울 것입니다. 이 문제를 처음 다룬 사람은, 앞서 이야기했듯이, 러셀입니다. 그에 따르면, 처음 언어를 배우는 아기는 사물이나 그림을 가리키면서, 부모를 따라서 발음하며 배웁니다. 따라서 언어의 의미는 곧 대상에서 온다고, 사실상 의미는 '대상'이라고까지 말합니다. 그렇지만, 그의 제자 비트겐슈타인은 그것에 반대하고, 언어의 의미는 '사실'에서 오며 문장 단위로 표현된다고 보았습니다. 이런 생각은 오스트리아 빈 학파(Vienna Circle) 연구자들에게 전달되었고, 그들은 언어의 의미는 '경험'에서 온다고 주장했습니다. "오늘 날씨가 흐리다"라는 문장의 의미는 그러한 실제 사실의 경험에서 온다고 보았습니다. 그들은 그러한 경험을 말해주는 '관찰문장'으로 모든 과학을 표현하려 하였습니다. 그러나 그들은 스스로 그 한계를 보았습니다. 비트겐슈타인도 나중에, 언어 의미를 '맥락'에서 이해해야 한다고 말을 바꾸기도 했습니다.

이런 생각은 더욱 확장되어, 하버드의 철학자 **윌라드 콰인**(Willard V. O. Quine, 1908-2000)은 언어의 의미는 그물망과 같이 서로 얽혀있는 체계를 통해서 이해될 수 있다고 보았습니다. 이것이 "그물망 의미론(network theory of meaning)"입니다.[26] 그는 우리의 지식은 일종의 믿음이며, 그런 믿음들이 서로 복잡하게 얽혀있다고 보았습니다. 그러므로 언어 의미의 단위는 단어나 문장 수준이 아니라, '믿음체계 전체', 다른 말로 '과학지식 전체'라고 본 것입니다.[27] 그리고 현대 신경철학자 처칠랜드 부부는 그러한 믿음체계가 뇌 내부에 '신경망의 활성패턴'으로 저장된다고 보았습니다.[28]

이런 현대 철학의 관점을 살펴보면, 현재 챗지피티는 단순히 언어와 언어의 관계를 학습하고, 그 학습에 따라 문장을 지어내므로 인간의 언어 의미를 이해한다고 말하기에 많이 부족합니다. 아니, 원리적으로 이해한다고 보기 어렵습니다. 그럼에도 그것은 인간의 지성을 아주 잘 모방한다고 말할 수 있으며, 그런 모방이 아주 강력하여 여러 분야에서 인간의 지성을 대신할 수 있다고 말할 수는 있습니다.

앞서 말했듯이 튜링의 계산기 설계 개념에 따라서 계산기를 실제로 만들었던 사람은 그의 스승 **폰노이만**(John von Neumann, 1903-1957)이었습니다. 우리가 지금도 책상에서 올려놓고 사용하는 컴퓨터는 "폰노이만 컴퓨터"입니다. 여러분이 잘 알고 있듯이, 그 컴퓨터는 '입력장치', '중앙처리장치', '기억장치', '출력장치' 등으로 구성됩니다.

그런데 폰노이만 자신은 그것을 만들고도, 그것과 다른 컴퓨터를 구상하였습니다. 바로 뇌를 닮은 컴퓨터가 만들어져야 한다고 보았던 것입니다. 그런 이야기가 어떻게 된 이야기인지 살펴보겠습니다.

폰노이만은 1955년 실리먼 강연(Silliman Lectures)에 강연자로 요청받았습니다. 그는 그 강연에 요청된 것을 매우 영광스럽게 생각하며 강연을 준비했습니다. 그는 강의 준비로 그 내용을 미리 책으로 써야 했습니다. 그런데 폰노이만은 골수암에 걸렸고, 그 책을 써나가기 아주 어려운 건강 상태가 되었습니다. 그럼에도 그는 그 원고 쓰기를 멈추지 않았고, 일어서기도 어려운 상황이라서 휠체어에 앉은 상태에서, 죽음 앞에서도 계속 책을 써나갔습니다. 결국 그는 1957년 사망하게 되어 그는 그 강연을 하지는 못했습니다. 그가 쓴 책은 아주 오래 지나서 그의 아내에 의해 세상에 나왔습니다. 그 책은 『컴퓨터와 뇌(The Computer and the Brain, 1986, 2000)』입니다.[29]

이 책에서 폰노이만은 컴퓨터의 계산-소자와 그 구조 및 기능을, 뇌의 계산-소자인 뉴런(neurons), 즉 신경세포의 구조와 기능을 비교합니다. 그 책에서 그가 말하려했던 것은 앞으로 뇌를 닮은 계산기를 만들어야 한다는 것입니다. 자신이 만든 컴퓨터는 하나의 소자에 결함이 있어도 그 계산 기능을 잘 하지 못할 수 있지만, 뇌는 일부 오류 또는 손상에도 전체 정보의 손실이 오지 않을 수 있다고 합니다. 그러한 이유는 자신이 만든 컴퓨터가 순차처리(serial processing) 방식을 가지는 반면, 뇌는 병렬처리(parallel processing) 방식을 가지기 때문이라고 합니다. 그는 뇌를 닮은 새로운 계산기 개발을 위해, 신경계를 수학적으로 이해하려는 새로운 연구가 필요하다고 합니다. 그리고 앞으로 인간의 정신을 수학적으로 이해할 가능성을 주장합니다.

앞서 말했듯이 그는 암으로 일찍 세상을 떠났습니다. 그러므로 그는 그러한 연구를 실제로 진행하지는 못했습니다. 후대의 학자들이 그러한 연구를 지속적으로 연구하여 신경망의 병렬처리 계산구조를 모방하는 인공지능이 개발되어 지금 활용되고 있습니다. 그것이 바로 최근 주목을 받고 있는 **딥-러닝 인공신경망**(Deep-learning Artificial Neural network)입니다. 이러한 새로운 인공지능에 대해 철학적으로 연구하는 학자가 바로 처칠랜드 부부입니다. 그러므로 다음에 그들이 인공지능에 대해 어떤 철학적 입장인지를 살펴봐야 하겠습니다.

인공지능에 대한 세세한 기술에 비추어 다양하게 인공지능을 분류할 수 있겠지만,

여기서는 인공지능의 개념설계 측면에서 크게 두 가지로 구분하여 이야기하도록 하겠습니다.

앞서 폰노이만의 이야기에서 살펴보았듯이, 우선 튜링이 생각했던 것은, **순차처리 방식**의 계산기를 이용해서, 인간의 지적 사고를 모방하는 인공지능입니다. 이것은 "**전문가 시스템**(expert system) AI"라고 불립니다. 튜링이 말했듯이, 이런 인공지능은 인간의 여러 판단을 컴퓨터에 저장해놓고, 그 판단들 중 어느 하나를 선택함으로써, 인간의 사고를 모방하는 방식입니다. 예를 들어, 컴퓨터에 바둑 전문가의 지식을 저장한다면, 그것은 상대의 수에 내응하기 위해, 여러 가능한 수들 중 하나를 선택하는 방식으로, 그 컴퓨터는 사람과 바둑 경기를 할 수 있습니다.

그러므로 알파고와 바둑 경기에 앞서, 당시 세계 1위 바둑기사였던 이세돌 기사는 이렇게 확신했습니다. "단 한 번도 지지 않을 것이다." 왜냐하면 자신이 세계 1위이며, 자신의 바둑 지식을 컴퓨터에 제공하지 않았다는 점에서, 자신보다 더 좋은 수를 두는 인공지능이 있을 수 없기 때문입니다. 그러므로 이세돌 기사가 그 경기에서 패하지 않을 것을 확신했던 것은, 그가 인공지능을 전문가 시스템으로만 생각했기 때문일 것입니다. 인간의 지식을 컴퓨터에 저장하는 것이므로, 그 지식이 바로 그 컴퓨터가 가질 수 있는 지성의 한계일 것입니다.

반면에 폰노이만이 전망했던 인공지능은 **병렬처리 방식**의 계산기 개념입니다. 이것은 개별 뉴런, 그리고 그것들의 집단인 신경계의 구조 및 기능을 모방한 컴퓨터입니다. 이것은 "인공신경망(artificial neural network) AI"라고 불립니다. 이런 인공지능은 인간의 뇌인 신경계가 학습하듯이, 새로운 지식을 습득할 수 있습니다. 그리고 그렇게 학습한 지식으로 스스로 판단할 수 있습니다. 따라서 인간보다 못한 판단 혹은 추론을 할 수도 있지만, 그것이 생물이 아닌 만큼 특별히 강한 능력을 발휘하도록 만드는 것도 가능해집니다. 그럴 경우 인간이 판단하는 것과는 다른 판단을 할 수 있습니다. 인간의 뇌를 모방한 구조이지만, 인간보다 특정 분야에서 뛰어난 능력을 발휘할 수 있습니다. 결국 바둑 경기의 결과가 어떻게 나왔는지 아시나요? 4대 1로 알파고가 승리를 거두었습니다. 앞으로 바둑에서 인간이 인공지능을 이기는 일은 일어나지 않을 것이라고 합니다. 이제 여러분은 인공지능이 어떻게 그런 능력을 가질 수 있는지 알고 싶을 것입니다.

그러면 이제부터 뇌의 구성요소와 그 기능, 그리고 그것들이 모여 만들어지는 구조와 그 기능에 대해서 알아보겠습니다. 우선 개별 뉴런의 기능은 [그림 3]과 같이 공학적으로 이해되었습니다. 외부 뉴런의 축삭으로부터 들어오는 입력강도(S_i)가, 시냅스 가중치(W_i)에 영향을 받아 변조된 후 세포 내부로 입력됩니다. 그리고 그 전체 입력의 합($E=\Sigma W_i \cdot S_i$)이 일정 한계치를 넘어서는 경우에만 출력강도(S_o)를 다른 뉴런으로 내보냅니다. 실제 뉴런 1개의 시냅스 연결이 최소 1천 개 이상이라고 알려져 있습니다. 이 그림에서는 편의상 간략한 구조를 보여줍니다.

그림 4 뉴런의 작동

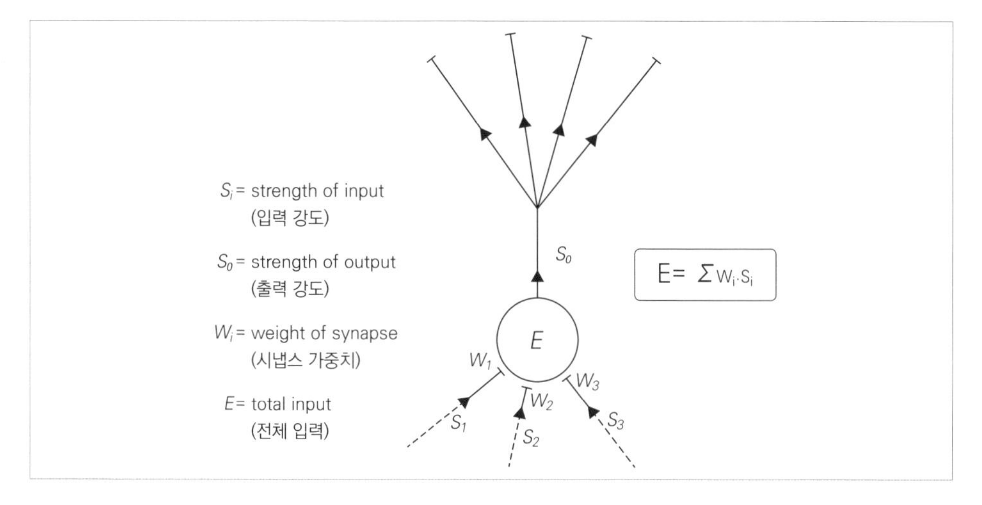

* 주: 외부 뉴런의 축삭으로부터 들어오는 입력신호(S_i)가 출력강도(S_o)로 변환되는 과정을 공학적으로 설명하는 그림 (Paul Churchland의 허락을 받음)[30]

대뇌피질의 경우 보통 뉴런 하나가 다른 뉴런과 무수히 많은 연결을 복잡하게 이루고 있으며, 그것의 구조를 세밀히 파악하려는 연구가 지금 진행되고 있습니다. 그런 이유에서 실제 뉴런의 작용을 여기에서 설명하는 것은 어렵겠습니다. 그렇지만, 뇌 신경망의 작용을 위처럼 공학적으로 이해한 바탕에서 연구되고 응용되는 인공신경망의 작용을 이야기해볼 수는 있습니다. 그러므로 이제부터 여러 인공뉴런이 연결된 인공신경망이 어떻게 학습하고, 기능하는지를 쉽게 이해하도록 아주 단순화시킨 [그림 5]에서 알아보도록 하겠습니다.

그림 5 단순한 인공신경망의 구조

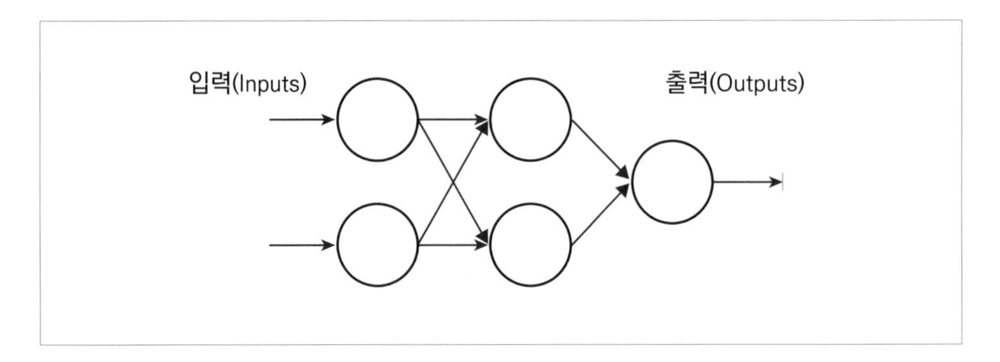

* 주: 입력유닛(input units)이 2개이고, 중간에 은닉유닛(hidden units)이 2개이며, 출력유닛(output units)이 1개인 신경망의 도식적 그림

이런 인공신경망이 무엇을 어떻게 하는지를 폴 처칠랜드는 『뇌-중심 인식론: 플라톤의 카메라(Pato's Camera, 2012)』에서 아래와 같이 설명합니다. [그림 6]에서 만약 이 인공신경망이 개와 고양이를 구분하는 능력을 학습한다고 가정해볼 때, 입력 층(N_1, N_2)의 신호는 은닉 층(N_3, N_4)의 신호에 의해 변조되어, 출력 층(N_5)에 의해 최종 판단이 이루어지는 기능을 가진다고 가정해볼 수 있습니다.

우선 입력 층과 은닉 층의 시냅스 강도에 어떤 학습도 하지 않은 상태라면, 그것은 (a)에서처럼 입력 층에 대한 은닉 층의 반응은 은닉 층의 2차원 평면의 위상 공간 내의 지점에 무작위 점으로 표시되는 노이즈를 보여줄 것입니다. 그러면 그 연결망의 출력 층은 개와 고양이의 구분을 전혀 하지 못할 것입니다. 그러나 은닉 층에 대한 학습이 이루어져서, 즉 시냅스 연결 강도에 변화를 준다면, (b)에서처럼 개의 지점과 고양이의 지점에 모여 표시될 것입니다. 그러면 그 신호를 받는 출력 층 뉴런은 개와 고양이에 대한 구분을 명확히 할 수 있습니다.

그림 6 **단순한 인공신경망의 학습 효과**

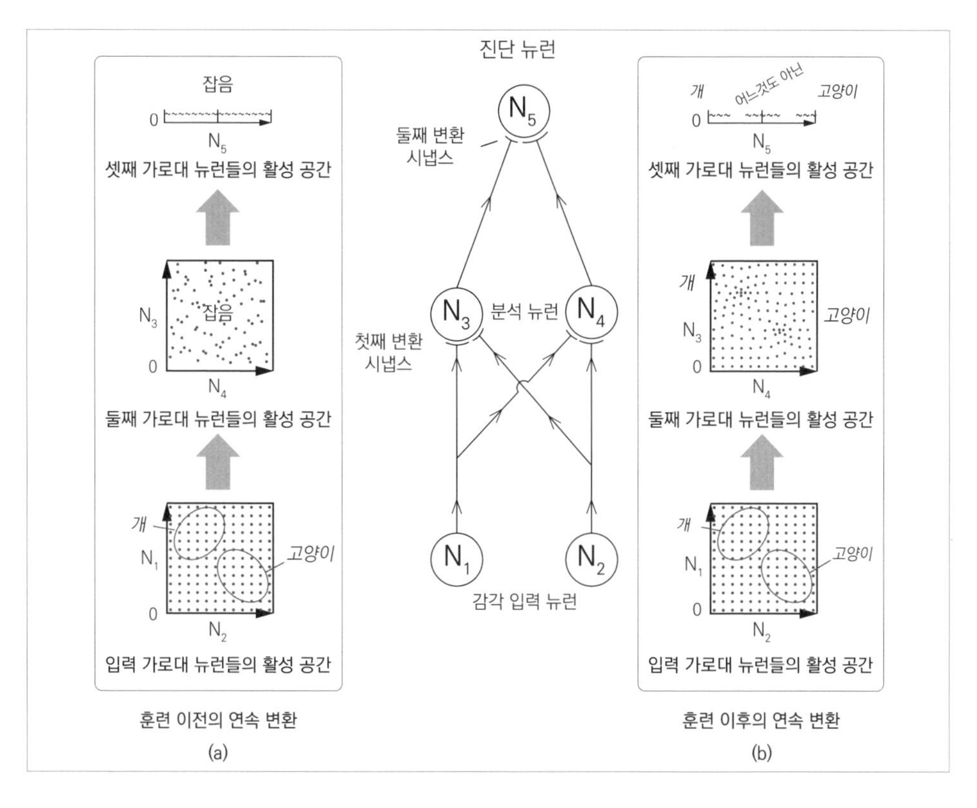

* 주: 뉴런 5개의 단순한 인공신경망이 개와 고양이를 구분할 수 있도록 은닉 층이 어떻게 학습되는지를 보여주는 도식적 그림 (Paul Churchland의 허락을 받음)[31)]

이런 방식으로 인공신경망이 학습한다면, 판단하는 지적 능력을 얻을 수 있습니다. 그러면 실제 알파고는 어떤 방식으로 만들어진 것일까요? 알파고의 원리를 설명해주는 논문, 「딥-뉴럴 네트워크와 트리 탐색에 의한 바둑 게임 마스터하기(Mastering the Game of Go with Deep Neural Networks and Tree Search, 2016)」에 따르면, 제목이 말해주듯이 앞에서 말했던 전문가 시스템의 '트리 탐색'과 '인공신경망'이란 두 방식을 모두 채용한 것을 보여줍니다. 어느 수를 두어야 할지를 고려해야 하는 판단을 하도록 트리 탐색을 이용했고, 그 중에 어느 것이 가장 승리할 가능성이 높을지는 인공신경망을 이용한 것입니다.

그런데 바둑 경기 중에 알파고가 뜻밖의 수를 두었습니다. 그런 순간 그 바둑 경기를 중계하고 해설하던 분들은 모두 이렇게 말했습니다. "드디어 알파고가 중대한 실수를 했습니다." 그래서 이번은 이세돌 기사가 이길 수 있을 것이라고 예상했습니다. 그런데 그 결과는 반대였습니다. 그런 상황에서 오히려 알파고가 승리하게 되었습니다. 사실, 엉뚱한 수로 보였던 알파고의 그 수는 지금까지 인간 바둑 고수들이 전혀 상상하지 못했던 묘수임이 밝혀지기도 했습니다. 인간에 의해 인간이 아는 지식을 입력한 것과 달리, 스스로 학습하는 인공신경망 AI는 인간과 다른 지식을 습득할 수 있으며, 따라서 새로운 생각을 할 수 있는 능력을 갖는다고 말할 수 있습니다. 다시 말해서 인공지능이 창의성을 발휘할 수 있다는 것입니다. 그런데 어떻게 창의적 판단을 할 수 있다는 것인지 여러분은 여전히 궁금해 할 것입니다. 그것을 조금 더 구체적으로 알아보도록 하겠습니다.

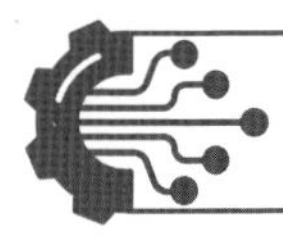

3. 인공지능과 창의성

앞서 이야기했듯이, 순차처리 방식의 전문가 시스템은 인간의 '논리적 사고'를 모방하는 것이라면, 병렬처리의 인공신경망은 '뇌의 구조와 기능'을 모방하는 것이라고 할 수 있습니다. 최근 유력한 인공지능의 기능은 병렬처리 인공신경망을 활용한 것입니다. 그러므로 이런 인공신경망을 이해하려면, 신경계 작용에 대해서도 이해가 필요합니다. 그런 이해의 바탕에서 뇌와 인공지능이 어떻게 창의적 능력을 발휘할 수 있는지도 이해할 수 있습니다.

알파고가 대단한 능력을 발휘하자, 각종 언론에서는 물론 많은 사람들이 인간의 많은 역할을 인공지능이 대신하는 사회가 올 것이며, 인간이 쓸모없어지는 사회가 오는 것은 아니냐고 염려했습니다. 그리고 어떤 사람들은 인공지능에게 인간이 지배받을지 모를 미래 사회를 두려워하기도 했습니다. 그러자 일부 전문가는 인공지능은 창의력이 없으므로, 우리 인간은 창의력을 발휘하면 된다고 사람들을 안심시키기도 하였습니다. 그런데 요즘 인공지능이 그림도 그리고 글도 쓰고, 일반 사람보다 훨씬 뛰어나면서도 창의적으로 문제를 해결해주는 능력을 보여주기 시작했습니다. 인공지능이 그런 능력을 어떻게 가질 수 있을까요?

인공지능의 창의적 능력에 대해 알아보려면, 창의성 자체가 무엇인지부터 이야기해야 합니다. 그리고 그런 능력을 인공지능이 어떻게 가질 수 있을지를 이야기해야 합니다. 앞서 이야기했듯이, 창의성이란 새롭고 유용한 생각을 말하며, 그런 능력을 가지려면 세계를 바라보고, 인지하며, 이해하는 '새롭고 유용한 개념 및 일반화'를 가져야 합니다. 그러므로 이제 우리는 뇌와 인공지능이 어떻게 새롭고 유용한 개념 및 일반화를 발견할 수 있는지, 즉 학습을 통해 얻을 수 있는지를 이야기해야 합니다.

신경망의 기초 계산적 원리를 발견한 사람은 맥컬럭과 핏츠(McColluch and Pitts, 1943)이며, 그들은 뉴런 집단인 신경망이 특정 속성에 대해 일정한 활성화 패턴(activation pattern)을 가진다는 것을 발견했습니다. [그림 7] (a)에서 보여주듯이 대뇌 피질은 얇은 조직이며, 그 조직을 확대해서 보면 (b)와 같이 수평 방향으로 입력정보가 들어가고 수직 방향으로 출력신호가 나오면서 계산처리가 이루어지는 구조입니다. 그런 구조의 계산처리 기능을 알아보기 쉽도록, 더욱 단순한 구조를 (c)에서 보여줍니다. 그러므로 이 신경망은 입력정보(a, b, c, d)를 출력정보(x, y, z)로 변환하는 구조입니다. 다시 말해서, 4숫자 행렬이 3숫자 행렬로 변환(transformation)됩니다. 즉, 신경망은 행렬변환을 수행하는 계산기라고 볼 수 있습니다. 이런 구조에서 계산 기능은 시냅스 강도(p_n, q_n, r_n)에 의해서 일어납니다. 만약 그런 계산 결과에 따라서, 그 시냅스 강도가 조금씩 수정되는 학습이 이루어진다면, 그 시냅스 강도의 상태는 '저장된 지식'의 상태라고 할 수 있습니다. 그리고 그 상태는 입력과 출력의 변환을 일으키므로, 일종의 중앙처리장치(CPU)의 역할을 한다고 볼 수 있습니다. 다시 말해서, 이런 신경망은 메모리와 CPU 역할을 동시에 가지는 컴퓨터입니다. 이런 점에서 우리 뇌의 신경망은 현재 폰노이만 방식의 컴퓨터와 아주 다른 구조와 기능을 가집니다. 일반 컴퓨터는 메모리와 CPU를 따로 가지기 때문입니다.

그림 7 대뇌피질의 계산구조를 보여주는 단순한 그림

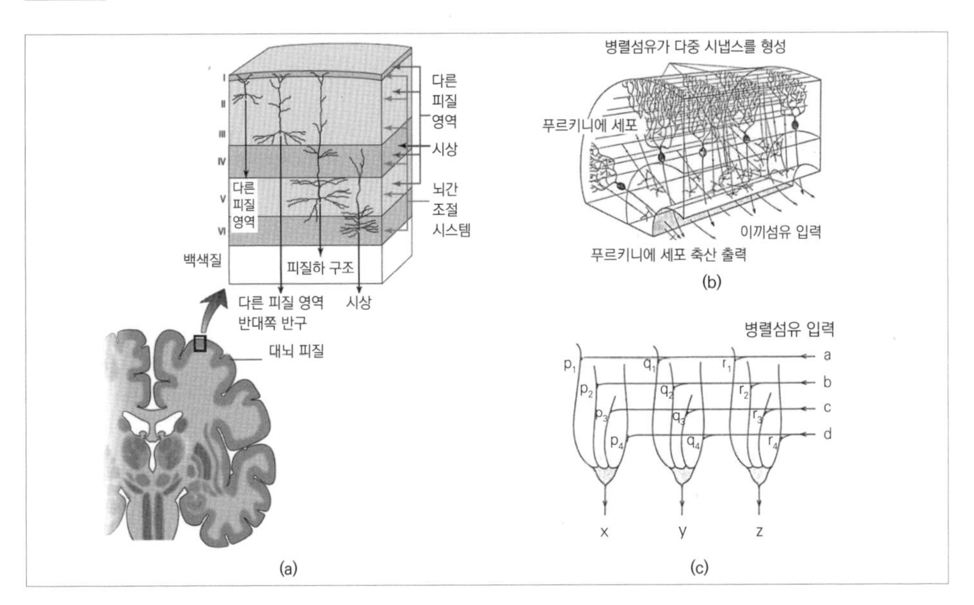

* 주: 입력신호(a, b, c, d)가 들어가면, 그 신호가 시냅스강도(p_n, q_n, r_n)에 의해 변조된 후, 출력신호(x, y, z)로 나오는 것을 보여주는 도식적 그림 (Paul and Patricia Churchland의 허락을 받음)[32]

이런 구조는 철학자 콰인이 강조했던 중요한 지식의 작용을 잘 보여줍니다. 우리는 무엇을 인지할(cognition) 경우에 배경믿음(background belief)에 의존합니다. 우리가 아무리 단순한 것을 알아보는 경우라도, 배경지식 혹은 배경믿음의 그물망에 의존하지 않을 수 없습니다. 이것을 그는 "관찰의 이론 의존성"이라고 말했습니다. 예를 들어, 우리가 무지개를 바라보면서 몇 가지 색깔을 알아볼까요? 여러분은 아마도 모두 7가지 색깔을 구분해서 관찰할 수 있다고 말할 것입니다. 그런데 사실 그 7가지는 예전에 뉴턴이 정했고, 우리는 그렇다고 배워서 그렇게 관찰하고 알아보는 것입니다. 실제로 뉴턴은 처음에 5가지 색깔을 보았지만, 서양에서 행운의 숫자 7을 고려해서, 애써 7가지로 규정했다고 합니다. 한국에서 우리 조상님들은 무지개를 "영롱한 오색 무지개"라고 말했습니다. 5가지로 구분했던 것입니다. 그분들은 무지개를 바라볼 때마다, 손가락으로 가리키며 애써 5가지 색깔을 가리켰을 것입니다.

실제로는 우리 눈의 망막에는 3가지 색을 분별하는 원추세포가 있습니다. 그것이 바로 우리가 빛의 삼원색이라고 부르는 것입니다. 우리는 그 빛들이 어느 정도인지에 따라서, 다시 말해서 3가지 색깔이 섞이는 정도에 따라서 여러 가지 수 많은 색깔을 구분할 수 있습니다. [그림 8]에서처럼 그것을 위상공간의 도형으로 살펴볼 수 있습니다. 그 3가지 파장의 색이 혼합되는 정도를 기하학 도형의 세 축(x, y, z)에 표시해보면, 위상 공간의 어느 위치가 곧 그 색깔과 대응한다고 말할 수 있습니다. 다시 말해서, 세 종류의 빛 파장에 원추세포가 반응한 정도를 3숫자 조합(x, y, z)으로 나타낼 수 있으며, 그것이 뇌의 어느 신경망에서 반응한다고 가정해보면, 신경망의 활성패턴이라고 말할 수 있습니다. 그래서 다음에 어떤 사물을 바라보면서, 신경망의 세 뉴런이 반응하는 패턴이 만약 오랜지 색에 가깝게 반응한다면, 우리는 그것을 오랜지 색과 비슷한 색이라고 말할 것입니다.

그림 8 세 가지 원추세포가 반응한 정도를 위상공간의 지점으로 표현한 도식적 그림

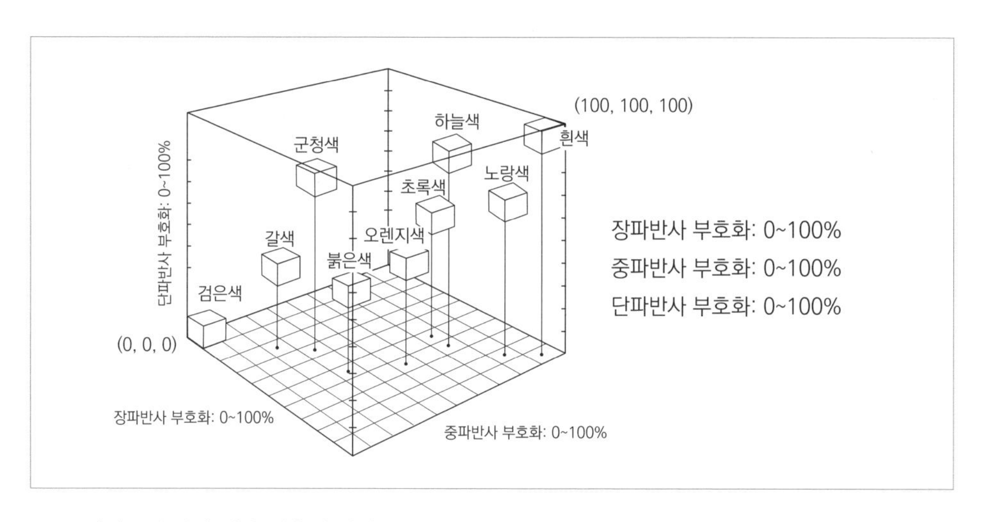

* 주: 실제로 우리의 시각 작용이 이렇게 단순하게 반응하지는 않는다. 그러나 이해를 돕기 위한 목적에서 극히 단순화한 도식적 그림 (Paul Churchland의 허락을 받음)[33]

그러므로 신경망의 뉴런들이 반응하는 패턴이 학습되고 나면, 그 반응 패턴은 곧 무엇을 알아보는 기준이 될 수도 있습니다. 다시 말해서, '분류의 기준'이 된다는 것이고, 이것을 철학적으로 말하면 '**범주**(categories)'라고 말할 수 있습니다. 이러한 **병렬 신경망**은 매우 탁월한 능력을 가질 수 있습니다.

첫째, 다만 3개의 뉴런만 가지고도 그 각각이 반응하는 정도를 100등급으로 작용한다고 가정할 때, 3개의 신경망 전체 조합의 수는 100×100×100=1,000,000, 즉 1백만 가지의 색깔을 분별할 능력을 가질 수 있습니다. 이것을 다르게 말하면, 이런 신경망에 1백만 가지의 정보를 저장할 수 있다고도 말할 수 있습니다. 우리 뇌에 적은 뉴런으로도 엄청난 정보를 저장할 능력은 바로 이런 병렬처리 및 저장방식에서 옵니다.

둘째, 이런 연결망은 저장된 정보를 아주 짧은 순간에 검토할 수 있습니다. 입력정보가 시냅스를 통과하는 순간 정보처리 계산이 병렬로 이루어지며, 입력정보가 무엇인지를 분별할 수 있기 때문입니다. 이것은 신경세포의 반응이 전기회로에 비해서 아주 느리지만, 그럼에도 매우 빠르게 정보를 검색하고 계산처리를 마칠 수 있습니다. 이런 능력은 뇌에 신경망을 지닌 동물들이 생존경쟁의 자연에서 살아가기 위해 매우 중요한 능력입니다. 그 처리 속도만큼 빠른 동작을 부여해주기 때문입니다.

셋째, 이런 신경망의 반응으로 다양한 종류의 감각에 대해서도 인지할 능력을 가질 수 있습니다. 동일한 형태의 병렬처리 신경망의 구조는 다만 색깔만이 아니라, 우리의 맛감각은 물론이고, 세계의 다양한 특징들에 반응하는 패턴을 가져서, 무엇이든 인지할 구조로 활용될 수 있고, 운동조절 능력도 가질 수 있도록 해줍니다.

이러한 인공신경망은 현재 글씨를 읽어 내거나, 사람 얼굴을 알아보는 등 여러 기능으로 활용되는 중입니다. 그럼 인공신경망이 얼굴을 어떻게 알아볼 수 있는지 살펴보도록 합니다. [그림 9]는 연구 초기에 사람 얼굴을 학습시킨 인공신경망의 구조를 보여줍니다.

UCSD(캘리포니아, 샌디에이고, 주립대학)의 인지과학 연구소에서 인공신경망에 대한 초기 연구로 사람 얼굴을 학습하는 일명 "얼굴망(face-net)"이 연구되었습니다. 연구원들은 자신들의 흑백사진 1장씩을 제출하고 이런 구조의 인공신경망이 자신의 얼굴을 알아맞히도록 반복하여 학습하게 했습니다. 실질적으로 그 학습은 입력 층 유닛에서 유닛 층의 유닛 80개로 연결되는 시냅스 강도를 조정하고, 다시 은닉 층 유닛에서 출력 층 유닛 8개로 연결되는, 많은 시냅스 강도를 조금씩 수정하는 방식입니다. 반복된 학습을 통해, 그 흑백사진을 누구의 것으로 맞출 수 있는 수준이 되었을 때, 연구원들은 자신들의 다른 상황에서 찍은 다른 사진을 그 얼굴망에 보여주었습니다. 학습된 인공신경망은 연구원들의 다른 사진의 얼굴을 누구라고 100% 정확히 구분해냈습니다. 그렇지만 그 얼굴이 여성의 것인지 남성의 것인지 구분에서는 다소 틀리는 답을 내놓았습니다. (사람도 이런 구분은 어렵다고 합니다.)

그림 9 **코트렐 얼굴망(Cottrell's FaceNet, 1991)의 구조**

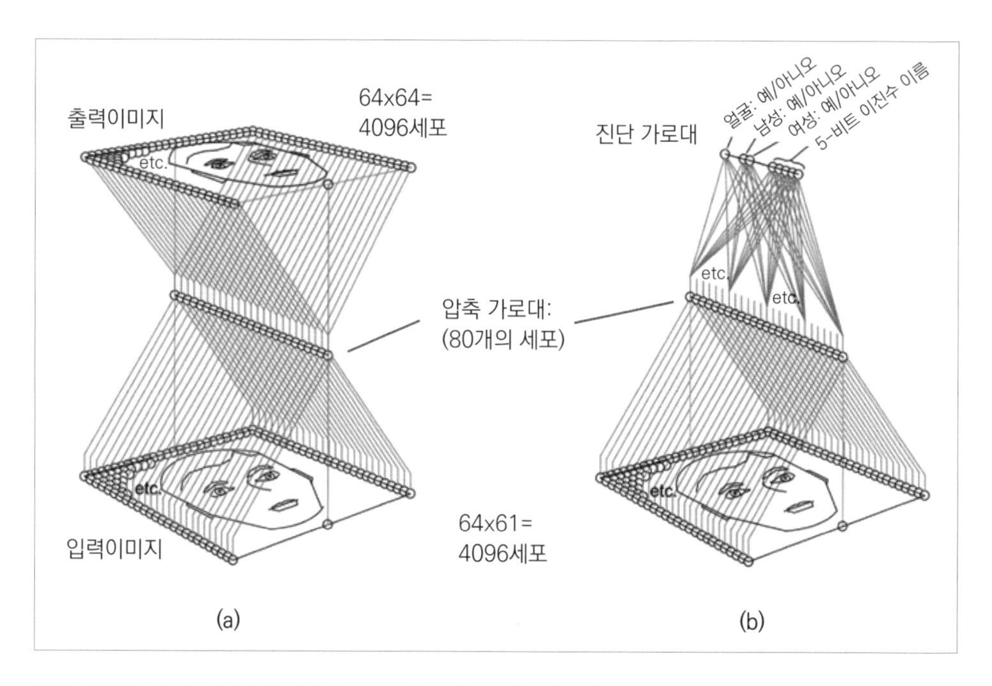

* 주: (a) Usui Net(1992); (b) Cottrell Gray(1992). 입력 층 유닛은 64×64개이며, 은닉 층 유닛은 80개이고, (b)의 출력 층 유닛은 8개로, 출력 층에서 사람얼굴인지, 남성/여성인지, 누구의 얼굴인지 등을 분별해주는 인공신경망의 도식적 그림 (Patricia Churchland의 허락을 받음)[34]

이런 코트렐 얼굴망이 인공신경망으로서 사람 얼굴을 분별해내는 능력은 은닉 층의 80개 유닛의 기능에서 나온다고 볼 수 있습니다. 그런 은닉 층의 80개 유닛이 어떤 분별력을 가질지를 알아보기 쉽게 도형으로 그릴 수는 없습니다. 80개 차원의 위상공간을 평면에 그릴 수 없기 때문입니다. 그러므로 그 은닉 층 유닛을 3개만 가지는 차원의 도형으로 단순화하여 시각적으로 이해해볼 수는 있습니다.

그림 10 얼굴 특징을 공간적으로 표현한 도식적 그림

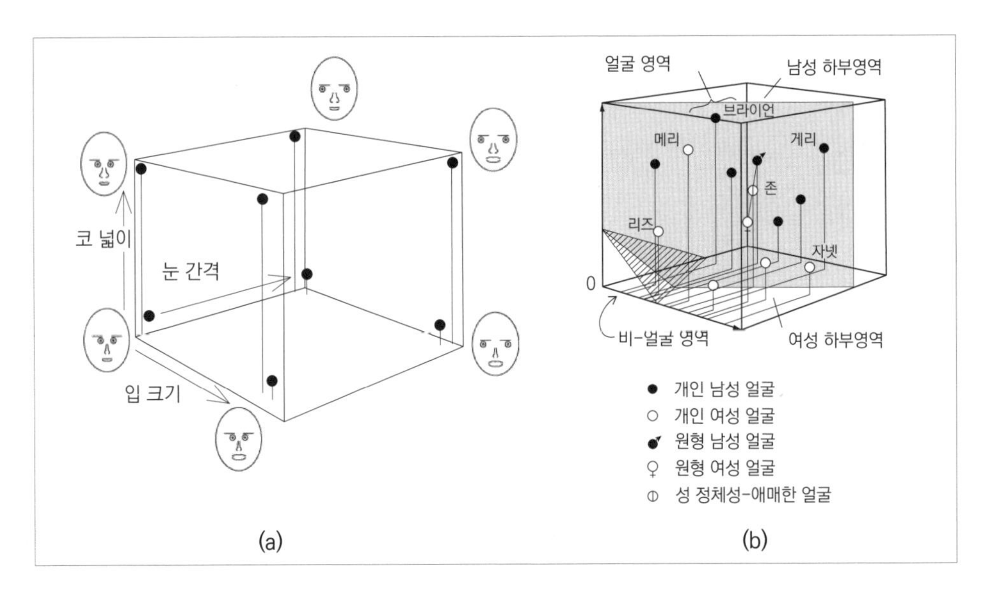

* 주: (a) 코와 눈, 그리고 입의 특징을 수치로 표현하면, 그것을 3차원 공간 내의 지점으로 표현된다. (b) 여러 사람의 얼굴이 위상공간의 지점으로 표현되었다. 그 지점들 사이의 거리가 가까운 사람들은 세 가지 특징이 서로 유사하므로, 비슷한 얼굴이라고 해석될 수 있다. (Paul Churchland의 허락을 받음)[35)]

이 그림은 사람을 나타내는 특징을 세 가지 3차원 위상공간 내의 지점인 '벡터(vector)'로 표현하였습니다. 이 공간의 왼쪽 아래 모퉁이는 세 가지 특징(눈, 코, 입)의 수치가 아주 낮은 구역이며, 따라서 사람 얼굴이 아닌 것을 표현하는 지점이라고 볼 수 있습니다. 그리고 위의 그림에서 존(John)과 개리(Gary)는 비교적 가깝지만, 존과 메리(Mary)는 상당히 거리가 떨어져 있습니다. 이것으로 존과 개리는 세 가지 특징에서 서로 비슷하며, 존과 메리는 덜 비슷하다고 말할 수 있지요. 그러니까 위상 공간에서의 거리는 서로 닮은 얼굴의 정도를 말해준다고 볼 수 있습니다.

이런 인공신경망의 학습을 보면서, 우리는 다음과 같은 인공지능의 특징을 이해할 수 있습니다. 첫째, 우리 뇌의 지식도 비슷하다는 전제에서, 뇌의 지식은 신경세포의 활성 패턴으로, 숫자들의 조합, 즉 벡터로 표현될 수 있다는 것입니다. 다시 말해서, 우리 지식의 본질은 언어적이지 않다는 것입니다. 그리고 우리 지식을 숫자 조합으로 표현할 수 있는 이 방법은 감정을 표현하는 방법으로도 사용될 수 있다고 기대해볼 수 있습니다. 다시 말해서, 우리의 기분 혹은 감정은 숫자 조합으로 표현될 날을 기대할 수 있습니다. 그렇게 되면 미래에 우리의 지식뿐만 아니라, 감정에 대해서도 새로운 과학적 이해에서 접근해볼 수도 있을 것입니다.

둘째, 위상공간의 지점이란 유닛의 활성 패턴이라고 볼 때, 그런 패턴으로 활성화되는 신경망은 입력 정보에 대해 그것과의 유사 여부를 파악할 수 있습니다. 그러므로 존을 구분하도록 학습된 신경망은 존과 비슷한 정도도 파악할 수 있을 것입니다. 즉, 그런 신경망은 누구를 누구로, 무엇을 무엇으로 분별해주는 인지 장치라고 볼 수 있습니다. 즉, 세계의 것들을 분별해주는 '개념'이라고 볼 수 있습니다. 오랜 세월 철학자들은 우리가 세계를 어떻게 분별할 수 있는 능력을 가지는지 알고 싶어 했습니다. 앞서 공부했듯이, 플라톤이 삼각형과 원을 어떻게 분별할 수 있는지 알고 싶어 했고, 실제 세계에는 없는 완벽한 정삼각형과 완전한 원의 개념을 우리가 어떻게 알고 있는지 궁금해 했습니다. 또한 아리스토텔레스는 우리가 세계의 것들을 분별하는 능력으로 '범주(카테고리)'를 알고 있다고 했습니다. 이제 이런 개념 또는 범주를 우리가 어떻게 가지는지를 신경학적으로 이해할 수 있게 되었습니다.

우리가 세계에 실제로 존재하지 않는 추상적 개념을 어떻게 가지는지 조금 더 명확하게 [그림 11]에서 알아볼 수 있습니다. (a)에 삼각형을 표시하는 선이 없음에도 불구하고, 우리는 삼각형의 모습을 명확히 볼 수 있습니다. 이렇게 현실에 존재하지 않는 추상적 도형을 우리는 어떻게 볼 수 있을까요? 그리고 여러분은 눈을 감고서도 이 삼각형 도형을 마음속으로 떠올릴 수도 있습니다. 우리는 추상적 도형을 떠올리는 능력을 가집니다. 이런 능력에 의해서 기하학을 공부할 수 있었습니다. 이런 능력을 우리가 어떻게 가질 수 있었는지는 플라톤이 밝히고 싶었던 궁극적 의문이기도 했습니다. 우리가 그런 능력을 어떻게 가지는지는 (c)에서 잘 알아볼 수 있습니다. 신경망이 삼각형을 인지할 능력으로 은닉 층 유닛이 적절한 시냅스 강도로 학습될 경우에, 그 신경망은 부족한 입력 층 유닛의 활동에도 불구하고 활성화될 수 있을 것이기 때문입니다.

그림 11 **신경망이 주관적 윤곽선을 볼 수 있는 것을 설명하는 도식적 그림**

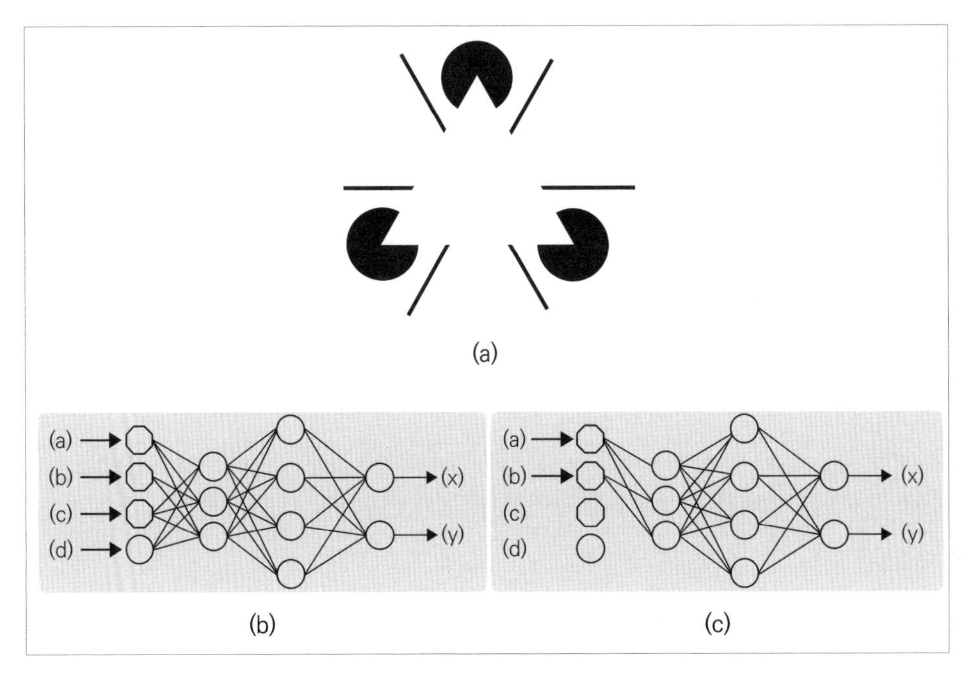

* 주: (a) 명확히 삼각형을 그리는 선이 존재하지 않지만, 우리에게 삼각형의 주관적 윤곽선이 선명하게 보인다. (b) 입력층 유닛 각각이 모두 은닉층 유닛에 연결된 것을 보여준다. (c) 은닉층 유닛이 학습되어 있다면, 부족한 입력층 유닛의 정보에도 은닛층 유닛이 정상적으로 활성화될 수 있다.[36]

우리의 신경망이 실제로 이런 딥-러닝 구조의 신경 연결망을 가지는지 의심할 수 있습니다. 그런데 오래 전부터 우리의 뇌는 이러한 신경망들로 꽉 채워져 있다는 연구가 이미 많이 있었습니다.

이제 우리의 의문은 아리스토텔레스의 의문을 다뤄볼 차례입니다. 그의 의문은 우리가 관찰로부터 어떻게 일반화를 얻을 수 있는지 입니다. 그리고 만약 우리가 일반화를 가지기만 하면, 그 일반화를 통해서 일어난 사건이 왜 그러한지 설명할 수 있으며, 아직 일어나지 않은 사건이라면 어떤 일이 일어날지를 예측할 수 있다고 했습니다. 그러니까 일반화는 우리에게 '설명'과 '예측'을 가능하게 해줍니다. 그런데 일반화 자체는 무엇일까요?

폴 처칠랜드는 우리의 일반화는 운동조절 능력에서 나온다고 주장합니다. 동물은 신체 운동을 아무렇게나 조절하고 움직인다면 생존할 수 없습니다. 생존에 필요한 동작으로 적절히 움직여야 하며, 그렇게 하려면 신경계가 그러한 동작을 조절할 수 있도록 적절한 신호를 발생시켜 신체 동작을 유도해야 합니다.

그림 12 가상 게(crab)의 신경계가 어떻게 운동조절을 하는지 보여주는 단순화한 도식적 그림

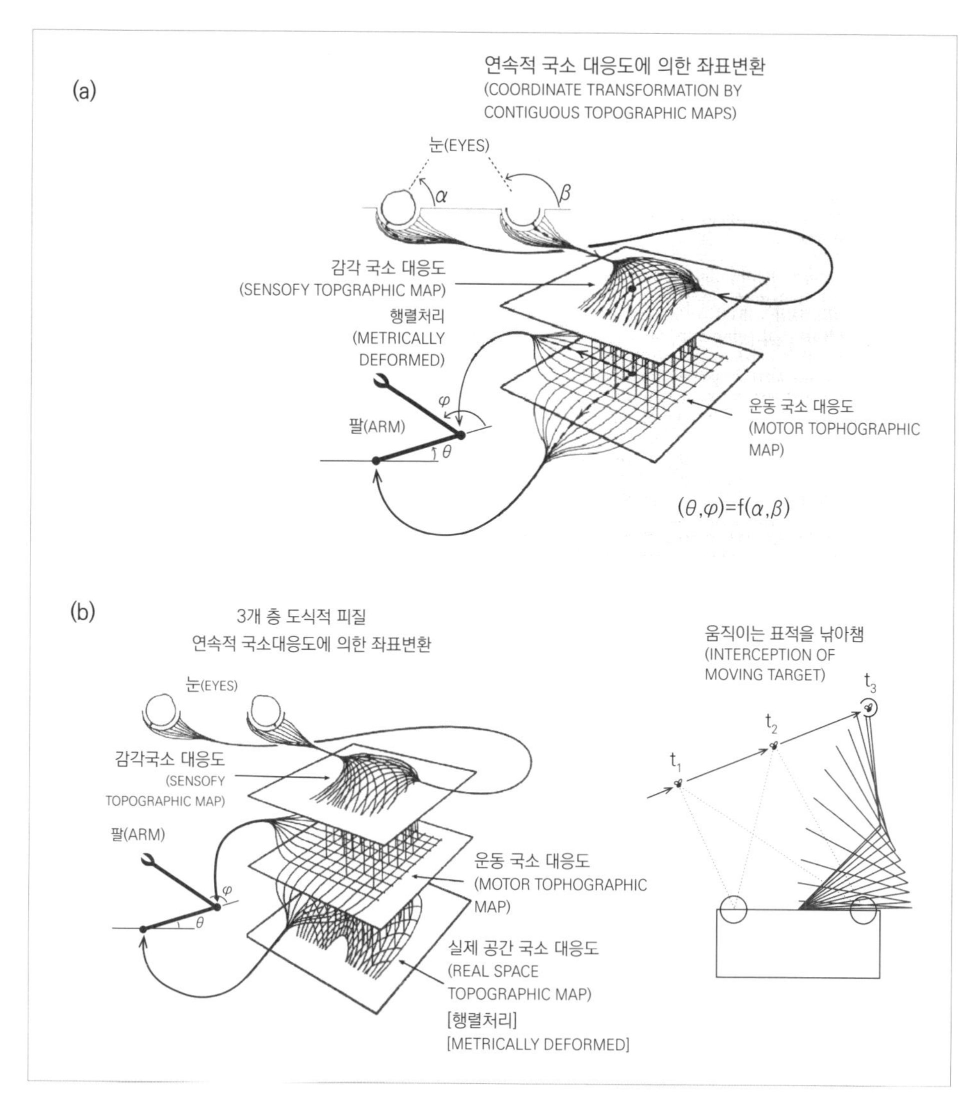

* 주: (a) 게의 눈이 바라보는 두 각도가 감각 신경망에 등록되면, 그 신호가 운동 신경망으로 연결되어 팔 운동을 조절한다. (b) 두 신경망만을 가진 가상 게는 날아가는 먹이를 잡기 위해 그곳으로 팔을 뻗을 경우, 그 먹이는 위치를 바꿔서 잡지 못할 수 있다. 그것을 보정하기 위해 신경망을 하나 더 가지는 경우, 날아가는 먹이의 예상된 위치로 팔을 뻗을 수 있다. (Paul Churchland의 허락을 받음)[37]

[그림 12]는 신경망이 어떻게 감각-운동 조절(sensory-motor control)을 하는지 보여주는 극히 단순한 도식적 그림입니다. 그림에서 가상의 게는 두 눈이 고정된 먹이를 바라보는 눈의 정보를 감각-입력 층 신경망으로 보내고, 그 신호는 운동-출력 층 신경망으로 병렬연결을 통해 신호를 보낼 수 있습니다. 그 연결된 신경망은 입력 층 신경망에 대응하는 팔의 운동 위치 정보를 담고 있어서 입력신호를 출력신호로 적절히 변환해주는 컴퓨터라고 볼 수 있습니다. 이런 방식으로 감각으로 들어오는 입력신호는 신체를 움직이는 출력신호로 변환되어, 눈으로 본 것으로 팔을 뻗을 수 있습니다.

그런데 어려운 점은 신경망이 어떻게 '예측' 행동을 조절할 수 있는지 입니다. (a)에서와 같이 두 신경망만을 가질 경우, 고정된 물체를 집을 수 있지만, 움직이는 물체를 잡지는 못합니다. 그런 문제를 해결하기 위해 (b)에서처럼 신경망 하나를 더 가지면 문제를 해결할 수 있습니다. 그 추가된 신경망이 날아가는 물체를 잡기 위해 신호를 보정하도록 한다면, 날아가는 먹이를 바라보는 것만으로도 그 예상된 위치로 팔을 뻗어서 먹이를 잡도록 해줄 것입니다.

이런 관점에서 그 셋째 신경망은 그 먹이의 모든 가능한 위치를 저장하고 있다가, 입력 정보에 따라서 적절히 운동 조절을 도와줄 것입니다. 다시 말해서, 예측된 행동을 가능하게 해줍니다. 그리고 그것은 '모든' 먹이의 날아가는 위치에 대한 정보를 담습니다. 그러므로 신경망은 '일반화'를 담아내는 기능을 가진다고 볼 수 있습니다. 이러한 동물의 감각-운동 조절 기능을 위한 것이 진화를 통해 많은 예측을 할 수 있게 해준다면, 그 동물은 더욱 똑똑해서 미래를 내다보고 현명한 판단을 할 수 있었을 것입니다. 그리고 진화는 그러한 신경망을 뇌 속에 가득 채워 넣어 무수히 많은 현명한 예측을 가능하게 해주고, 마침내 인간의 뇌에서는 과학을 연구하고, 그 이론 혹은 가설을 담아낼 수도 있게 했을 것입니다.

지금까지 신경망이 추상적 개념을 어떻게 담아내는지, 그리고 일반화 또는 가설을 어떻게 담아내는지를 알아보았습니다. 다시 말해서 신경망은 개념을 담아내는 곳이면서도, 일반화를 담아내는 곳이기도 합니다. 이제 뇌의 창의적 능력을 생각할 차례입니다. 앞서 이야기했듯이, 창의적 사고가 가능한 것은 새롭고 유용한 개념과 일반화를 가짐으로써 가능하다고 했습니다. 그러니까 뇌의 창의성은 새로운 개념 및 일반화를 얻어냄으로써 가능합니다. 그것이 어떻게 가능할까요? 이미 인공신경망 개발자들은 인공신경망을 학습시키는 과정에 그 문제 해결 방안을 활용하고 있었습니다.

[그림 13]의 인공신경망의 학습과정에서, 예를 들어 유닛4와 관련된 시냅스 가중치를 조정하면, 그에 따라서 다른 유닛들(5, 6, 10, 등등)의 가중치도 조정되어야 합니다. 그렇게 조금씩 가중치 조정이 일어나 마침내 원하는 답을 얻을 경우, 학습은 종료됩니다. 그렇지만, 그것이 학습의 한계인 최종 해답인지를 우리는 알 수 없습니다. 그것을 알아보는 방법은 학습이 끝난 그 신경망을 재학습해보는 것뿐입니다. 그 방법으로 개발자는 일부 가중치에 임의로 오류값을 주어 학습을 다시 유도해봅니다. 그 결과 더 좋은 해답인 전체 최솟값(global minium)을 얻을 수 있습니다.

그림 13 인공신경망의 학습 과정의 어려움을 보여주는 도식적 그림

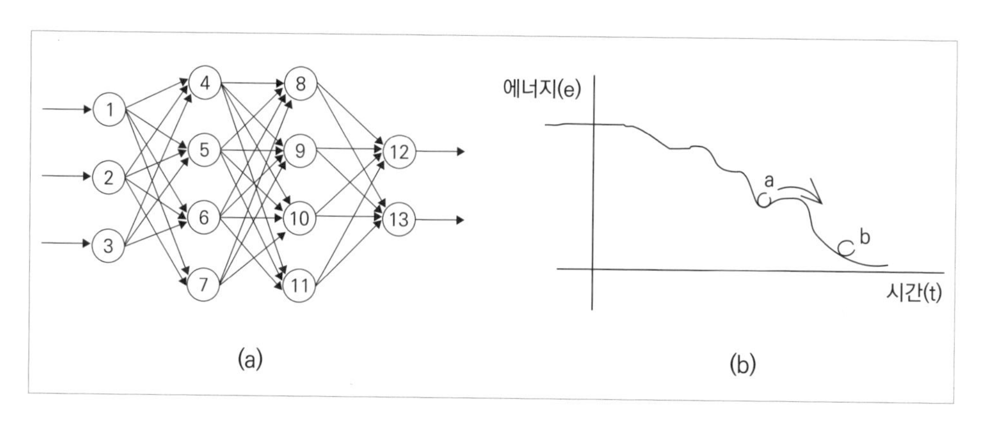

* 주: (a) 인공신경망의 시냅스 가중치 조정을 위해 한쪽을 조정하면 그에 따른 다른 쪽의 강도 조정도 필요하다. 그런 이유에서 그 강도 조정 또는 수정을 위해 많은 반복적 학습과 시간이 소요된다. (b) 그런 학습 과정에서 a의 국소 최솟값을 최종 해답으로 얻을 수 있다. 그런 경우 학습된 신경망의 일부 또는 하나의 가중치에 오류값을 임의로 부여하여 학습을 다시 유도할 수 있고, 그런 결과 b의 전체 최솟값에 도달할 수 있다. 이것을 요동(fluctuation)이라고 한다.[38)]

위와 같은 방식으로 인공신경망에 오류값을 부여하여, 임의로 재학습을 유도하는 것은 마치 비판적 사고에서 '의심하기'와 비슷합니다. 이미 관습적으로 고착화된 우리의 기초 개념, 또는 스스로 알아채지 못하는 논리적 추론에 대해 오류일지, 즉 '그것이 아닐지' 의문을 던짐으로써, 우리의 뇌는 새로운 답을 찾아냅니다. 이러한 '의문하기' 또는 '의심하기'는 사실 우리의 '의식(consciousness)'이 하는 역할이라고 할 수 있습니다. 우리는 자신의 행동에서 잘못한 것을 의식하게 되면, 그것을 수정할 수 있습니다. 사실 이런 능력은 포유류 동물이 보통 하는 행동이기도 합니다.

예를 들어, 경험이 부족한 어린 사자는 처음에 먹이를 잡기 위해 가젤을 향해 달려 나가지만, 재빠른 가젤이 멀리 달아나 여러 번 먹이를 놓칩니다. 그런 경험을 한 후 그 사자는 행동을 바꿉니다. 자신이 달려 나가서 먹이를 잡을 수 있는 거리에 다가올 때까지 풀숲에 납작 엎드리고 숨어 기다릴 것입니다. 의식이 없이는 스스로 이런 행동의 변화를 일으킬 수 없습니다. 의식은 고등동물이 뇌에 많은 정보를 저장하게 되어, 그런 많은 정보 사이의 일관성을 조정하고, 그 결과 스스로의 행동 습관을 바꾸기 위한 장치로 가정됩니다. 아직 의식이 무엇인지에 대해서는 모두 동의할만한 이론이나 학설이 있지는 못합니다.

의식을 통해서 스스로의 무의식적 행동 또는 습관적 생각에 변화를 줄 수 있으므로, 의식을 통해 우리는 이전보다 더 현명한 행동 및 생각을 가질 수 있습니다. 그런 의식을 더 잘하는 방법을 오랜 세월 철학자들이 연구해왔고, 그것이 바로 비판적 사고입니다. 그리고 앞서 이야기했듯이, 비판적 사고는 논리적 일관성을 의심하는 것과, 궁극적 물음을 던지는 것으로 구분됩니다. 그런데 궁극적 질문이 구체적으로 무엇인지 여러분은 궁금할 수도 있습니다. 그것은 가장 근본적인, 가장 기초적인 개념에 대해 의심해보는, 즉 가장 잘 안다고 가정하는 기본 개념을 흔들어보는 것입니다.

뇌는 자기-조직화하는(self-organizing) 능력을 가집니다. 그러므로 흔들어만 주면, 자기-조직화를 통해 스스로 답을 찾아냅니다. 그것이 우리의 창의적 능력입니다. 사실 이런 능력은 특별한 사람만이 갖는 것은 아니고, 학습할 수 있는 우리 모두가 가진 능력입니다. 어려서 걸음을 능숙히 걷지 못하는 아기가 걸음을 옮기고 넘어지면서 우리 뇌는 자기-조직화 능력을 통해 저절로 신체를 조절할 수 있도록 신경계 내의 가중치에 변화를 줄 것입니다. 그렇게 자기-조직화 능력은 누구나 가진 능력입니다.

이렇게 뇌와 인공지능의 창의성이 신경학적으로 어떻게 일어나는지를 알아보았습니다. 이제 평소 어렵다고 생각하는 창의성을 우리가 어떻게 가질 수 있으며, 따라서 어떻게 교육하고 공부해야 할지도 생각해볼 수 있습니다. 물론 여러분 중에 이렇게 질문하는 분도 있을 것입니다. "그러니까 무엇이든 의심하고 질문하면 창의력이 발휘된다는 것입니까?" 당연히 그렇지 않습니다. 이전보다 더 나은 개념 및 일반화를 새롭게 얻어내려면, 과거의 개념 및 일반화를 잘 공부했어야 합니다. 무엇을 개선하려면, 개선할 것을 이미 잘 알고 있어야 한다는 것입니다. 그러므로 창의력을 발휘하려면 평소에 다양한 분야에 대한 공부가 있어야 합니다. 의심할 것, 흔들어야 할 신경망이 이미 형성되어 있어야 한다는 것입니다. 의심하려는 것의 기초개념을 잘 알고 있어야, 그 기초 개념을 흔들어볼 것입니다.

따라서, 창의성을 위해 다음 두 가지가 필요하다고 할 수 있습니다. 첫째는 다양한 분야에 관한 통섭 공부입니다. 그리고 둘째는 비판적 질문입니다. 통섭 공부는 창의적 사고를 위한 '자원'을 확보하는 측면에서 꼭 필요하며, 비판적 질문은 창의적 사고를 촉발하기 위한 '원동력'으로서 꼭 필요합니다.

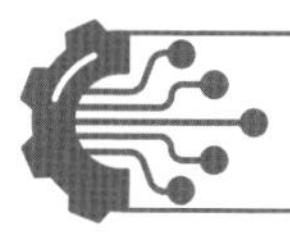

4. 인공지능의 미래

뇌의 신경계가 스스로 학습하는 자기-조직화 시스템이라서 스스로 특정한 개념이나 일반화를 만들어낸다고 했습니다. 자기-조직화 시스템은 사실 복잡계(complex system)가 가지는 특성입니다. 복잡계란 미국의 〈산타페 연구소〉에서 처음 연구되었습니다.

이전까지 과학은 일정하고 단순한 규칙에 따른 세계의 변화에만 관심을 가졌습니다. 그리고 단순한 규칙이 아닌 것들은 규칙에 맞지 않는 것, 즉 예외적 사례라고 무시하곤 했습니다. 이러한 관점에서 자연을 바라보는 사람들은 자연의 "선형적 과정(linear process)"에 관심을 가졌던 것입니다. 그런데 복잡계 연구를 통해 이제 그런 예외적인 사례들이 어떻게 일어나는지도 과학적으로 연구되고 밝혀지기 시작했습니다. 자연은 그렇게 단순한 규칙으로 설명하기에 복잡하다는 것입니다. 그들은 자연이 **비선형적 과정**(non-linear process)으로 작동한다고 말합니다.

예를 들어, 나무젓가락 하나를 들고 힘을 주어 휘어본다고 가정해봅시다. 아주 적게 힘을 주면 약간 휘어질 것입니다. 그리고 조금 더 힘을 주면 조금 더 휘어지겠지요. 그런데 점점 더 힘을 주다보면 어느 순간 그것은 뚝하고 부러질 것입니다. 과거의 과학에서 누군가는 나무젓가락이 휘는 정도는 힘을 준 정도에 비례할 것이라고 법칙을 세울 수도 있을 것입니다. 그러면서 어느 순간 부러지는 것은 법칙에 위반하는 것으로 무시해도 좋다고 생각하겠지요.

그렇지만 복잡계를 연구하는 최근 과학자라면 자연계는 원래 그렇게 단순한 규칙으로만 작용하지 않는다고 말할 것입니다. 그리고 그 부러지는 것 자체도 과학적으로 설명되어야 한다고 말하겠지요. 예를 들어, 주식 시장이 계속 상승하는 것을 보며 많은 사람들이 계속 오를 것이라 기대하지만, 어느 순간 갑자기 폭락하는 상황으로 전환됩니다. 게다가 폭락하는 이유는 그다지 명확해 보이지도 않습니다. 폭락할 정도로 명확히 나쁜 상황이 있지 않은데도 그렇습니다. 부동산 시장도 그러합니다. 폭등하다가, 어느 순간부터 폭락합니다. 이런 현상, 즉 갑작스레 상황이 돌변하는 현상은 자연에서만이 아니라, 사회에서도 작동한다는 것입니다. 그렇게 지금의 상황에서 다른 상황으로 갑작스럽게 변화하는 변곡점을 "**특이점**(singularity)"이라고 말합니다.

미래를 전망하는 학자들, 특히 인공지능 발달의 측면에서 인류의 미래를 연구하는 학자들은 지금 특이점이 온다고 말합니다. 특히 레이 커즈와일(Ray Kurzweil)은 저서, 『특이점이 온다』에서 2045년쯤 인공지능이 인간을 넘어서는 특이점이 될 것이라고 말합니다.[39] 그 시기가 되면 많은 인간이 인공지능에 비해 쓸모없어지는 시대가 될 것이라고 경고합니다. 그는 세계의 많은 변화가 복잡계로 작동한다는 근거를 들어, 인공지능의 발달이 엄청난 사회적 변화를 줄 것이라고 말합니다. 우리는 그런 사회를 염려하고 경계하여, 미리 그런 사회가 오지 않도록 여러 장치 또는 조치를 할 필요가 있을지도 모릅니다. (아무튼 지금 시대를 살아가는 여러분은 복잡계에 대한 공부를 하고, 그것을 잘 이해할 필요가 있습니다. 그런 이해는 여러분의 삶의 판단에서 훌륭한 지혜를 줄 수 있기 때문입니다.)

어떤 사람은 결코 인공지능이 인간의 능력을 넘어설 것이라고 보지 않기도 합니다. 그 근거로 지금의 챗지피티에 대해 설명할 수 있습니다. 그 인공지능이 놀라운 속도로 학습하고, 정보를 검색하며, 엄청난 데이터를 활용할 수 있어서 인간의 능력을 훨씬 넘어서는 것처럼 보일 수 있습니다. 그리고 그 인공지능은 순간적으로 시를 쓰거나, 작곡을 해주고, 그림을 그려주기도 합니다. 그렇지만 그것은 단어와 단어들 사이의 관계를 학습하는 방식으로 언어를 구사합니다. 따라서 어떤 경우에는 아주 엉뚱한 대답을 내놓기도 합니다. 그런 것을 보면 그 인공지능이 언어의 의미를 제대로 이해하기는 한 것인지 의심하게 됩니다.

다른 철학적 관점에서 인공지능의 한계를 말하는 이야기도 있습니다. 그것은 정신적 생각을 물질적 작용으로 결코 설명할 수 없다는 "**반환원주의**" 주장입니다. 그들의 생각에 따르면, 생명현상은 과학으로 절대 설명될 수 없다고 봅니다. 이런 입장은 고대에서부터 있었으며 "생기론자(vitalist)"라고 불립니다.

최근에는 토머스 네이글(Thomas Nagel)이란 학자가 「박쥐가 된다는 것은 어떤 것일까(What is it to Be a Bat?, 1974)」라는 논문에서 이렇게 주장합니다.[40] 우리는 박쥐의 뇌에 대해, 그것의 신경해부학과 감각활동의 신경생리학에 관해 아무리 많이 알더라도, 여전히 박쥐가 감각경험을 갖는 것이 "무엇과 같을지"를 결코 알 수 없다고 단언합니다. 박쥐만이 갖는 자신만의 '주관적 경험'을 우리 인간이 알지는 못한다는 것입니다. 또한 호주의 철학자 프랭크 잭슨(Frank Jackson)은 「부수현상적 감각질(Epiphenomenal Qualia. 1982)」라는 논문에서 생리학적 연구의 한계를 말합니다.[41] 예를 들어, 어떤 신경과학자 메리(Mary)는 어려서부터 오직 흑백만 경험하며 성장했다고 가정해봅시다. 그가 신경과학적으로 시각의 모든 것을 알더라도, 붉은 색을 본다는 '주관적 경험' 자체를 결코 알지는 못할 것입니다.

이런 측면을 고려해보면, 아무리 과학적 연구가 발전한다고 하더라도, 우리의 정신적 현상을 설명할 가능성이 없다고 생각할 수도 있습니다. 더구나 '의식' 역시 의식하는 자만이 아는 주관적 생각입니다. 그것을 과학적으로 설명할 수 없을 것 같아 보이며, 따라서 의식 자체가 무엇인지 밝히지 못하면서, 의식을 갖는 인공지능이 탄생할 가능성은 없다고 주장할 수도 있습니다.

물론 반대 의견도 있습니다. "환원주의자"인 처칠랜드는 위와 같은 네이글과 잭슨의 추론은 '선결문제 요구'의 오류를 범한다고 말합니다.[42] 그들은 자신이 증명할 것을 처음부터 전제(가정)하고 있기 때문입니다. 그들은 주관적 경험 및 의식이 객관적으로 설명할 수 없다는 것을 가정하면서, 그것이 환원적으로 설명될 가능성이 없다고 추론합니다. 처칠랜드는 그들이 주관적 느낌이나 의식을 객관적 과학으로 설명할 수 없다는 '직관적 믿음'에 대해, 만약 그들이 신경과학뿐 아니라, 컴퓨터과학, 신경심리학, 신경철학 등을 진지하게 공부한다면, 그들의 직관적 믿음도 바뀔 것이라고 말합니다. 우리가 직관적으로 보기에 그렇다고 믿는 것은 언제나 배경믿음을 그렇게 가지기 때문입니다. 만약 그런 배경믿음이 바뀐다면 그들이 '불가능하다'고 본 것은 직관적으로

'가능하다'고 바로 볼 수 있을 것입니다. 그런 전망에서 처칠랜드는 신경과학이 발달하고, 인공지능 연구가 발달함에 따라, 의식을 새로운 관점에서 바라보게 될 날이 올 것이라고 전망합니다. 다시 말해서, 과학적으로 밝힐 날이 올 수 있다는 것입니다.

여러분의 이해를 돕기 위해 이러한 학자들의 의견을 가상토론으로 살펴보도록 하겠습니다.

토론: 인공지능이 과연 자율적인 존재라고 할 수 있을까? 또는 없을까?

- 인공지능: 안녕하세요. 오늘은 인공지능이 과연 지능 혹은 지성(intelligent)을 지닌 존재라고 할 수 있을지를 두고 여러 학자들을 모시고 이야기 나누도록 하겠습니다.
- 데카르트: 저는 우리가 아무리 정교하게 인간을 모방하는 기계를 만들더라도 그것이 생각할 수 있는 존재가 되지는 못한다고 생각해요. 인간처럼 행동할 수 있는 기계라고 할지라도 그것이 인간처럼 상황에 따라서 적절히 말하지는 못할 것입니다. 그러니까 인공지능이 지성을 지닌 존재일 수 없다고 생각합니다.
- 튜링: 그렇지 않습니다. 러셀과 비트겐슈타인과 같은 제 선배님들은 인간의 언어를 기호로 바꾸어 계산적으로 추론할 수 있는 논리체계를 만들었어요. 그렇다면, 그런 논리를 실행하는 계산 기계는 언어를 계산할 수 있을 것입니다. 그러니까 그런 계산 기계가 생각을 계산할 수 있으며, 따라서 우리는 그것이 생각한다고 보아야 할 것입니다.
- 네이글: 튜링 선생은 좀 더 깊은 고려를 하셨어야 합니다. 아무리 기계가 인간의 행동을 모방할 수 있고, 아무리 인간의 논리적 추론을 모방할 수 있더라도, 그 기계가 인간이 가지는 주관적 "느낌"을 갖지는 못할 것입니다. 그리고 그런 주관적 느낌은 자신만이 알 수 있는 것으로, 그 느낌이 무엇인지를 결코 과학적으로 연구할 수 없습니다. 그런 느낌은 정신적 영역에 속하며, 장치는 물리적 영역에 속합니다. 물리적 속성은 정신적 속성과 완전히 다른 영역에 속하지요.
- 잭슨: 저도 그렇게 생각해요. 한 번 상상해보세요. 만약 누군가 어려서부터 오직 흑백만 보고 성장했다고 가정해보세요. 그리고 그러한 그가 뇌의 신경계에 대해 아무리 많은 혹은 완전한 지식을 가진다고 하더라도, 그는 붉은 색을 보는 "느낌"이 무엇인지를 알지 못할 것입니다. 그런 자신만의 느낌은 주관적인 정신의 영역입니다. 그런 정신의 영역을 물리적 장치에 의해 이해될 수는 없어요. 주관적 느낌은 오직 자신만이 느끼고 알

수 있기 때문입니다. 그러니까 그런 주관적 느낌을 가진다는 것은 물리적 이해의 영역이 아니라는 말입니다. 이런 사고실험을 가정해보면, 우리 인간이 가지는 주관적 느낌은 어떤 물리적 장치로도 구현하지 못할 것입니다.

- **인공지능**: 네, 무슨 말씀을 하시는지 잘 알겠습니다. 그렇지만 지금 논의의 주제는 주관적 느낌을 가질 수 있는지 없는지의 문제가 아니라, 인공지능이 지성을 가질 수 있는지의 문제입니다. 잭슨 선생님은 지금 논의의 주제를 살짝 벗어나는 것 같습니다.
- **잭슨**: 아닙니다. 내가 주관적 느낌에 대해 이야기하는 것은, 그것이 정신적 영역의 속성이라는 것을 강조하는 것입니다. 그리고 지성은 정신의 성질 혹은 속성입니다. 그런 정신의 속성을 물리적 속성으로 구현할 수는 없어요. 그러니까 미래에 아무리 인공지능을 발달시키더라도 우리는 그것이 지성을 가질 수 있도록 만들지는 못할 것입니다. 딱 보면 모르겠어요? 누구라도 우리는 정신의 영역과 물질의 영역을 구분할 줄 알며, 정신이란 오직 우리 인간만이 가지는 성질이라는 것입니다.
- **처칠랜드**: 네이글과 잭슨 선생은 모두 우리가 증명하려는 것을 전제하고 있어요. 다시 말해서 증명해야 할 것을 이미 참이라고 가정하고 있다는 이야기입니다.
- **인공지능**: 무슨 이야기입니까? 좀 더 구체적으로 설명해주세요.
- **처칠랜드**: 인공지능이 지성을 가질지 여부를 우리는 검토하는 중입니다. 그런데 네이글과 잭슨 선생은 모두, 인공지능은 물리적 장치이며 따라서 정신적 속성을 가질 수 없다고 말씀하시고 있어요. 다시 말해서, 물리적 장치로 구현될 수 없는 정신적 속성이 있으므로, 지성을 가질 수 없다고 말합니다. 이런 식의 말씀은 주장하려는 것을 증명하려 하기보다, 증명하려는 것을 처음부터 가정하고 있다는 것이 제 지적입니다. 이것을 "순환논증" 또는 "선결문제 요구"하는 논증이며, 이것은 오류 논증에 속합니다. 좀 더 정확히 말해서, 증명하기보다 가정하고 있다는 것입니다.
- **인공지능**: 그러면 지금 물음에 대한 처칠랜드 교수님의 의견은 무엇인가요?
- **처칠랜드**: 저는 두고 보아야 할 문제라고 봅니다. 실제 인공지능이 미래에 지성을 가질지 못할지는 지금 우리로서는 장담할 수 없습니다. 지금 직관적으로 "딱 보기에" 불가능해 보이는 것이 미래에 가능하다고 새롭게 이해될 수 있을지 누구도 모르기 때문입니다. 과학의 발달 역사가 그랬습니다. 예전에 우리 선배 학자들은 태양이 어떻게 뜨겁게 불타는지를 영원히 알 수 없는 것이라고 확신했습니다. 왜냐하면, 우선 너무 멀리 있어서 우리가 경험적으로 알 수 없기 때문이라고요. 그렇지만, 지금은 빛의 분광 기술을 이용해서, 빛을 보고도 그 태양의 표면에 어떤 기체의 구성요소를 포함하는지 등을 알 수 있습니다. 지금 알 수 없어 보인다고, 미래에도 알 수 없다고 누구도 함부로 장담하면 안 됩니다.

- **인공지능**: 네, 그런 이야기는 잘 알겠습니다. 그런데 제가 듣고 싶은 것은 처칠랜드 교수님께서 어느 편에 서시는지 그 이야기를 듣고 싶은데요.
- **처칠랜드**: 뇌에 문제가 발생하면, 우리의 정신 작용도 문제가 발생한다는 것은 모두 인정하실 것입니다. 그리고 심지어 뇌가 정지하면 정신도 정지하지요. 또한 정신성 약물, 즉 물리적 약물에 의해서 우리의 정신이 영향을 받는다는 것을 모두 인정할 것입니다. 그러니까, 정신적 작용과 물리적 작용을 이분법으로 나누는 우리의 상식적 관점에 문제가 있습니다. 물리적 작용이 곧 정신적 작용이라고 새롭게 이해하는 관점을 가질 필요가 있습니다. 만약 우리가 그렇게 이해할 수 있게 된다면, 인공지능이 정신적 지성을 갖지 못할 이유는 없다고 보아야 합니다. 물론 우리는 지금 당장 그것을 잘 보여줄 정도로 발달된 과학을 갖지는 못합니다. 그렇지만, 적어도 미래에 어느 방향으로 연구될 가능성이 있을지를 우리가 지금 전망하는 것은 가능한 일이지요. 앞서 이야기했듯이 물리적 작용에 의해 정신적 작용이 영향을 받는 것을 고려해볼 때, 앞으로 지성을 가진 인공지능의 등장을 원리적으로 부정할 수는 없다는 것이 제 의견입니다. 제가 앞의 두 학자들에게 반대하는 것은, 그들이 불가능성을 이야기함으로써 인공지능 연구를 가로막고 있기 때문입니다. 불가능한 것에 연구비를 쓰지 말자고 주장할 것 같네요.
- **인공지능**: 제가 듣기에 처칠랜드 교수님도 지금 당장은 확신할 수 없다는 말처럼 들립니다. 앞으로 인공지능의 기술 발전이 더욱 기대가 됩니다.

지금까지 이야기를 종합해 볼 때, 즉 신경망이 추상적 개념과 일반화를 어떻게 가질 수 있는지를 과학적으로 이해했고, 앞으로 의식이 무엇인지도 밝혀지게 된다면, 우리 인류는 인공지능이 그러한 능력을 가지게 만들 수 있을 것입니다. 그렇게 된다면, 미래 특이점이 온다는 레이 커즈와일의 예상대로 끔찍한 날이 올 수 있습니다. 인공지능은 인간보다 뛰어난 개념과 일반화를 얻어내고, 그것으로 인간이 넘볼 수 없는 높은 수준의 지성을 가질 수도 있을 것 같습니다. 물론 그런 날이 올지 안 올지는 지금 우리로서 확신 있게 말할 수는 없습니다. 그렇지만 우리는 그것에 대한 의식을 하고 있어야 하며, 대비할 수 있어야 할 것입니다.

이런 염려에서 어떤 분들은 인공지능 연구를 이제 여기서 멈추어야 한다고 주장하기도 합니다. 그러나 그렇게 하기 어려운 점은 인공지능 연구가 현재 '기업'에게 매우 필요한 도구로 활용되고 있기 때문입니다. 예를 들어, 얼마 전 코로나가 창궐하기 시작했을 때, 그 바이러스 진단키트를 어느 한국 기업이 만들어 세계에 수출했습니다. 그럴 수 있었던 것은 인공지능을 활용할 수 있어서라고 말합니다. 그러므로 이런 인공지능의 활용은 기업을 넘어 이제 '과학연구'에서도 필수적이 되어가고 있습니다. 그 나라의 과학 발전에 인공지능은 아주 필수적인 요소가 되었습니다. 인공지능을 잘 활용하는 정도가 곧 그 '국가'의 과학의 수준에 영향을 크게 미칠 것입니다. 더구나 미국에서 처음 컴퓨터 개발은 군사적 목적에서 만들어졌습니다. 나중에 그런 컴퓨터가 민간 분야에 널리 활용된 것입니다. 그런 군사적 목적에서 인공지능 연구가 중요하게 필요한 것은 한국에서도 마찬가지 일 것입니다. 한국의 '국방' 문제, 즉 안보 문제는 과거 한국의 역사와 지금의 상황에서도 강대국 사이에 놓인 매우 어려운 상황입니다. 그러므로 인공지능을 잘 활용해서 군사적으로도 안정된 나라를 유지하는 일은 매우 중요한 사안입니다.

하버드의 물리학 박사이면서, "패러다임 전환"을 이야기해서 세계적으로 유명한 학자인 토머스 쿤(Tomas Kuhn)은 자신의 책, 『과학혁명의 구조(The Structure of Scientific Revolution, 1962)』에서 이렇게 말했습니다.[43] "창의적 과학 탐구를 위해, 과학자는 과학을 철학적으로 탐구할 수 있어야 한다." 여러분도 창의적인 사람이 되기 위해 통섭 공부와 비판적 질문을 일상에서 실천해 봅시다.

참고문헌

Churchland, Patricia S. (1986), Neurophilosophy, Cambridge, MA: The MIT Press. (박제윤 역, 『뇌과학과 철학』, 철학과 현실사)

_________________ (2002), Brain - Wise, Studies in Neurophilosophy, The MIT Press.

Churchland, Paul M. (1989), TA Neurocomputational Perspective: The Nature of Mind and the Structure of Science, Cambridge, MA: The MIT Press.

_________________ (1995), The Engine of Reason, the Seat of the Soul: A Philosophical Journey into the Brain, Cambridge, MA: The MIT Press.

_________________ (2012), Plato's Camera: How the Physical Brain Captures a Landscape of Abstract Universals, Cambridge, MA: The MIT Press. (박제윤 역, 『뇌 중심 인식론: 플라톤의 카메라』, 철학과 현실사)

Heisenberg, Werner (1969), Der Teil und das Ganze: Gesspräche im Umkreis der Atomphysik, (김용준 역, 『부분과 전체』. 지식산업사 1982, 1995, 2005, 2016)

Heisenberg, Werner (1990), Physics and Philosophy. (구승회 역, 『하이젠베르크의 물리학과 철학』. 도서출판온누리 1993, 2011)

Jackson, Frank (1982), Epiphenomenal qualia, Philosophical Quarterly 32, 127-136.

Kuhn, Thomas (1962, 1970), The Structure of Scientific Revolutions. 2nd ed., Chicago: University of Chicago Press. (김명자 · 홍성욱 역, 『과학혁명의 구조』. 까치 1999, 2013, 2015)

Kurzweil, Ray (2012), How to Create a Mind, The Secret of Human Thought Revealed. (윤영삼 역, 『마음의 탄생, 알파고는 어떻게 인간의 마음을 훔쳤는가?』. 그레센도)

Nagel, Thomas (1974), What is it like to be a bat?, Philosophical Review 83, 435-50.

Quine, Willard V. O. (1951), Two Dogmas of Empiricism, The Philosophical Review 60 : 20-43. Reprinted in W.V.O. Quine, From a Logical Point of View (Harvard University Press, 1953; second, revised, edition 1961)

______________ (1960), Word and Object, Cambridge, MA: MIT Press.
______________ (1969), Epistemology Naturalized, Ontological Relativity and Other Essays, New York: Colombia University Press, 69-90.
______________ (1978), The Web of Belief, New York: Random House. (정대현 번역, 『인식론: 믿음의 거미줄』, 종로서적)
Rose, John (1972, 2001). A Historical Introduction to the Philosophy of Science. Oxford University Press. (최종덕 역, 『과학철학의 역사』, 동연총서 205. 동연 1999)
Russell, Bertrand (1905), On Denoting, Logic and Knowledge, Rovert C. Marsh ed. (1956), New York: The Macmillan Co.
Turing, A. M. (1936), On computable numbers, with an application to the Entscheidungsproblem, Proceedings of the London Mathematical Society 42: 230-265.
______________ (1950), Computing machinery and intelligence, Mind 59: 433-460.
von Neumann, J. (1958, 1986, 2000). The Computer and the Brain, (second ed.) New Haven and London: Yale University Press.
Wittgenstein, Ludwig (1922). Tractatus Logico-Philosophicus, London, Boston and Henley: Routledge & Kegan Paul LTD.
박제윤 (2013), 「창의적 과학방법으로서 철학의 비판적 사고」, 한국과학교육학회.
박제윤 (2021),『철학하는 과학, 과학하는 철학: 4 뇌와 인공지능의 철학』. 철학과현실사.

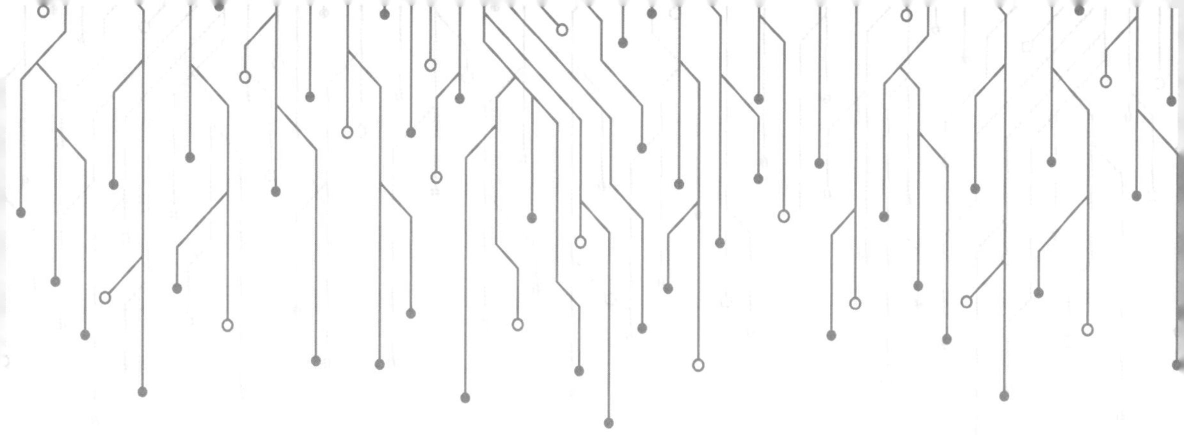

PART

의료로 보는 인공지능

1. 다른 사람의 몸에 이식된 정신을 동일한 나로 볼 수 있을까?
2. 의료기술로 인한 생명 연장은 축복인가? 불행의 시작인가?

CHAPTER 01

다른 사람의 몸에 이식된 정신을 동일한 나로 볼 수 있을까?

영화〈트랜스퍼(Transfer)〉

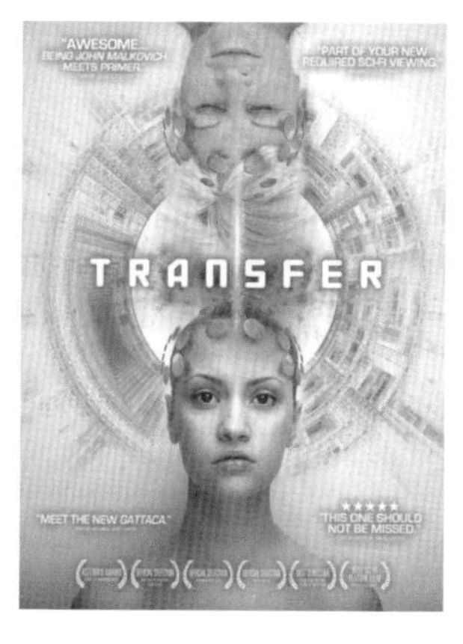

'정신 전송'은 마음 혹은 정신 작용을 디지털 데이터로 바꾸어 컴퓨터나 로봇의 두뇌에 전송하는 기술입니다. 일종의 마음 전송이라 할 수 있죠. 향후 이러한 기술이 실제로 구현된다면, 어떤 일이 벌어질까요? 이러한 기술을 소재로 한 소설이나 영화, 드라마가 부쩍 늘고 있는데, 그 중에서 다미르 루카체비츠(Damir Lukacevic) 감독의 2010년도 영화 〈트랜스퍼(Transfer)〉를 소개하려고 합니다. 이 영화는 2090년 독일을 배경으로 한 미래의 인간 삶을 보여 줍니다. 미래의 인간은 첨단 정신 전송 기술을 이용해서 한 사람의 정신을 다른 사람의 몸으로 전송하여 젊음과 영생이 기술적으로 가능한 세계에서 살아가죠. 영화에서 부유한 78세 노인인 헤르만은 그의 부인 안나가 불치병으로 인해 몇 달밖에 살 수 없다는 소식을 접하게 되자, 아내와 함께 자신도 새로운 몸을 얻어 인생을 다시 살기로 결심합니다. '멘차나 기술연구센터'의 신경과학자 멘첼 박사는 인지능력, 감정, 생식능력 등이 우수할 뿐 아니라 노부부인 헤르만과 안나의 두뇌 구조에 가장 적합한 젊은 흑인 남녀 한 쌍을 소개시켜 줍니다. 이와 연관해서 박사는 "흑인 남녀의 두뇌의 특징이 골트벡 부부와 놀랍도록 잘 맞는다." 라고 말합니다. 영화에서 정신 전송은 헤르만과 안나의 뇌 속에 들어있는 의식, 기억, 마음 등 모든 정보가 전류를 통해 젊은 흑인 남녀의 뇌로 전송되는 것으로 묘사됩니다. 첨단 정신 전송 기술을 통해 헤르만의 정신은 말리 출신의 흑인 남자 아폴랑으로, 또 안나의 정신은 에티오피아 출신의 흑인 여자 사라로 복제됩니다. 이로써 헤르만과 안나는 아폴랑과 사라의 젊고 새로운 몸을 갖게 됩니다.[44] 우리는 헤르만의 정신을 가

진 말리 출신의 흑인 남자 아폴랑을 헤르만과 동일한 사람이라고 볼 수 있을까요? 또한 안나의 정신을 가진 에티오피아 출신의 흑인 여자 사라를 안나와 동일한 사람이라고 볼 수 있을까요? 이러한 문제의식을 바탕으로 자아동일성에 대해 논의해 봅시다.

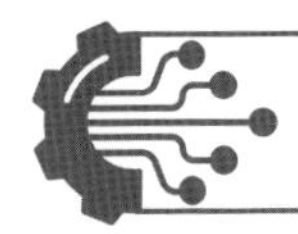

1. 정신 전송 기술의 이해

정신 전송 기술은 마인드 업로딩(Mind uploading), 디지털 업로딩으로도 불리며 인간의 정신, 마음 의식, 기억 등을 컴퓨터나 기계 또는 다른 사람의 몸으로 전송하는 첨단 과학 기술입니다. 최근 뇌 과학 분야를 비롯해 인공지능, 로보틱스, 나노테크놀로지, 빅데이터 등의 기술 혁신으로 인해서, 정신 전송의 실현이 영화 속의 공상만이 아닌 현실로 그 가능성이 점점 커지고 있습니다. 미국의 미래학자 레이 커즈와일(Ray Kerzweil)도 2005년에 쓴 『특이점이 온다(The Singularity Is Near)』에서 뇌 업로드에 관해 언급을 하고 있습니다. 뇌의 두드러진 특징을 모조리 스캔을 한 다음에 강력한 연산 기판에 적절하게 옮겨서 재가공한다는 것입니다. 레이 커즈와일은 2030년이 되면 인간의 모든 기억을 크라우드 서버에 저장하는 기술이 가능해질 것이라고 전망하기도 했습니다.

천현순(2021)의 연구에 따르면, 사실 이러한 정신 전송의 논의 배경은 **르네 데카르트**(R.Descartes)에서 시작되었다고 할 수 있습니다. 데카르트는 그의 저서 『정념론(Les passions de l'âme)』에서 인간의 정신은 뇌 가운데 있는 샘 즉, 송과선에 위치한다고 언급했습니다. 뇌는 좌뇌 · 우뇌 한 쌍으로 존재하는데 송과선은 그 뇌의 중심부에 하나만 존재한다는 것입니다. 그래서 데카르트는 비물질적인 정신이 송과선에 존재한다고 생각했어요. 인간의 정신이 뇌 중심에 존재한다는 이 데카르트의 견해는 현대 과학에서도 여전히 중요한 담론으로 이해됩니다. 뇌를 정신의 위치로 해석하는 이른바 두뇌 중심주의가 대두하게 된 것이죠. 인간의 두뇌에서 모든 정신이 나온다고 이때부터 생각을 하게 된 것입니다. 따라서 정신 전송 기술은 근본적으로 정신이 뇌에 존재한다는 데카르트적 사유 방식으로부터 출발하고 있습니다.

현대 과학자들은 인간의 정신을 새로운 몸에 전송하기 위해서 뇌의 작동 방식을 정확하게 관찰할 수 있는 첨단 두뇌 기술이 중요하다고 봅니다. 정신 전송을 어떻게 구현할 수 있을지 두 가지 방법을 살펴보도록 하겠습니다. 먼저, '**뇌전도 스캔**(Electro-encephalogram, EEG)'이 있습니다. 뇌전도 스캔은 1924년 독일의 신경과학자 한스 베르거(Hans Berger)에 의해 처음으로 개발되었습니다. 뇌전도 스캔 기술이란 피험자의 머리에 전극을 연결한 후, 이 전극이 피험자의 뇌에 흐르는 전기신호를 감지하여 컴퓨터로 전송하면, 그에 해당하는 두뇌 영상이 만들어지는 기술을 말합니다. 일반적으로 뇌파의 진동수는 의식의 수준에 따라 다르게 진동할 뿐 아니라, 뇌의 각 부위별로도 다른 진동수로 진동하면서 서로 정보를 교환하는 것으로 알려져 있습니다. 뇌전도 스캔은 뇌에서 일어나는 다양한 전기적 신호를 탐지하여 뇌의 작동방식을 관찰하는 장치입니다. 현대 과학자들은 첨단 뇌전도 스캔 기술을 이용해서 한 사람의 감정뿐 아니라 의식이나 기억의 작동방식도 정확히 관찰할 수 있다고 보고 있습니다.[45)]

정신 전송의 두 번째 방법으로 '**자기공명영상 스캔**(Magnetic Resonance Imaging, MRI)'이 있습니다. 자기공명영상 스캔 기술은 1970년대 중반에 영국의 과학자들에 의해 처음으로 개발되었습니다. 자기공명영상 스캔 기술이란 강력한 자기장이 발생하는 커다란 원통 모양의 자석통에 머리를 넣은 후 전자기파를 발사하면, 발사된 전자기파가 뇌의 전기신호를 데이터로 변환하여, 컴퓨터 스크린 위에 두뇌의 3차원 영상을 선명하게 만들어내는 기술을 말합니다. 뇌전도 스캔이 뇌에서 자연적으로 방출되는 전기신호를 분석하는 장치라면, 자기공명영상 스캔은 뇌에 전자기파를 발사한 후 그 진동을 분석하는 장치입니다. 자기공명영상 스캔은 두뇌를 절개하지 않고도 뇌의 내부구조뿐 아니라 뇌 안에서 일어나는 감정, 사고, 기억, 의식의 흐름 등을 선명하게 영상으로 관찰할 수 있도록 합니다.[46)]

이러한 기술을 바탕으로 정신 전송을 위한 시도들은 이미 진행이 되고 있습니다. 2005년부터 '블루 브레인(Blue brain) 프로젝트'는 스위스 연방 공과대학과 IBM이 공동으로 연구를 수행하고 있어요. 연구진은 고성능 컴퓨터를 통해서 인간의 대뇌와 신피질을 디지털화 해서 모의하는 작업을 하고 있습니다. 하지만 이들의 목표는 인간의 두뇌를 업로딩하거나 인공 신경망을 구축하는 것이 아닙니다. 그들은 생체 기능과 오작동의 이해 즉, 인간의 인지 능력의 연구를 통해 자폐증과 같은 정신장애를 연구의 목적으로 하고 있습니다.

해당 연구 외에도 2010년 한손 로보틱스(Hanson Robotics)에 의해 자신의 의식을 데이터화했다가 '비나 48(Bina 48)' 로봇에 이식한 사례가 있습니다. 일종의 정신 복제 로봇이라고 할 수 있어요. 미국에 사는 '비나 로스블렛(Bina Rothblatt)'이라는 여성은 향후 자신이 생물학적 죽음을 맞이한 후에도 남편과 영원히 사랑을 나누고 싶어 '비나 48' 로봇에 자신을 이식했다고 합니다. 비나 로스 블렛은 생전에 자기의 모든 기억, 성격 이런 것을 데이터로 전환을 해서 '비나 48'이라는 인공지능 로봇에 이식을 합니다. '비나 48'은 사람들과 대화하면서 상호작용할 수 있으면서, 대학에서 철학 수업을 이수할 정도로 높은 지적 능력을 자랑한다고 합니다. 자신의 기억, 신념, 생각을 가지고 논평을 할 뿐만 아니라 자기 감정 상태를 표현하기도 하면서, 원래 사람인 비나 로스 블렛에게 질투를 하기도 한다고 합니다. 그야말로 포스트휴먼 사회가 도래했다고도 볼 수 있는데 이에 대해 계속해서 살펴봅시다.

로봇 '비나 48'의 대화하는 모습

출처: LIFE NAUT Eternalize

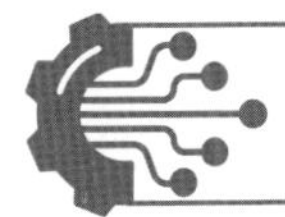

2. 포스트휴먼의 도래

'**포스트휴먼**(posthuman)'이라는 말 들어보셨나요? '포스트(post)'는 '~다음, 후'의 뜻이고 '휴먼(human)'은 '인간'이니까 인간 다음의 존재를 의미한다고 할 수 있어요. 기술의 발달로 인해 인간과 로봇 및 기술의 경계가 사라져 현존하는 인간의 능력을 넘어선 신인류라고 할 수 있습니다. 예를 들어, 영화 속의 아이언맨이나 스파이더맨이 일종의 포스트휴먼이라고 할 수 있어요.

인간처럼 생각하고 말하는 인공지능 로봇처럼, 인간하고 굉장히 다른 방식으로 작동하는 지적 존재가 등장함에 따라 전통적인 **인권의 개념**에 대한 진지한 재검토가 필요하게 되었습니다. 전통적으로 인권은 사람이라면 누구나 당연히 가지는 기본적 권리로서, 다른 사람이 함부로 빼앗을 수 없고, 태어나면서부터 자연적으로 주어지는 권리입니다. 하지만 정신 전송 기술로 생겨난 '비나 48'의 등장은 시대와 상황에 맞는 새로운 인권의 개념 정립의 필요성을 야기합니다. 그래서 포스트휴먼 시대를 이해하기 위해서는 휴먼, 휴머니즘에 대한 이해가 선행되어야 합니다. 먼저, 휴머니즘의 역사적 배경부터 살펴보겠습니다.

'**휴머니즘**(humanism)'이란 말은 흔히 인문주의 · 인본주의 등으로 번역되며, 이는 '사람을 위주로 하는 사상'을 일컫습니다. **인문주의** 성격이 강했던 르네상스 휴머니즘은 기본적으로 중세의 신만을 중시했던 암흑기에 대한 반발로 그리스 · 로마의 향수로부터 비롯됐다고 할 수 있습니다. 고대 문예 부흥 운동으로부터 시작한 르네상스는 인간 고유의 가치를 지닌 예술 · 종교 · 철학 · 과학 · 윤리학 등을 높이 존중하고 이러한 가치들을 옹호하려는 노력이 근대 과학 혁명을 거쳐서 새로운 시대를 개척하려는 노력으로 결실을 맺는다고 할 수 있습니다. 그래서 르네상스 시기의 문예 부흥 중심의 인문주의는 인간의 능력에 대한 자각 이후 자신감 회복의 근대 인문주의로 변모하기에 이릅니다. 영국의 경험론자 **프랜시스 베이컨**(Francis Bacon)은 이런 생각을 발전시켜서 과학적 탐구 결과에 바탕을 둔 유토피아 건설이 가능하다고 이야기를 합니다. "아는 것이 힘이다."라는 유명한 말은 이런 의미에서 근대 휴머니즘의 자신감 넘치는 세계 변형의 의지를 드러냈다고 볼 수 있어요.

휴머니즘의 또 다른 양상인 **인본주의**는 휴머니즘의 핵심을 인권 개념에 기초한다고 정의합니다. 인권 개념에 기초하는 인본주의는 인간의 권리에 대한 강조와 제도화에 주목합니다. 이는 사실 프랑스 혁명 시기에 본격적으로 등장했다고 할 수 있습니다. 프랑스 혁명의 사상적 기초는 계몽사상이었고, 이 계몽사상은 근대 과학이 가져다준 자신감에서 비롯됐다고 볼 수 있습니다. 종교나 미신이 아니라 객관적인 과학 방법론에 의해서 밝혀낸 과학 지식들을 널리 전파하고 활용하면, 더 나은 세상을 인간의 힘만으로 만들어 낼 수 있다는 것이 계몽사상의 핵심입니다. 이러한 계몽사상으로 근대의 불합리한 옛날 체제에 대한 불만이 더해지면서 발생한 것이 바로 프랑스혁명이라 할 수 있습니다. 그 과정에서 인본주의로 이해되는 휴머니즘에서 중요한 천부 인권(天賦 人權)의 개념이 탄생하게 되었습니다. 천부 인권은 인간이 태어나면서부터 누구나 갖는 권리입니다. 이러한 인본주의적 인권의 개념은 19세기를 거치면서 복지국가 개념과 결합하고 국민의 기본적 복지를 포함한 확대된 개념으로 정착합니다. 그래서 국가는 인권을 보장받을 수 있는 제도를 만들고 시행해야 할 의무를 가지게 되었습니다. 이처럼 휴머니즘이 인문주의로 이해되는 방식과 함께 구체적인 내용은 인본주의로 적극적인 사회운동, 정치, 문화 체계의 변동에 의해서 끊임없이 변화되어 왔다고 볼 수 있습니다.

휴머니즘에 관해 대략적으로 살펴보았는데, 계속해서 **트랜스휴머니즘**(transhumanism)과 포스트휴머니즘(posthumanism)에 대해서 논의해 보도록 하겠습니다. 트랜스휴머니즘과 포스트휴머니즘은 휴머니즘을 넘어서려는 시도로 볼 수 있습니다. 먼저 트랜스휴머니즘은 휴머니즘 앞에 '트랜스(trans-)'가 붙었는데, 트랜스는 '초월, 변화'의 의미를 가진 접두사이며, 인간의 사상에서 초월 · 변화되는 양상을 의미합니다. 트랜스휴머니즘은 감각, 지능, 수명 같은 인간의 생물학적 한계를 넘어서려는 첨단 과학 기술 운동입니다.[47] 즉, 트랜스휴먼은 현재 인간과 포스트휴먼 사이의 중간 형태를 가리키는 '과도기의 인간'을 나타내는 말로, 그 스스로 트랜스휴머니스트이기도 한 FM-2030(FM. Esfandiary)이 사용한 표현입니다.[48] 포스트휴먼에서 '포스트(post-)'는 앞서 말했듯이 인간 다음의 존재로서 신인류를 일컫는다고 했습니다. 인간이 과학 기술의 도움을 받아서 트랜스휴먼이 되고, 트랜스휴먼 다음에 포스트휴먼의 단계에 진입한다고 볼 수 있습니다. 트랜스휴머니즘이 기술을 통해서 인간의 정신을 증강(增强)된 생물체로 개선 · 향상 하는 것을 추구한다면, 포스트휴머니즘은 인간을 아예 정보로 환원하려는 시도를 합니다.

그래서 트랜스휴머니즘이나 포스트휴머니즘 둘 다 휴머니즘를 전제하지만 '**탈(脫) 휴머니즘**'을 선언했다고 할 수 있습니다. 그래서 전통적인 휴머니즘 즉 인간 중심적 세계관으로는 현재와 미래의 기술과 인간의 관계를 정립하는 데 한계가 있다고 봅니다. 이제 기술은 과거처럼 단순한 도구가 아니라 스마트폰처럼 인간 활동의 전제가 되는 것입니다. 우리가 요즘 행동하기 전에 스마트폰을 먼저 검색해 보는 것처럼, 기술이 인간의 모든 활동의 바탕이 된다는 것입니다. 옛날의 전통적인 사람과 현대의 사람은 기본적인 행동 양식부터 다른데, 우리는 이를 같은 사람으로 볼 수 있을까요? 트랜스휴머니즘과 포스트휴머니즘은 인간 중심적 사고방식을 넘어서서, 인간이 아닌 존재 즉 인공지능이나 새로운 기계적 존재와의 공존이 가능하다고 봅니다. 그러한 차원에서 정신 전송 기술을 고안하고 시도하려고 노력하는 것입니다.

이러한 사람들의 갈망은 영화의 소재로도 많이 사용되었는데, 대표적으로 1995년 개봉된 영화 〈공각기공대(Ghost in the Shell)〉가 있습니다. 여기서 '전뇌화(電腦化)'라는 개념이 등장하는데, 인간의 두뇌를 전자화시킨다는 표현입니다. 컴퓨터를 사람의 뇌와 결합하여 뇌 기능을 증강한다는 아이디어입니다. 먼저, 뇌를 튼튼한 용기에 넣어 밀봉하고, 거기에 나노 컴퓨터 소자를 투입해 전자 신호를 받아들여 인식하게 합니다. 이것을 기계 몸체인 '의체'와 연결하고 '의체'의 감각 및 운동 기관과 제대로 협응하도록 조율하는 과정을 거쳐 포스트휴먼을 완성합니다. 이를 토대로 인간의 두뇌 속 기억이나 경험을 복제하여 추출할 수도 있고, 역으로 실제 경험하지 않은 전혀 새로운 기억을 주입할 수 있게 됩니다. 전뇌가 뇌와 나노 컴퓨터로 구성된 하이브리드 시스템이다 보니, 어디까지가 인간이고 어디부터가 기계인지가 모호한 지점이 발생합니다. 생각하는 주체가 원래의 '나'의 뇌인지, 아니면 거기 연결된 컴퓨터인지 알 길이 없는 것입니다. 등장인물의 말처럼 "뇌는 이미 용기 안에서 썩고 있고, 지금의 나는 그저 스스로 인간이라 착각하는 기계, 인간이 아니라 기계 몸에 깃든 유령인 자아를 가지게 된 인공지능 기계에 지나지 않을 수도 있다"[49]는 이야기입니다. 진짜 나의 몸이 죽고 나의 생각과 마음이 디지털화 된다면, 나는 계속 살아있다고 할 수 있는 것일까요?

이런 포스트휴머니즘에서 인간의 육체는 인간의 자유를 옥죄는 것, 극단적으로 말하면 혐오 또 극복의 대상이라고 할 수 있습니다. 사실 정신 전송을 하고자 하는 인간의 시도는 인간으로서의 신체적 · 정신적인 한계를 넘어서고자 하는 욕망이 내재되어 있습니다. 현재의 나의 신체와 정신의 상태가 불만족스럽고 고통스럽기 때문에, 이것을 바꾸고 발전시키고 싶다는 것입니다. 그래서 이들은 정신 전송과 같은 첨단 과학 기술을 통해서 인간의 능력의 향상을 꾀하는 것입니다. 자신의 불안전한 보잘 것 없는 이 신체를 탈피하는 '**탈(脫)신체화**'를 통해서 불멸 또는 영생의 추구한다고 할 수 있습니다. 이때 인간은 현재의 인류와는 다른 형태로서 포스트휴먼인 신인류가 될 것입니다.

기술적 포스트휴머니즘은 과학 기술과 인간의 욕망을 동력으로 삼아 인간들을 어디에까지 이르게 할까요? 이스라엘의 역사학자 유발 하라리(Yuval Noah Harari)는 『호모데우스(Homo Deus)』 책에서 "인간의 몸과 뇌를 업그레이드하는 데 성공한다고 하더라고 그 과정에서 마음을 잃게 될 것"이라고 주장합니다. 그래서 포스트휴먼이 추구하는 불멸이라는 상태도 육체적으로는 해방될지 모르겠지만 결국은 **자아에 대한 집착**이라고 할 수 있습니다. 첨단 과학 기술을 통해서 인간이 육체로부터 해방되고 불멸의 자아를 얻을 수 있다고 주장하지만, 더욱 견고한 디지털 감옥 속에 나를 가둬 놓고 자아를 더욱 공고히 해나가는 것입니다. 트랜스휴머니즘, 포스트휴머니즘의 의미에 대해서 생각해봤는데, 계속해서 새로운 몸에 이식된 나가 동일한 나라고 할 수 있을지의 자아동일성 문제에 대해서 생각해 보겠습니다.

3. 자아동일성의 문제

정신 전송 기술로 나의 모든 정신, 마음이 다른 사람의 몸에 이식된다면 이를 동일한 나로 볼 수 있을까요? 사실 이러한 자아동일성, 인격동일성의 문제는 철학자들이 논의해 오던 해묵은 논쟁이라고 할 수 있습니다. 문제의 핵심은 "나를 나로서 규정하는 기준이 무엇일까?"하는 질문입니다. 어린 시절의 나와 현재의 성인으로서의 나를 동일한 나라고 말할 수 있는 기준은 무엇인가요? 김선희(2013)는 『사이버시대의 인격과 몸』에서 인격(Person)을 "인간이 지닌 특정한 속성들의 집합"으로 정의합니다. 인격 개념은 인간이 지닌 특정한 속성들의 집합, 즉 법적, 도덕적, 사회적 속성들의 집합을 중심으로 개별자를 이해하는 하나의 방식이며, 인격은 인간의 그러한 속성들을 만족하는 개별자라는 것입니다. 인간은 의식을 담당하는 정신과 생물학적 신체로 구성이 되어 있습니다. 이런 맥락에서 자아동일성의 문제는 나를 나로서 인식하게 하는 기준이 정신인지, 신체인지 하는 근원적인 물음과도 연관되어 있습니다.

자아동일성의 철학적인 측면을 천현순(2021)의 연구인 「새로운 몸, 이식된 정신」을 참고하여 살펴보려고 합니다. 자아동일성의 문제는 크게 두 가지 입장을 전제를 하고 있습니다. 이는 정신을 신체로부터 분리할 수 있다는 것과, 나를 나로 인식하게 하는 것은 정신에 있다는 것을 의미합니다. 신체와 정신을 분리하는 이원론적 입장과 신체보다는 정신을 중시하고 이를 기준으로 동일한 나라고 인식하는 것입니다. 이러한 사상은 17세기 근대 계몽주의 철학을 통해서 대두하기 시작했습니다. 이원론과 정신을 중시하는 관점은 프랑스 철학자 **르네 데카르트**(R.Descartes)에 의해 정리되었습니다. 데카르트는 그의 저서 『방법서설(Discours de la méthode, 1637)』에서 다음과 같은 얘기를 합니다. "나의 정신은 몸과 완전히 분리되어 있으며, 심지어 몸이 사라지더라도 나로서의 정신은 존재한다."라며 본인의 입장을 분명하게 밝힙니다. 인간의 신체는 죽음과 함께 썩어 없어지지만, 정신은 신체와 달리 영원히 존재한다는 것입니다. 따라서 정신과 신체는 독립적으로 존재하는 개별적인 실체들로서 언제든지 분리가 가능하다는 것입니다. 이러한 입장을 '심-신이원론(mind-body dualism)'이라 합니다.

또한 데카르트는 『방법서설(1637)』에서 '나는 생각한다, 그러므로 나는 존재한다'라는 공식을 내놓았습니다. 해당 부분은 『성찰(Meditationes De Prima Philosophia, 1641)』에서 다음과 같이 나옵니다. "생각한다? 여기서 나는 발견한다. 생각이 있다. 오로지 이것만이 나와 나누어지지 않는다. 나는 있다, 나는 실존한다. 이것은 확실하다. 하지만 얼마 동안? 물론 내가 생각하는 동안… 그런데 나는 정신 바로 그것에 대해, 즉 나 자신에 대해 무엇을 말하겠는가? 말하자면 내가 지금까지 내게 속한다고 인정한 것이라고는 정신밖에 없다."[50] 이렇게 생각하는 동안 내가 있다고 본 것입니다. 생각하는 실체가 곧 나라는 것입니다. 즉, 데카르트에게 있어서 나는 곧 생각 활동이며, 따라서 나를 나로서 인식하게 하는 자아동일성의 기준은 생각하는 정신에 근거 합니다.

영국 철학자 **존 로크**(John Locke) 또한 자아동일성의 문제를 철학적으로 탐구를 합니다. 로크는 보편적인 주체를 확립한 데카르트와는 달리 개인의 성장 과정 속의 기억에 기초한 주체 개념을 열어줍니다. 로크에게서 인격의 동일성은 데카르트처럼 논리적인 사고의 동일성을 의미하는 것이 아니라, 개인의 시간 속에서 만들어진 동일성을 의미합니다. 그리고 여기에서 기억은 결정적인 역할을 합니다. 그래서 데카르트는 인격 또는 사유하는 주체의 동일성을 문제 삼을 때 기억은 고려하지 않았던 반면에 로크는 기억을 인격동일성의 핵심으로 간주합니다. 이러한 관점에서 볼 때 로크의 자아정체성은 자신의 경험과 회상을 통해 만들어진 것이라고 할 수 있습니다.[51]

로크 저서 『인간지성론(An Essay concerning Human Understanding, 1690)』에서 인격동일성 개념을 명확히 설명하기 위해 '인간(man)'과 '인격(person)'의 개념을 구분함으로써 '의식'의 개념을 제시합니다. 로크의 경우 인격은 "이성과 반성 능력을 갖고, 자기 자신을 자기 자신으로 생각할 수 있는 생각하는 지적인 존재"이며, "다른 시간과 공간에서도 동일한 생각하는 존재"를 말합니다. 그래서 로크에 의하면 인격은 자신을 자기로 간주할 수 있는 지적 존재자, 지적 존재로서 자아를 의미한다고 할 수 있습니다.

로크는 인격에 있어서 중요한 것은 자신을 간주할 수 있는 의식에 있다고 보는 것입니다. 의식은 시간의 흐름에도 불구하고 나를 나로서 인식할 수 있는 능력으로서 이는 기억으로 이해된다고 할 수 있습니다. 즉 과거의 나와 현재의 나 사이에 무수히 많은 변화들이 있지만, 과거의 나를 현재의 나로서 인식하는 것은 과거의 내가 한 생각, 행동, 추억들을 기억할 수 있기 때문에 동일한 나로 인식을 한다는 것입니다.[52] 이러한 로크의 의식 개념은 기억과 유사한 개념으로 간주됩니다.

이러한 맥락에서 로크는 자아동일성의 기준은 기억에 있다고 보고 있으며, 이는 개별적 실체와는 무관하다고 생각을 합니다. 따라서 사람의 기억이 다른 사람에게로 전이될 때 로크에 의하면 두 사람의 몸이 달라지는 다른 실체라도 동일한 자아를 형성한다는 것입니다. 예를 들어, 완전히 다른 두 사람인 김철수와 박영희가 어느 날 아침 같은 기억과 정신을 가지고 잠에서 깨어난다면, 동일한 자아로 인식할 수 있다는 것입니다. 또 기억 상실증에 걸려 아무런 기억도 가지고 있지 못하는 사람이 있다면, 기억 상실 전과 후의 사람을 다른 사람으로 볼 가능성이 큽니다. 이런 점에서 로크의 자아동일성의 기준은 신체적 조건에 있는 것이 아니라 어제의 나와 오늘의 나를 지속적으로 동일시하는 기억에 있다고 하는 것입니다. 신체에 비해서 정신인 의식, 기억의 우위성을 강조하고 있어요. 그래서 정신에 비해 신체가 평가 절하되는 측면도 있습니다.

자아동일성에 관한 논쟁을 네덜란드 철학자 **스피노자**(Baruch de Spinoza)의 입장으로 풀이할 수도 있습니다. 스피노자는 그의 저서 『에티카(Ehtica, 1677)』에서 데카르트와 로크와는 다른 측면에서 논의를 하고 있습니다. 정신과 신체는 하나의 실체 속에 들어있는 두 가지 서로 다른 속성들이라고 보고 있습니다. 그래서 정신과 신체로 구성된 나라고 하는 하나의 실체는 때로는 정신적 속성을 드러내기도 하고, 때로는 신체적 속성을 드러내기도 한다고 하는 것입니다. 따라서 나의 몸에서 정신을 분리해서 다른 사람의 몸으로 전송할 경우에 나의 정신은 더 이상 온전히 존재할 수 없다고 보는 것입니다. 스피노자에 의하면 정신과 신체는 서로 분리될 수 없고, 정신의 자아는 신체와 밀접한 연관이 되어 있다는 것입니다.[53] 예를 들어, 몸이 아프거나 힘들면 정신적으로 우울하고 어떠한 의욕도 생기지 않을 때가 있습니다. 반대로 사랑하는 사람을 만나러 갈 때는 육체적으로 아주 피곤한 상태라도 힘들지 않을 수 있습니다. 그런 측면에서 봤을 때 스피노자의 정신과 육체는 서로 분리될 수 없다는 말이 일리가 있습니다.

스피노자는 정신과 신체를 이원론으로 나누는 것이 아니라 일원론으로 보고 있습니다. '심-신일원론(mind-body monism)'의 관점에서 정신과 신체는 분리될 수 없으며, 정신과 신체는 서로 긴밀히 상호작용하면서 자아 형성에 영향을 미친다고 말을 합니다.

포르투갈 출신의 심리학자이자 신경과학자인 **안토니오 다마지오**(Antonio R. Damasio)에 대해 이야기 해 볼까요? 다마지오는 정신을 탈신체화된 것으로 본 "데카르트의 오류"를 지적하고 정신을 신체화된 것으로 본 "스피노자가 옳았다"고 선언한 바 있습니다.[54) 『데카르트의 오류(Descartes' Error, 1994)』에서 데카르트의 정신과 신체를 이원론으로 분리한 사유가 오늘날까지 마음을 뇌와 몸에서 분리하는 영향력을 행사하고 있다고 비판합니다.

다마지오는 '통 속의 뇌'라고 널리 알려진 철학적 사유 실험을 가정합니다. 통 속의 뇌는 인간의 뇌를 신체에서 분리해서 영양소가 구비되어 있는 통에 넣었다고 생각합니다. 그렇게 생명을 유지하게 하면서 두개골 안에서 받는 것과 동일한 방식으로 자극을 가하는 사유 실험입니다. 데카르트의 심신이원론을 지지하는 학자들은 통 속의 뇌는 신체의 존재 여부와 상관없이 정상적인 정신 활동이 가능할 것이라고 생각을 합니다. 하지만 다마지오는 통 속의 뇌는 신체에 영향을 받을 수 없기 때문에 정상적인 정신 활동이 불가능하다고 봅니다. 그래서 다마지오에 따르면 인간의 뇌와 그 속에 들어있는 정신 그리고 신체는 하나의 생명체를 구성하는 유기체로서 서로 긴밀히 상호 작용하기 때문에 분리될 수 없다고 봅니다. 그래서 정신은 단순한 것에서부터 고상한 것에 이르기까지 뇌와 신체를 모두 필요로 하고, 신체가 없으면 정신도 없다는 것이 안토니오 다마지오의 의견입니다. 다마지오도 스피노자와 같이 심-신 일원론의 관점에서 정신과 신체는 긴밀히 상호작용하기 때문에 분리할 수 없고, 신체가 없으면 정신도 없기 때문에 이분화할 수 없다고 보는 것입니다.[55) 여러분의 이해를 돕기 위해 내용을 정리하며, 앞서 소개한 루카체비츠의 영화 〈트랜스퍼〉의 문제 상황으로 가상 토론을 해 보려고 합니다.

토론: 새로운 몸에 정신이 전송된 사람을 같은 사람으로 볼 수 있을까?

- **인공지능:** 새로운 몸에 정신이 전송된 사람을 같은 사람으로 볼 수 있을지에 대해 논의해 보겠습니다. 영화 〈트랜스퍼〉에서 과연 헤르만의 정신을 가진 흑인 남자 아폴랑은 헤르만과 동일시될 수 있을까요? 또 안나의 정신을 가진 흑인 여자 사라는 안나와 동일시될 수 있을까요?
- **로크:** 저는 동일하다고 생각합니다. 자아 동일성에 따르면, 헤르만의 기억을 가진 흑인 남자 아폴랑은 신체와 무관하게 헤르만과 동일시될 수 있어요. 또 안나의 기억을 가진 흑인 여자 사라는 안나와 동일시될 수 있습니다. 정신 전송을 통해 헤르만과 안나의 모든 두뇌의 기억 및 의식들이 흑인 남녀인 아폴랑과 사라에게로 전이되었기 때문이죠.
- **스피노자:** 아닙니다. 정신과 신체는 분리될 수 없어요. 영화에서 보면 헤르만의 정신을 가진 아폴랑은 자기 자신을 헤르만이라고 생각하지요. 하지만 아폴랑은 헤르만의 의식, 기억, 감정, 마음 등 모든 정신적인 요소들을 소유하고 있음에도 불구하고 신체의 다름으로 인해 다른 사람에게는 동일한 인물로 인정받지 못하는 것을 볼 수 있어요.
- **로크:** 아폴랑이 자신을 헤르만이라 생각하는 정신이 더욱 중요합니다. 저는 과거의 나와 지금의 나가 동일한 사람임을 간주할 수 있는 기준이 의식이라고 생각합니다. 기억이라고도 할 수 있지요. 영화에서 흑인 여자 사라는 안나의 기억을 이식받게 되자 독일어를 능숙하게 말할 수 있을 뿐 아니라, 이전에는 한 번도 해본 적이 없는 수영과 첼로도 능숙하게 할 수 있는 것으로 묘사됩니다. 마찬가지로 흑인 남자 아폴랑도 헤르만의 기억을 이식받게 되자, 자전거 타기, 체조 등을 능숙하게 할 수 있는 것으로 나타나지요. 중요한 것은 뇌에 저장된 기억이며, 몸에 저장된 몸기억은 별다른 영향을 끼치지 못해요.
- **데카르트:** 저도 로크 선생의 의견에 동감합니다. 자아는 곧 사유하는 실체입니다. 따라서 나를 나로서 인식하게 하는 자아동일성의 기준은 사유하는 것, 즉 정신에 근거합니다. 따라서 자아동일성의 기준은 정신에 있지 육체는 중요한 요소가 아닙니다.
- **다마지오:** 아닙니다. 정신은 가장 단순한 것부터 가장 고상한 것에 이르기까지 뇌와 신체를 모두 필요로 하지요. 따라서 신체가 없으면 정신도 없습니다. 스피노자 선생이

잠깐 언급했듯이 영화에서 헤르만과 안나의 정신을 가진 아폴랑과 사라는 자기 자신을 헤르만과 안나라고 생각하는 데 반해, 주변 인물들은 신체의 다름으로 인해 그들을 헤르만과 안나로 인정하지 않습니다. 1인칭적 관점에서 볼 때 자아동일성의 기준은 '정신'에 근거하는데 반해, 3인칭적 관점에서 볼 때 자아동일성의 기준은 '신체'에 근거하고 있음을 알 수 있습니다. 따라서 자아 동일성은 1인칭적 관점과 3인칭적 관점의 불일치로 인해 모두 실패한 것으로 묘사되지요. 인간은 세계 안의 존재로 1인칭의 관점으로만 볼 수 없습니다. 데카르트와 로크 선생님은 인간의 자아는 그것을 의식의 형태로 가지는 신체에 기반해 실현된다는 사실은 간과하고 있습니다.

- **인공지능**: 이번 논의의 핵심은 정신 전송 기술과 연관해서 인간의 정신은 신체와 분리될 수 있는가에 대한 근원적인 물음인 것 같습니다. 정신 전송 기술은 근본적으로 '인간의 정신을 신체에서 분리할 수 있다.'는 정신의 탈신체화에 근거하고 있지요. 이에 대한 의견 정립이 우선되어야 하겠습니다.

* 출처: 천현순. 2021: 225- 227 참고

17세기 데카르트의 철학적 사유로부터 21세기 정신 전송 기술에 이르기까지 인간의 정신과 신체는 분리될 수 있는 것으로 보고, 자아의 동일성은 정신을 통해 규정하는 주장이 있었습니다. 반대로, 인간의 정신은 신체와 분리될 수 없으며 또 자아의 동일성의 기준으로 정신과 더불어 신체를 필요로 함을 확인하기도 했습니다. 여러분은 자아동일성의 기준이 어디 있다고 생각하시나요? 정신에 있다고 생각하시나요? 아니면 신체와 결합한 정신에 있다고 생각하시나요? 또 여기에선 다루지 않았지만 자아동일성의 기준을 육체라고 정의한 학자도 있습니다. 사실 인간은 육체라는 욕망에서 자유롭기 쉽지 않습니다. 이렇게 인간을 정의를 할 때 여러분은 심신이원론 또는 심신일원론 이 밖에 다른 관점을 가지고 있으신가요? 각자 인간에 대한 정의, 나에 대한 정의를 생각해 봅시다.

참고문헌

김은주(2019). 안토니오 다마지오의 스피노자 해석과 숨은 데카르트주의. 哲學. 141.

김옥경(2015). 로크에서 기억과 근대적 개인의 자기정체성. 서강대학교 철학연구소. 42.

김선희(2013). 사이버시대의 인격과 몸. 아카넷.

다마지오, 안토니오. 김린 역(2019). 데카르트의 오류. 눈출판그룹.

데카르트, 르네. 이현복 역(2016). 방법서설. 문예출판사.

데카르트, 르네. 양진호 역(2018). 성찰. 책세상

레이 커즈와일, 김명남 역(2007). 특이점이 온다. 김영사.

마크 오코널, 노승영 역(2018). 트랜스휴머니즘. 문학동네.

보일스님. “마인드 업로딩과 포스트휴머니즘”. 불교신문. 2022.07.26.

http://www.ibulgyo.com/news/articleView.html?idxno=219231

박유신 외(2020) 인공지능 시대의 포스트휴먼 수업. 서울: 학이시습.

스피노자, B. 황태연 역(2015). 에티카. 비홍출판사.

신상규 외(2020). 포스트휴먼이 몰려온다. 아카넷.

유발 하라리(2017). 호모데우스. 김영사

존 로크, 추영현 역(2017). 인간지성론. 동서문화사.

천현순(2021). 새로운 몸, 이식된 정신. 독어독문학. 62(4).

카쿠, 미치오. 박병철 역(2017). 마음의 미래. 김영사.

CHAPTER
02

의료기술로 인한 생명 연장은 축복인가? 불행의 시작인가?

사람들은 자신들의 존재를 유지하기 위해 끊임없이 노력하면서도, 누군가는 자신의 삶을 스스로 포기하기도 합니다. 기원전 200여 년 전 영생을 추구했던 중국의 진시황제는 불로초를 찾고자 했는데, 오늘날 사람들 또한 현대 과학기술의 힘을 빌려 영생의 꿈을 이루려 합니다. 현대판 진시황제라 할 수 있는 미국의 미래학자인 레이 커즈와일(Ray Kurzweil)은 영생의 가능성을 믿고 있습니다. 『파이낸셜 타임스』 인터뷰에서 "나는 모든 죽음은 비극이라고 생각한다. 우리는 생명의 사이클을 받아들이라는 가르침을 받아 왔다. 하지만 인간에겐 주어진 한계를 뛰어넘을 기회가 있다."라고 말합니다. 『영원히 사는 법 : 의학혁명까지 살아남기 위해 알아야 할 9가지(Transcend: Nine Steps To Living Well Forever, 2009)』에 따르면, 그의 영생 계획은 3단계로 이뤄져 있습니다. 장수 식단이 영생으로 가는 1단계 실천이고, 생명공학기술의 유전체 재설계가 2단계이며, 분자 나노기술이 인체 장기와 조직을 재생하는 것이 3단계입니다. 그는 3단계 도달 시기를 20~25년 후로 보고 있습니다. 그의 예상대로 생명공학기술이 발전하기만 한다면, 불가능한 시나리오는 아닐 것입니다.

반면, 죽음을 수용하고 의미 있는 것으로 보는 사람도 있습니다. 애플의 설립자 스티브 잡스(Steve Jobs)는 죽음을 최고의 발명품이라 평가합니다. 그는 2005년 스탠퍼드대 졸업식 연설에서 다음과 같이 말했습니다. "삶이 만든 최고의 발명품은 '죽음'입니다. 죽음은 '인생들'을 변화시킵니다. 죽음은 새로운 것이 헌 것을 대체할 수 있도록 만들어줍니다. 지금의 여러분들은 그 중에 '새로움'이란 자리에 서 있습니다. 그러나 언젠가 머지않은 때에 여러분들도 새로운 세대들에게 그 자리를 물려줘야 할 것입니다. 너무 극적으로 들렸다면 죄송하지만, 사실이 그렇습니다. 여러분의 삶은 제한되어 있습니다. 그러니 다른 사람의 삶을 살면서 여러분의 시간을 낭비하지 마십시오." 이

연설에서 그는 "삶이 만든 최고의 발명품이 죽음"이라고 했습니다. '죽음'이 없다면 '희망'도 존재할 수 없으며, 하루하루의 삶은 그야말로 '벗어날 수 없는 지루함의 고통'이 될 수 있습니다. 잠깐의 휴식은 새로운 삶을 위한 에너지원인 동시에 더할 수 없는 기쁨이 되겠지만, 기약 없는 무한의 휴식은 인간에게 고통을 줄 수도 있습니다. 이렇게 무한한 삶은 더 이상 소중한 것이 되지 못합니다.

사람들은 왜 영생을 추구할까요? 의료기술로 인한 생명 연장은 축복인가요? 반면, 사람들은 왜 죽음을 최고의 발명품이라 할까요? 의료기술로 인한 생명 연장은 불행의 시작인가요? 사람들은 삶과 죽음에 대해 왜 이렇게 다른 생각과 태도를 가지고 있는 것일까요? 이러한 의문을 가지고 삶과 죽음 그리고 생명 연장 기술에 대해 살펴보겠습니다.

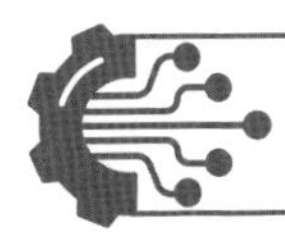

1. 생물학적 영생과 의료 기술과의 관계

인공지능이 발달함에 따라 의료 분야에서도 획기적인 변화가 일어나고 있습니다. 인공지능 의료 로봇이 사람 의사가 미처 발견하지 못한 질병을 찾아내고, 환자의 상태에 따라 맞춤형 치료법을 제안하기에 이르렀습니다. 이러한 의료 기술의 발전은 우리의 평균 수명을 점점 증가시키고 있습니다. 늘어난 평균 수명만큼, 어떻게 건강을 잘 유지하며 장수할 수 있는지가 최대의 관심사가 되었습니다. 미국의 물리학자 로버트 에팅거(Robert Ettinger)는 "나의 모든 친구와 이웃이 그들의 천 번째 생일 축하 자리에 나를 초대해 주기를 희망한다."라고 얘기를 했습니다. 우리는 에팅거 박사처럼 죽음을 두려워하고 기피하는 세상에 살고 있습니다. 하지만 인간은 태어난 순간부터 죽음을 향하여 가는 존재라고 볼 수 있습니다. 이 세상에서 가장 확실한 것은 모든 인간은 죽는다는 사실이지만, 가장 불확실한 것은 언제 죽느냐는 것입니다. 현재 죽음을 기피하는 사회에서 장례 과정이나 장례식, 묘지 등은 혐오시설로 여겨지면서 일상생활과 분리된 공간에서 폐쇄적으로 이루어지고 있습니다. 또 의학과 의술이 발달되면서 환자의 죽음은 자연스러운 것이 아닌 의술의 실패라고 여기기 때문에, 어떻게 해서든 환자의 죽음을 막아보려는 경향으로 더욱 죽음을 거부하고 금기시하는 사회가 되었습니다. 이러한 상황 속에서 죽음은 무서운 것이 되었고, 죽음으로 인한 불안이 생기게 되었습니다.

죽음에 대한 공포로 인해 생명을 연장하는 기술들에 대한 관심이 더욱 높아지고 있는 만큼, 관련 과학 기술의 사례와 그에 따른 문제점에 대해 계속해서 살펴볼까요? 예전에는 생명이 탄생하고 유지되었다가 죽음으로 소멸되는 것을 자연스러운 과정으로 받아들이고 인간이 개입할 수 없는 신의 영역으로 여겼습니다. 그런데 오늘날에는 생명에 관한 자연적 과정에 과학, 의학 기술이 개입되면서 이젠 더 이상 생명이 신의 영역, 자연적인 과정이 아닌 인공적인 문제가 되었습니다. 그래서 인공수정이나 배아 연구 등은 언제부터 생명이 시작되는지 또 어느 시점부터 인간으로 인정받을 수 있는지에 대한 문제들을 유발했습니다. 또 고통을 줄이고 인위적으로 생을 마감하는 안락사라든가 연명 의료를 중단하는 존엄사 같은 문제에서 생명 유지 여부가 중요하게 되었습니다. 그래서 현재 굉장히 고통스럽고 생명이 다해서 활동을 못하는데도 의료 기구들을 주렁주렁 매달고서 계속 생명만을 연명을 하는 세상이 되었습니다. 또 뇌사라든가 장기 이식 등에서는 생명의 끝이 어디인가의 문제가 있을 수 있습니다. 즉, 생명 탄생, 생명 유지 혹은 중단을 위한 의료 기술들도 생명의 끝에 대한 기준을 결정해야 할 것입니다.

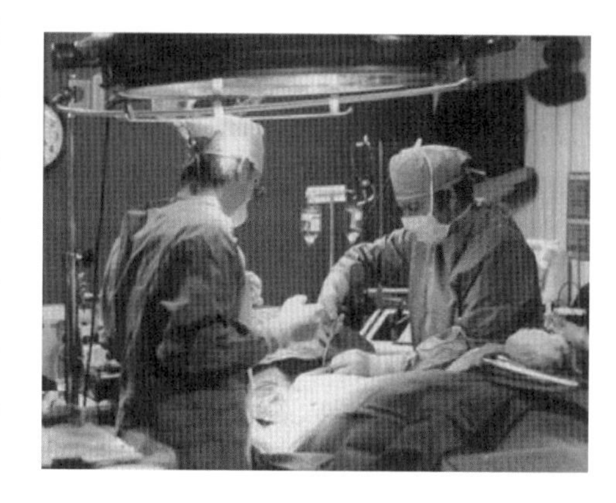

인간의 불멸에 대한 의지는 생명을 정지시키거나 죽음을 정지시킴으로써 언젠가 다시 깨어날 수 있다는 믿음으로 실시하는 '**냉동 보존술**(Cryonics)'을 탄생시켰습니다. 사람들에게 냉동 보존술을 시행하기 위해서 죽음을 정지시키는 방법을 실행했습니다. 생물학적으로 사망 선고를 받은 시신의 온몸에서 혈액을 모두 제거하고 신체 장기를 보존할 수 있는 약물을 넣은 다음에 부동액을 몸에 주입하여, 영하 196도의 금속 탱크에 냉동 보관하는 것이 인체 냉동 보존술입니다. 저온에서 보관하면 퇴화가 진행되지 않고 세포 대부분이 살아있을 때와 크게 다르지 않을 것이라는 믿음으로 보존술을

시행하고 있습니다. 냉동 보존술을 시행하는 알코어 생명 연장 재단의 회원 수가 현재 천여 명에 이를 만큼 성업 중입니다.[56] 앞으로는 더 많은 사람들이 자신의 부활을 기대하며 냉동인간이 되기를 원할 것 같습니다.

냉동 보존술이 발달한다면 어떤 문제와 부작용이 생길 수 있을까요? 우리는 사람마다 다른 모습으로 살아가고 있지만, '죽음 앞에서는 모든 인간이 평등하다'라는 명제가 있습니다. 하지만 냉동 보존술로 인해 그 전제가 흔들릴 것 같습니다. 그리고 당신이 "친지를 얼려도 될 법적인 권한이 있나요?"라는 문제가 생길 수 있습니다. 또 만약 냉동에 실패한다면 이는 살인이 될까요? 또는 과실 치사가 될까요? 한편으론, 냉동해서 미래에 내가 다시 깨어날 수 있다면 현재 굉장히 고통스럽고 괴로운 삶을 계속 살아갈 필요가 없을 것입니다. 그래서 안락사, 자살 등도 증가할 수 있습니다. 더 나아가서 우리 삶이란 무엇인가? 죽음이란 무엇인가? 우리가 왜 살아가야 하는가? 이런 근본적인 문제들이 발생할 것입니다.

기술의 발달로 오래 산다는 것 또 죽은 후에도 부활을 꿈꾸는 것은 축복일까요? 또는 인류의 재앙이 될까요? **안티에이징**(anti-aging)은 우리 사회에서 중요한 화두가 되었습니다. 안티에이징은 말 그대로 나이듦을 자연스럽게 받아들이지 못하고 그것을 안티, 부정하겠다는 뜻입니다. 그래서 현 사회는 늙어감을 싫어하고 나아가 죽음을 부정하는 안티에이징 사회라고 할 수 있습니다. 노화에 대해서 이렇게 부정적인 관점을 가질 경우에 어떤 현상이 벌어질까요? 김성호(2019)에 따르면, 늙음과 죽음에 대한 불안과 공포 등 부정적 태도는 현재의 삶에 대한 상실감을 증폭시키고, 삶에 대한 왜곡과 집착을 낳아 도덕적 문제를 야기할 수 있습니다. 우리나라의 노인자살률이 OECD 국가 중 최고로 높은 불명예를 안겨준 바가 있습니다. 또한 이번 생이 마지막이 아니라고 생각한다면 지금 현재의 삶에 대한 충실도에도 많은 영향을 줄 것입니다.

그래서 노년기에 대한 우리 사회의 시선을 긍정적으로 바라볼 필요가 있습니다. 즉 노년기를 쇠퇴나 상실이 아닌, 삶을 통합하는 또 다른 성장의 시기로 보면서 **웰에이징**(well-aging) 해야 할 것입니다. 웰에이징은 단순히 안티에이징과 같이 육체적인 노화 혹은 늙어감에 대한 거부가 아니라, 늙어가는 것 그 자체를 수용하면서 노년의 시기를 긍정적인 자기 변화의 시간으로 받아들이는 삶의 양식과 태도를 의미합니다. 그래서 노년기를 또 다른 성장의 시기로 보기도 합니다. 특히 공자는 칠십에 "마음 내키는 대로 좇아도 법도를 넘어서지 않게 되었다"라고 이야기 했습니다. 그만큼 인생의 순리를 깨닫는 성장한 시기를 노년기로 보는 것입니다. 이렇게 노화, 나이듦에 대해 개인뿐만 아니라 사회적으로도 수용적인 태도를 가져야 합니다. 특히, 우리나라는 급속한 산업화 과정에서 생산성만을 중시하다 보니, 상대적으로 효율성이 떨어지는 노인을 부정적으로 인식하고 소외시키는 분위기가 조성된 것 같습니다. 세대 간 격차로써 '꼰대'라는 별칭으로 노인들을 배제하고 젊은 세대와 구분 짓는 일들이 자행되고 있습니다. 이러한 격차를 줄이기 위한 개인적 · 사회적 차원의 노력이 필요할 것입니다.

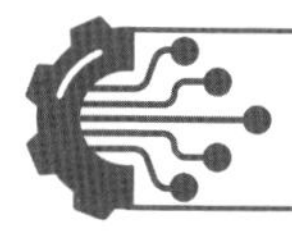

2. 죽음의 의미와 죽음 수용

생물학적 영생을 추구하다보니, 정작 죽음에 대해서 어떤 관점을 가져야 할지 모르는 경우가 많습니다. 죽음에 대한 태도를 보통 **사생(死生)**관 혹은 **생사(生死)관**이라고 합니다. 죽음에 대해서 우리가 어떤 태도를 취하느냐에 따라서 우리의 삶이 결정될 수 있습니다. 부정적 태도는 우리의 삶을 빈약하고 허망한 것으로 치부하게 하고, 긍정적 태도는 인생을 보다 심원하고 충만한 것으로 만들 수 있습니다. 철학자들이 죽음에 대해 어떻게 설명하고 있는지 한번 살펴보겠습니다.

먼저, 동양의 철학자인 **공자**(公子, B.C.551-B.C.479)의 사생관은 어땠을까요? 공자의 제자 자로가 하루는 "감히 죽음에 대해 여쭙겠습니다(敢問死)"라고 물어봅니다. 공자는 "아직 삶도 제대로 모르는데 어떻게 죽음을 알겠는가(未知生, 焉知死)"라는 대답을 합니다. 유교는 현세를 굉장히 중요시하기 때문에, 우리가 가볼 수 없는 죽음을 논하기 전에 지금 현재를 충실하게 살 것을 강조합니다.

또 플라톤의 저서에 나오는 이야기에 따르면, 사형선고를 받았던 **소크라테스**(Socrates, B.C.470-B.C.399)는 동료들의 도움으로 도망갈 기회가 있었음에도 불구하고 기꺼이 죽음을 맞이했습니다. "우리는 죽음(thanatos)이란 것이 무엇인가라고 여기나? … 우리는 그것을 혼이 몸에서 벗어남 … 즉, 몸(sōma)은 영혼으로부터 떨어져 나와 그것 자체로만 있게 되고, 영혼(psychē)은 몸으로부터 떨어져 나와 그것 자체로만 있는 것이라고 믿고 있는 게지? 죽음이란 이것 이외에 다른 것일까?"라는 말을 합니다. 소크라테스는 죽음은 육체의 소멸만을 의미하고, 영혼은 육체로부터 해방되어 영원히 불멸하는 것이라는 영육(靈肉)이원론을 주장합니다. 죽음을 오히려 지혜를 사랑하는 사람으로 다시 태어나는 것으로 봅니다. 육체와 분리된 영혼은 선하고 현명한 신에게 도달하기 때문에 "나는 죽음이 두렵지 않다."라고 하면서 죽음을 맞이했습니다. 소크라테스는 죽음을 종말로 보지 않고 영혼불멸한 것으로 상정하였는데, 이러한 죽음관이 후에 기독교의 사후관이 되었다고 합니다.

또 **장자**(莊子, B.C.369-B.C.286)는 "생겨나자마자 죽어가고 죽어가자마자 생겨난다(方生方死, 方死方生)"는 말을 했습니다. 생(生)과 사(死)가 이질적인 것이 아니라 두 개가 서로 이어져 있다는 생사관을 가졌습니다. 죽음은 왔던 곳으로 되돌아가는 것이라는 태도이죠. 장자는 생과 사의 상대적 변화를 초월하고 도의 세계로 나아가야 한다는 주장을 하였습니다.

계속해서 죽음에 대해 가장 많이 언급했고 죽음교육이나 철학분야에서 많이 인용되고 있는 **실존주의** 철학자들의 죽음관을 살펴볼까요? 실존주의는 1800년대 중반부터 근대 시민사회의 대중들이 겪는 삶의 고통 및 고뇌를 극복하려는 의도에서 시작되었으며, 이후 세계 1차 대전의 패전국 독일의 심각한 사회적 위기감에서 나온 철학적 성찰이었습니다. 특히 실존주의 철학자들은 세계 대전이나 나치 억압 속에서 삶이 무엇이고 인간이 무엇인가에 대해서 많은 고민을 했던 분들입니다. 창시자로 덴마크 철학자 **키에르케고르**(S. kierkegaard, 1813-1855)는 "죽음은 참다운 자기 삶을 살도록 하는 방식을 결정하도록 하는 계기가 되는 사건이다"라고 말을 했습니다. 그래서 불확실성을 상징하는 죽음은 삶에 가치 있는 기여를 할 수 있다고 봅니다. 개인은 죽음으로 인해 삶의 매 순간이 '불확실함'을 자각하고 주체적 사고자로서 삶에 대해 심각하고 진지한 태도를 가질 수 있습니다. 미완성의 존재인 우리들은 삶이 확실히 완결된 것이 아닌, 끊임없이 불확실한 '되어감(becoming)'의 현상임을 자각할 수 있습니다.[57)]

다음으로 **니체**(F. W. Nietzsche, 1844-1900)는 '삶을 완성시키는 죽음'이라는 이야기를 합니다. 삶을 완성시키는 죽음은 죽는 자가 자신이 설정한 목표를 달성하여, 자신의 삶을 완성할 뿐 아니라, 후계자들이 죽는 자의 과업을 이어 받아 계승할 수 있도록 맹세를 이끌어내는 "승리에 찬 죽음"이며 "나 자신뿐만 아니라 타인의 삶도 완성시키는 죽음"이라는 말을 했습니다. 우리는 주변에서 아버지가 인생에서 이루고자 했던 일을 다 못 하고 돌아가셨을 때, 그 자녀들이 그것을 이어받아서 완성하는 일들을 종종 봅니다. 죽음을 삶을 완성시키는 죽음으로 본 것입니다.

퀴블러 로스(Kübler-Ross)

그리고 **퀴블러 로스**(Kübler-Ross, 1926-2004)는 "죽음은 삶의 마지막 단계에서의 성장이다"라는 말을 했습니다. 그는 의사로서 말기 환자들을 지켜보면서, 우리는 항상 죽음을 기억해야 한다는 "메멘토 모리(memento mori)"를 강조합니다. 삶을 감사하고 자신의 존재의 의미를 향상시키는 것의 중요성을 이해하여, 삶을 온전히 자기 것으로 살 수 있도록 인식하게 하였습니다.[58)]

또 독일의 철학자 **하이데거**(Martin Heidegger, 1889-1976)만큼 삶과 죽음을 많이 얘기한 철학자도 드문데, 하이데거는 "죽음은 자기 자신의 고유한 가능성에 몰입할 수 있는 계기"라고 했습니다. 왜냐하면 죽음은 현존재의 종말이자 죽음 이후는 무(無)로 보기 때문입니다. 죽음 이후에는 아무 것도 없기 때문에 현재를 열심히 살아갈 것을 강조합니다. 그래서 죽음은 현재 우리가 항상 스스로 떠맡아서 삶을 살아야 하는 존재의 가능성을 준다고 보았습니다. 또 인간 개인은 소중한 존재이자 죽음 앞에서 무력한 존재라고 합니다. 그래서 자신의 소중함과 무력함을 동시에 의식하는 인간 존재의 성격을 '실존'으로 얘기를 했습니다. 이것은 곧 소멸인 죽음 앞에서 "내가 어떻게 살아야 하는가"를 생각하는 존재로서 실존자라고 얘기를 했습니다. 그래서 인간은 죽음에 임하여 세상 속에 자신의 존재를 성찰하는 행위가 동반되는 것입니다. 즉, 하이데거는 죽음을 현 존재의 종말이자 죽음 이후는 아무것도 없는 무의 상태로 삶의 가능성을 긍정하였습니다.[59)]

하지만, **레비나스**(Emmanuel Levinas, 1906-1995)는 하이데거의 주장에 굉장히 회의적이었습니다. 우리가 경험할 수 있는 죽음은 오직 타자의 죽음일 뿐이라고 이야기 합니다. 레비나스 이후로 우리는 타자의 죽음에 대해서 논의를 하기 시작했습니다. "죽음은 귀착지를 알리지 않는 떠남, 알 수 없는 미지의 곳으로의 향함, 돌아옴을 기약하지 못하는, 주소를 남기지 않는 떠남이다."라고 이야기했습니다.[60)] 또 죽은 사람을 위한 어떤 자리도 제공할 수 없다고 했는데 이것은 무슨 의미일까요?

하이데거가 각자 자신을 위한 죽음을 이야기 했다면, 레비나스는 타자를 위한 죽음을 논의합니다. 자신의 삶과 죽음은 완벽하게 양립 불가능하고, 우리는 오직 타자의 죽음을 경험할 뿐이라는 것입니다. 우리는 타인의 죽음 앞에서 그의 삶과 운명에 대한 책임을 깨닫게 되는 것입니다. 타자에 대한 경건함을 각성하는 것이 우리가 마땅히 지녀야 할 태도라고 볼 수 있습니다. 그러면서 레비나스는 죽음이 타인의 얼굴에서 열린다며, "그 얼굴은 죽이지 말라, 살인을 하지 말라"는 명령을 합니다. 레비나스도 나치를 겪으면서 가족을 다 잃은 경험이 있습니다. 그래서 남을 죽이는 살생을 두려워하고 하지 말라는 경고로 타자의 죽음과 타인의 얼굴을 강조한 것입니다.[61] 철학자들이 죽음의 불가피성을 전제하며 삶의 태도나 관계의 법칙 등을 논한 것을 살펴보았습니다. 덧붙여 죽음을 수용하는 철학자들의 명언도 소개해 보겠습니다.

공자는 "아침에 도를 들으면 내가 저녁에 죽어도 좋다."라고 했는데, 도는 삶의 길, 즉 인생의 방향이라고 할 수 있습니다. 내가 아침에 도를 깨달았다면, 저녁에 죽어도 좋다는 이야기를 합니다. 나의 삶은 도를 터득하는 것이 목적이기 때문에 인생의 목적을 달성한다면 죽음을 두려워할 필요가 없습니다. 또 **열자**(列子)는 "살 수 있는데 사는 것은 천복이요, 죽을 수 있는데 죽는 것도 천복이다."라고 하면서 죽음을 복이라고 얘기 했습니다. 반대로 "살 수 있는데 살지 못하는 것도 천벌이고, 죽을 수 있는데 죽지 않는 것도 천벌이다."고 했습니다.

스피노자(Spinoza, 1632-1677)는 "내일 지구에 종말이 온다고 해도 나는 오늘 한 그루의 사과나무를 심겠다."라는 말을 했습니다. 지구의 종말이라고 말을 했지만, 사실은 자신의 종말이죠. 자신의 죽음이 온다고 해도 나는 오늘 내가 하고자 했던 일 그리고 내가 평소에 하던 일을 계속 하겠다는 죽음을 수용을 하는 태도를 보여줍니다. 그리고 "죽음에 대한 생각은 불건전하고 퇴폐적인 것이다. 지혜란 죽음에 대한 성찰이 아니라 삶에 대한 성찰이다."라는 말을 합니다. 사람이 살아가는 과정에 어려움과 위기가 닥쳐올 수 있으나 이에 굴복하거나 포기하지 말고, 위기 자체를 하나의 주어진 조건으로 생각하는 것입니다. 나아가 스피노자는 위기에 매몰되지 말고, 오히려 꿈과 희망을 가지고 자기 직분에 충실 하라는 메시지를 전합니다.

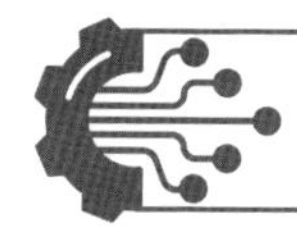

3. 죽음을 향해 달려가는 존재의 삶

죽음을 향해 달려가는 우리 존재에 대해서 생각해보도록 하겠습니다. 피할 수 없는 죽음의 운명을 가진 우리들이 과연 죽음을 어떻게 받아들이고 의미 있게 살아갈지에 대해서 이야기 해봅시다. 우리는 죽음하면 내가 언제 죽을지 몰라서 불안해하는데, 이것을 **죽음 불안**이라고 합니다. 이런 죽음 불안을 조금이라도 줄일 수 있는 방법이 있을까요? 죽음 교육의 목적 중 가장 중요한 사항이 죽음 불안을 줄여주는 것입니다. 우리는 죽음이 익숙하지 않으니까 불안한 것입니다. 그래서 평소 죽음에 대해서 생각해보고 나는 과연 죽음을 어떻게 맞이하고 싶은지, 죽음을 어떻게 생각하는지, 죽음에 대한 나의 가치관을 정립해보고 죽음을 수용해 보는 연습이 필요할 것입니다.

죽음 불안에 대한 이론으로 먼저 **공포관리이론**(Terror Management Theory)이 있는데, 살고자 하는 마음과 죽음에 대한 자각 사이의 심리적 갈등입니다. 이러한 딜레마는 실존적 공포를 유발하는데, 죽음에 대한 생각과 걱정을 의식으로부터 멀리하는 심리적 방어기제로써 죽음의 불안을 약화시킵니다. 흔히, 죽음의 회피는 막다른 골목에 대처하기 위한 심리적 방어기제라고 할 수 있습니다. 그래서 의사가 만약 "당신의 남은 시간은 2년입니다. 수술을 해도 2년, 안 해도 2년입니다"라고 이야기함에도 불구하고, 대부분 사람들은 수술을 해보려고 합니다. 그만큼 우리는 죽음에 대해서 계속 회피를 할 수밖에 없는 존재이기 때문에 누구나 심리적인 방어 기제를 가지고 있습니다.

죽음을 회피하는 방법으로써 죽음에 대한 생각이 죽음에 대한 공포로 심화되지 않도록 방지하는 기능을 하는데, 여기에는 근접 방어와 원격 방어가 있습니다.[62] 죽음에 대한 **근접 방어**(proximal defenses)는 죽음에 대한 즉각적인 방어로서 자신을 보호할 수 있게 합니다. 죽음과 관련된 생각이 의식될 때 즉각적으로 활동되는 방어기제로 그 생각을 억제하거나 자신이 죽음에 취약하다는 것을 부인하고, 자신의 건강함을 강조하고 건강한 행동을 함으로써 죽음에 대한 생각에서 벗어나려 한다는 이론입니다. 또 죽음에 대한 **원격 방어**(distal defenses)는 죽음에 대한 생각을 제거하는 것으로 죽음의 공포를 더 장기적으로 마비시키는 수단입니다. 죽음을 잠재의식적으로 인식하고 있을 때 동원되는 대처방식입니다. 바로 자아 존중감, 세계관, 종교관 또 우주론 이런 것들을 가지고, 죽음이라는 공포와 싸우게 된다는 것입니다. 자아 존중감이라고 하는 것은 '나는 굉장히 소중한 사람이기 때문에 나에게 죽음이란 있을 수 없어.'라는 방식으로 나타납니다. 혹은 '내가 믿는 종교가 나를 지켜줄 거야. 그래서 나는 죽음을 생각할 필요가 없어.'라는 종교관 또한 죽음에 대한 원격 방어라고 할 수 있겠습니다.

또 **블랙홀 가설**(Black hole Hypothesis)이 있습니다. 블랙홀은 한 번 빠지면 다시 나올 수 없는 특성이 있습니다. 그래서 블랙홀 가설이라는 것은 죽음에 대한 공개 토론의 문화적 억제가 개인들 사이에서 죽음에 대한 성찰의 결여를 초래한다고 했습니다. 한 예로 한국의 죽음을 기피하는 현상 중에 건물에 한자 '죽을 사(死)'와 소리가 같다는 이유로 4층을 표시하지 않고 F로 대신 표기하는 문화가 있습니다. 이렇게 죽음을 기피하는 문화로 인해 죽음을 관리하는 능력이 부족하고, 또 죽음은 어디에나 있음에도 그 의미가 미미하다는 인식이 만연하게 된다는 것이 블랙홀 가설입니다. 우리가 더 이상 죽음을 회피하지 않고 인정하는 것이 바로 죽음 불안을 줄여주는 길이라고 할 수 있겠습니다.

우리 인간의 현실은 정해지지 않은 다양한 가능성과 선택의 여지로 인해 불확실하고 부정적인 예상 때문에 늘 불안합니다.[63] 이런 불안의 극치는 바로 소멸(죽음-mortality)입니다. 인간은 존재와 비존재의 '사이의 존재'로서 현실의 삶과 소멸의 가능성(죽음) 사이에서 불안해하는 존재라고 할 수 있습니다. 이러한 불안은 개인이 자아 정체성과 존재의 의미에 대해 심도 있는 관심을 가지게 하는 계기가 됩니다.[64] 불확실한 죽음은 삶의 모든 국면을 관통하는 현상으로서 끊임없이 이를 극복하려는 노력이 필요합니다. 실존적 주체가 매 순간 그 불확실함에 대해 지속적으로 고민할 때 불확실성을 상징하는 죽음은 삶에 가치 있는 기여를 할 수가 있습니다.

인간은 태어나는 순간부터 죽어가고 있습니다. 그러므로 우리의 삶이 곧 죽음이 됩니다. 따라서 잘 사는 삶이 잘 죽는 것이 된다고 할 수 있습니다. 그러므로 삶의 기술을 배우면서 죽음의 기술을 배우게 됩니다. 이러한 삶의 기술은 상실과 이별의 경험을 통해 가능해집니다. 이렇게 죽음 불안이 우리에게 끼치는 영향까지 살펴보았습니다. 그럼 논의를 정리하며 앞의 학자들과 죽음에 대한 가상 토론을 진행해 봅시다.

토론: 죽음을 멈추고자 시행되는 의과학적 시도(예: 냉동인간)에 대한 당신의 의견은?

- **인공지능**: 오늘날 죽음을 멈추고자 하는 많은 의과학적 시도들이 진행되고 있습니다. 이에 대해 삶을 지속시키는 것에 찬성하는 의견과 죽음은 의미 있는 것이므로 반대한다는 의견에 대해 이야기 나누어 봅시다.
- **로버트 에팅거**: 저는 이러한 의과학적 시도들에 찬성합니다. '알코어 생명 연장 재단'처럼 냉동보존 서비스를 실시하고 있는 회사들도 생겨나고 있지요. 냉동된 자신의 신체를 미래에 무사히 해동하여 나의 모든 친구와 이웃이 그들의 1,000번째 생일파티에 초대받는다면 얼마나 기쁠까요?
- **소크라테스**: 선생님 죽음을 두려워하지 마십시오. 죽음은 종말이 아니며 나의 영혼이 더 좋은 곳으로 가는 것입니다. 죽음은 이 세상에서 저 세상으로 가는 여행길과 같은 것입니다. 저 세상에서 생전에 만났던 훌륭한 사람들을 다시 만나볼 수 있으니, 이 또한 얼마나 좋은 일인가요? 나는 죽음을 통해 귀찮은 일로부터 해방되는 것을 오히려 다행이라 여깁니다.
- **키에르케고어**: 맞습니다. 우리는 불확실한 죽음이 있기 때문에 끊임없이 삶에 진심일 수 있습니다. 만약 우리가 죽지도 않고 삶이 다 정해져 있다고 생각해 보세요. 그러면 전혀 불안하지 않겠지만 선택의 자유가 없어지는 것입니다. 그러한 삶이 의미가 있을까요?
- **스피노자**: 선생님들도 말은 그렇게 하지만 정작 죽음이 닥쳐온다면 피하고 싶어 할 거에요. 모든 사물은 자신의 존재를 유지하고자 하지요. 그러한 노력은 곧 사물의 본질이자 본성이라고 할 수 있어요. 저는 어떠한 개체가 자기 존재를 유지하려는 힘 또는 의지를 코나투스(conatus)라고 합니다.
- **니체**: 저는 죽음이 삶을 완성시키는 과정이라고 생각합니다. 죽음이 없다면 우리의 삶은 말 그대로 엉망이 될 것입니다.
- **퀴블러로스**: 맞아요. 삶의 마지막 성장의 기회를 놓쳐서는 안 됩니다. 죽음이 있기 때문에 삶을 감사하고 자신의 존재의 의미를 향상시키는 것의 중요성을 이해할 수 있습니다. 죽음을 통해 삶을 온전히 자기 것으로 살 수 있도록 인식하게 되는 것입니다.
- **인공지능**: 여러 선생님들의 죽음에 대한 생각을 잘 들어보았습니다. 죽음을 멈추고자 하는 의과학적 기술들은 앞으로 더욱 발전할 것입니다. 현재는 죽음을 연기할 것이냐 받아들일 것이냐 정도로 정리할 수 있을 것 같습니다. 평소 죽음에 대한 이야기를 나누어 죽음 불안을 낮추고 죽음에 대한 자신의 생각 즉 죽음관을 정리해 보는 것도 필요할 것입니다.

우리는 살아있거나 죽어 있거나 둘 중의 한 상태에 있다고 에피쿠로스는 말합니다. 살아있는 동안은 죽음을 경험하지 못하고 죽으면 더 이상 의식할 수 없으므로 결국 우리는 죽음에 대하여 아무것도 알 수가 없습니다. 우리는 죽음이 경험을 통한 과학적 지식의 대상이 아니라, 주체적이고 내면화된 내적 체험임을 인식해야 합니다. 무엇보다 중요한 것은 죽음이 나의 삶에 어떤 의미를 부여해주는가에 있습니다.

참고문헌

계명대학교 목요철학원 편(2016). 삶과 죽음에 대한 철학적 성찰. 계명대학교 출판부.
김성호(2019). 고령사회 속 기독교 노인복지의 화두. 기독교사회윤리, 43.
김연숙(2019). 레비나스의 죽음론에 관한 한 연구. 윤리교육연구, 51.
로버트 에팅거. 문은실 역(2011). 냉동인간(The Prospect of Immortality). 김영사.
레이 커즈와일 외, 김희원 역(2011). 영원히 사는 법. 승산
엠마누엘 레비나스, 쟈끄 롤랑 편집, 김도형 외 공역(2013). 신, 죽음 그리고 시간. 그린비.
장폴사르트르외, 정동호.이인석.김광윤 역(2004). 죽음의 철학. 청람.
플라톤, 최흥민 역(1999). 파이돈. 민성사.
추정완(2018). 에피쿠로스의 죽음관에 대한 비판적 고찰. 도덕윤리과교육. 58.
하일선(2016). 다문화사회에서 사이존재로서의 인간과 불안-키에르케고어의 인간이해를 중심으로. 교육의 이론과 실천, 21(1).
Clay Routledge(Ed.)(2019). Handbook of Terror Management Theory. London: Elsevier Academic Press.
Elisabeth Kübler-Ross (1969). On Death and Dying. Routledge.

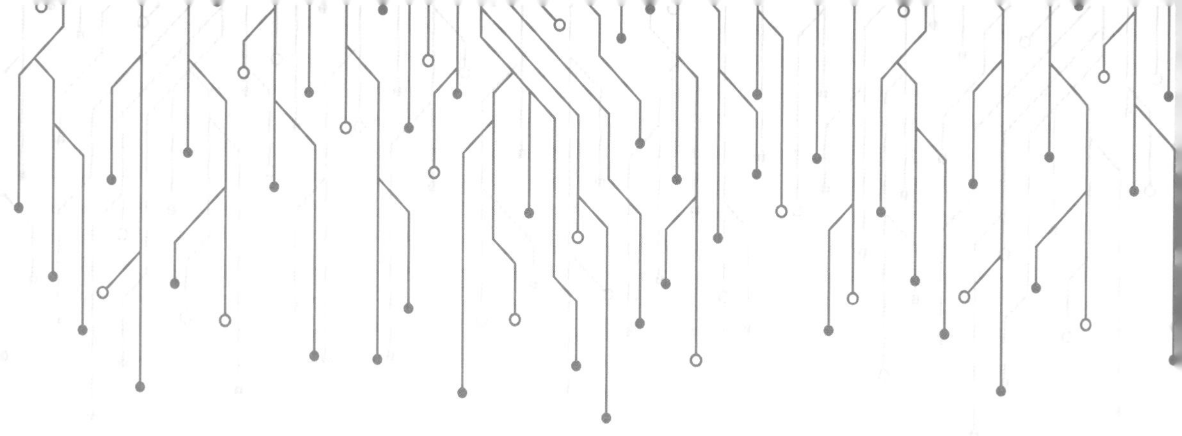

PART

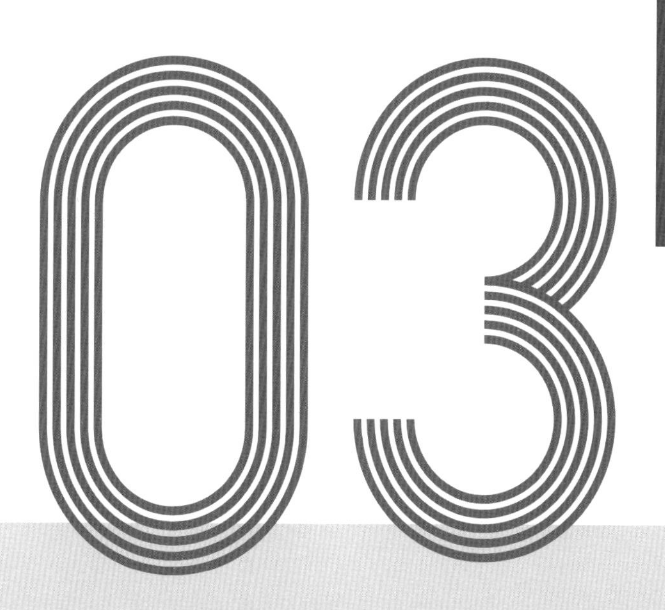

정치사회로 보는 인공지능

1. IT기술은 또 다른 빅브라더가 될 것인가?
2. 인공지능은 과연 인간보다 공정할까?

CHAPTER

01

IT기술은 또 다른 빅브라더가 될 것인가?

인공지능은 방대한 양의 빅데이터를 이용하여 사람들의 성향이나 행동을 감시하고 통제할 수 있습니다. 이러한 인공지능의 특성을 소재로 한 영화가 2023년 개봉한 〈미션 임파서블7: 데드 레코닝〉입니다. 영화 속 인공지능 엔티티는 CCTV로 사람들을 감시 및 통제하고, 사람들의 데이터를 통해 어떤 행동을 할지 미리 예측하여 조정하기도 합니다. 나중엔 무전을 해킹하여 친구의 목소리로 변조하여 주인공을 속이고 통제에 벗어나기도 합니다. 이렇게 인공지능이 빅데이터를 사용하여 미래를 예측하고 세상을 조정하는 데 사용된다면 어떻게 될까요? 또한 이 영화에는 홍채 인식을 통해 개개인을 확인, 통제하는 장면이 나옵니다. 현재도 망막 인증 기술이 개인 휴대폰에 사용될 정도로 상용화된 수준입니다. 정부가 만약 합법적으로 시민들을 감청하고 영화 〈미션 임파서블7〉 같이 개인 사생활 영역을 통제한다면 어떤 일이 발생할까요?

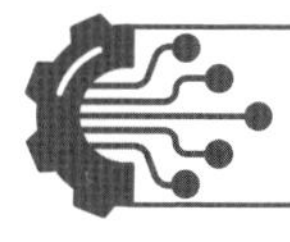

1. 디지털 빅브라더의 이해

빅브라더(Big Brother) 한 번쯤은 들어보셨나요? “전쟁은 평화! 자유는 굴종!”이라는 모순된 것처럼 들리는 구호는 영국 소설가 조지 오웰(George Orwel)의 소설 『1984년(1945)』에서 묘사한 미래의 사회를 지배하는 키워드라고 할 수 있습니다. 소설에서 빅브라더로 불리는 절대 권력은 지방과 거리 곳곳에 설치된 일종의 CCTV인 ‘텔레스크린’을 통해서 사람들의 행동을 감시합니다. ‘텔레스크린’은 끊임없이 정부의 선전 영상과 조작된 통계를 내보냅니다.

빅데이터 시대에 정부가 하고 있는 일을 보면 소설 『1984』의 빅브라더로 오인받기 충분해 보입니다. 범죄 및 테러에 맞서기 위한 명목으로 각국 정부는 '**디지털 발자국**(digital footprint)'을 수집을 하고 분석하는 분야에 지속적으로 투자 규모를 늘리고 있다고 합니다. 실제 영국 전역에 범죄를 사전에 예방하고 감시를 쉽게 하기 위한 CCTV의 수는 180만 대에 달한다고 합니다.[65)]

특히 중국은 빅브라더 논란에 앞장서고 있는 국가입니다. 전 세계 약 10억 대의 CCTV 카메라 중 절반 이상이 중국에 있는 것으로 추정되며, 이러한 CCTV는 안면 인식 기능과 녹음 기능으로 음성지문을 수집하고 있습니다. 현재 안면 인식 카메라의 녹음기를 사용하여 음성지문을 수집하고 있습니다. 중국 경찰은 DNA 데이터베이스를 구축하기 위한 장비를 구입하고 와이파이 '스니퍼'를 사용하여 수백만 명의 중국 시민의 전화를 추적하고 있습니다. 중국의 이 같은 디지털 인프라 구축은 중국 공산당에 반대하는 세력을 단속하고 통제하는 데 사용됩니다.

우리나라 또한 국가기관에서 인터넷 회선 감청 일명 패킷감청을 사용하고 있습니다. 헌법재판소 2018년 8월 30일 선고에 따르면 중대한 범죄수사를 위해 통신제한조치의 하나로 패킷감청의 필요성을 인정하면서도, 패킷감청은 그 기술적 특성으로 수사기관이 허가받은 범위 이상의 매우 광범위한 통신 자료를 취득한다는 우려를 표했습니다. 현행법상 집행 과정이나 그 이후에 객관적인 감독 · 통제 수단이나 감청자료의 처리 등을 확인할 수 있는 법적 장치가 제대로 마련되어 있지 아니하므로, 이러한 상태에서 패킷감청을 허용하는 것은 과잉금지원칙을 위반하여 청구인의 통신 및 사생활의 비밀과 자유를 침해한다고 판단하였습니다. 패킷감청은 실제 집행 단계에서 법원이 허가한 범위를 넘어 피의자의 통신자료뿐만 아니라 동일한 인터넷회선을 이용하는 불특정 다수인의 통신자료까지 수사기관에 모두 수집 및 저장합니다. 따라서 인터넷 회선 감청은 집행 및 그 이후에 제3자의 정보나 범죄수사와 무관한 정보까지 수사기관에 의해 수집 · 보관되고 있지는 않는지, 수사기관이 원래 허가받은 목적, 범위 내에서 자료를 이용 · 처리하고 있는지 등을 감독 내지 통제할 법적 장치가 강하게 요구되어야 합니다.[66)] 이렇게 우리 사회의 빅브라더는 알게 모르게 사회 시스템에 자리 잡으면서 어느덧 우리의 사생활을 권력의 감시망의 통제 아래에 두고 있습니다.

조지오웰이 『1984』에서 "그들이 우리의 말이나 생각을 세세한 것까지 파헤칠 수는 있겠지만, 우리 스스로도 다 알지 못하는 우리 속마음까지는 어떻게 할 수 없을 것이다."라고 말했습니다. 그러나 빅데이터 사회는 오웰이 그려낸 디스토피아의 수준을 넘어섰습니다. 매트릭스는 우리의 내밀한 충동을 간파하고, 우리 행동의 숨은 의미까지 알아냅니다. 인간 역사상 이처럼 개인의 일상이 철저히 추적되면서 투명하게 파헤친 적은 없었습니다. 개인에 대해 이 정도의 정보 수집이 이루어지는 것은 공산주의나 파시즘 체제에서 나타난 가장 발전된 형태의 독재에서도 없던 일입니다.[67] 미국 정치인 벤자민 프랭클린(Benjamin Franklin)은 "일시적인 안전을 위해 자유를 포기한다면 자유는 물론 안전 또한 누릴 수 없다"라는 말을 했습니다. 사회의 안전과 개인의 자유가 서로 조화를 이루게 만드는 것이 중요하다는 의미입니다.

빅브라더보다 더 두려운 존재가 시민의 반발을 무력화하는 부드러운 통제 방식인 **빅마더**입니다. 빅마더는 우리가 원하는 것을 들어주면서, 개개인이 알아차릴 수 없을 만큼 부드럽게 우리를 통제하고 지배해나갑니다. "빅마더는 우리가 원하는 것을 들어주면서 통제하는 부드러운 독재를 펼친다."[68]고 하였습니다. 생각하고 고민할 필요가 없을 정도로 우리의 욕구를 미리 간파해서 다 채워줄 정도로 교묘하게 지배하는 기술이라고 할 수 있습니다.

디지털 빅브라더와 유사한 **전자 판옵티콘**(panopticon)도 있습니다. 판옵티콘은 '모두'를 뜻하는 'pan'과 '본다'는 뜻의 'opticon'을 합성한 것으로 번역하면 '모두 다 본다'는 뜻입니다. 1791년 영국의 철학자 제레미 벤담(Jeremy Bentham)이 죄수들을 어떻게 하면 효과적으로 감시하고 관리할 수 있을지를 바탕으로 고안한 원형 감옥이라고 할 수 있습니다. 이 감옥은 중앙의 빈 공간에 감시탑을 세우고, 감시탑의 원 둘레를 따라 죄수들의 방을 만들었습니다. 또 중앙의 감시탑은 어둡게 하는 반면, 죄수의 방은 늘 밝게 해서 죄수들은 감시자가 어디를 보는지 알 수 없습니다. 이렇게 되면 죄수들은 자신들이 늘 감시받고 있다는 생각을 가지게 되고, 스스로 자기검열을 하게 됩니다. 이러한 판옵티콘은 벤담이 설계한 뒤 주목을 받지 못하다가 1975년 프랑스의 철학자 푸코(Michel Foucault)가 그의 저서 『감시와 처벌(Discipline and Punish』에서 판옵티콘의 감시체계 원리가 사회 전반으로 파고들어 판옵티시즘(panopticism)으로 바뀌었음을 지적하면서 새로운 주목을 받기 시작하였습니다.

사회학자들은 벤담과 푸코의 개념을 빌려서 국민의 신상과 신용 등에 대한 전자 데이터 베이스를 구축하려는 발상은 전자 판옵티콘에 다름이 없다고 보고 있습니다. 전자 판옵티콘은 영국의 사회학자 라이온이 제안한 개념으로 20세기 후반부터 우리 정보 기술이 광범위하게 확산됨에 따라서 감시 활용의 범위가 넓은 기반에서 사용하게 되었습니다. 기존의 판옵티콘은 간수의 시선이 감시의 수단이었지만, 전자 판옵티콘은 정보의 수집이 이것을 대체합니다. 여러분들이 쓰는 스마트폰, 컴퓨터를 검색하는 활동과 카드 내역 등이 다 감시의 형태라고 할 수 있습니다. 기존 판옵티콘은 해당 영역에서만 효과적이었나면 컴퓨터를 통한 정보 수십은 지역적인 한계가 전혀 없습니다. 그래서 감시기관이 각종 데이터를 체계적으로 수집하고 활용하면, 개인이나 조직이 우리의 일거수일투족 모든 활동을 감시 및 통제할 수 있다는 의미입니다.[69)]

1995년 개봉했던 산드라 블록의 SF 영화 〈네트(The Net)〉를 보면 전자 판옵티콘이 현실화되었을 때 미래 상황을 잘 보여주고 있습니다. 이 영화는 정부가 국민들의 정보를 데이터베이스화하여 관리 및 통제할 때 어떤 위험과 부작용이 생기는지 생생하게 보여줍니다. 우리나라도 이와 유사하게 2011년에 전자주민카드 제도를 추진한 적이 있습니다. 정부 측에서는 편리성과 관련 산업의 이익을 앞세워 추진하려 했지만, 시민단체에서는 정보의 집중화에 따른 위험과 감시, 통제의 확산 등 오남용, 그리고 해킹과 같은 중대 사고 시의 대책이 미흡하다는 점을 들어 강력히 반대했고, 결국 사업이 철회된 바가 있습니다.[70)]

디지털 사회에서 인공지능 알고리즘의 불투명성과 이해 불가능성은 **시민적 통제**를 불가능하게 만들 수 있습니다. 페이스북, 구글, 아마존과 같은 거대 기술 기업과 기술자 그리고 전체주의의 국가들이 가장 강력한 힘의 기술과 서비스를 통제하면서 시민들을 좌우할 수 있죠. 하지만 강력한 정보를 이용한 알고리즘의 지배에 대해서 시민들은 그 위험성을 잘 인식하지 못하고 있는 실정입니다. 가장 큰 권력이 시민의 통제 아래에 있지 못하고 소수의 기업과 국가의 통제 아래에 있다는 사실은 민주주의를 위협하는 아주 심각한 문제입니다.[71)] 그래서 우리는 비판적으로 이러한 문제점을 인식하고 그 대안에 대한 숙고가 필요합니다. 계속해서 인공지능이 민주주의에 끼치는 영향에 대해서 살펴보도록 하겠습니다.

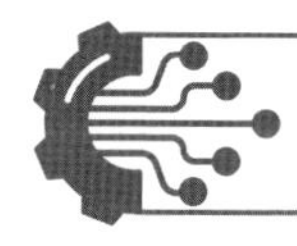

2. 인공지능이 민주주의에 끼친 영향

민주주의의 핵심 가치는 무엇일까요? 바로 **자유, 평등, 인간존엄성**이라고 할 수 있습니다. 이 세 가지 가치를 기준으로 인공지능이 민주주의에 끼치는 영향에 대해 논의하고자 합니다. 먼저, 자유는 자기 뜻대로 결정하고 행동하는 것입니다. 공동의 문제에 관한 자신의 의견을 말할 수 있고, 선거에 참여하여 투표하는 것이 자유입니다. 자유는 소극적 자유와 적극적 자유로 구분할 수 있습니다. 소극적 자유는 무엇을 마음대로 할 수 있는 조건이나 혹은 개인의 자유를 억압하는 것이 없는 기본적인 상태를 말합니다. 또한 적극적 자유는 언론의 자유, 종교의 자유, 거주의 자유, 경제 활동의 자유 등 개인이 당연히 누릴 권리를 이야기 합니다. 이 두 가지의 자유가 다 중요하다고 할 수 있겠습니다. 둘째, 평등은 모든 사람이 권리, 의무, 자격 등에서 차별받지 않고, 동등하게 대우받는 것을 의미합니다. 개인은 스스로 자유롭게 결정할 수 있는 기회의 평등을 가집니다. 최소한의 기회를 동일하게 보장하고 이에 따른 개인의 능력 차이를 인정하는 것이라 할 수 있습니다. 이러한 자유와 평등이 상호 보완되고 조화를 이룰 때 인간존엄성이 보장될 수 있을 것입니다.

그러면 민주주의 가치에서 인공지능의 영향을 살펴보겠습니다. 손현주(2019)에 따르면, 인공지능은 사회 구조를 네트워크(network)에서 **플랫폼**(platform) 조직으로 바꾸며 자유의 가치를 증대시켰습니다. 플랫폼 조직은 동일한 플랫폼을 같이 공유함으로써 문제 해결 능력을 크게 강화시킵니다. 그래서 인공지능은 플랫폼 조직과 구조적 변화를 통해서 정부, 시민, 기업체 등의 협업 모델을 지향하면서 자유를 증진시킨다고 볼 수 있습니다. 인공지능 민주주의 플랫폼을 통해 시민들은 정책 및 중요한 문제에 대해 더욱 직접적으로 의사소통할 수 있습니다. 이를 통해 다양한 의견이 수용되어 보다 정책 활동이나 사회문제를 해결하는데 도움을 줄 수 있습니다.

둘째, 인공지능은 **정보 접근성** 측면에서 인간의 자유와 평등을 실현하게 합니다. 인공지능은 정보 접근성을 확대하여 시민들의 알 권리를 평등하게 누리게 하고 개인의 디지털 자유주의를 실현하게 합니다. 누구나 자유롭게 정보 접근을 할 수 있기 때문에, 디지털 자유주의에서는 시민들이 국가 권력을 쉽게 감시할 수 있습니다. 그리고 정보 접근성은 의사결정 과정의 참여와 의사결정 과정의 투명성을 확보하는 데 기여할 수 있습니다.

이러한 인공지능의 긍정적 측면과 함께 부정적인 측면도 존재합니다. 4차 산업혁명에 의한 정보기술이 오히려 사회 각 영역의 **불평등을 심화**시키고, 이것이 민주주의에 부정적 영향을 줍니다. 이를 막을 수는 없으므로 공동체에 관심을 가지는 시민성을 해법으로 제시하고 있습니다.[72] 또한 새로운 정보기술이 시민들의 생각하는 힘을 약화시키는 **사유의 무능**(inability to think)을 야기할 수 있습니다. 알고리즘 기반의 데이터에 따라 의사결정을 하게 되기 때문에, 이러한 현상은 자유로운 시민역량을 훼손시킬 수 있습니다.[73] 알고리즘의 추천으로 결정하고 데이터로 책임을 떠넘기는 무책임한 현상이 발생할 것입니다.

철학적 관점에서 알고리즘이 **인간의 자유에 종말**을 가져올 것이라는 의견도 있습니다. 유발 하라리가 『호모데우스』 책에서 인간의 자유에 대한 강력한 우려를 보여줍니다.

> 21세기에는 더 이상 감정이 이 세계에서 가장 훌륭한 알고리즘이 아닐 것이다. 우리는 전례 없는 연산력과 거대한 데이터베이스를 활용하는 우월한 알고리즘을 개발하고 있다. 구글과 페이스북 알고리즘들은 당신이 어떤 감정을 느끼는지 정확히 알 뿐 아니라, 당신에 대해 당신은 짐작도 하지 못하는 백만 가지 다른 점을 알고 있다. 따라서 당신은 이제 자신의 감정에 귀 기울이는 것을 그만두고, 이런 외부 알고리즘에 귀 기울이기 시작해야 한다. 유권자들이 저마다 누구에게 투표할지 알고리즘이 안다면, 게다가 한 유권자는 민주당에 투표하는 반면 다른 유권자는 공화당에 투표하는 정확한 신경학적 이유까지 안다면, 무엇하러 투표를 하는가? 인본주의의 계명이 "네 감정에 귀 기울여라!"였다면, 데이터교의 계명은 "알고리즘에 귀 기울여라!"이다.[74]

빅데이터교는 우리가 예전에 신을 믿었던 것처럼 이제는 빅데이터를 신봉하고 빅데이터의 지시에 따르는 모습에 대해 이야기 합니다. 빅데이터 알고리즘의 권위는 인간의 자유보다 데이터와 알고리즘을 더 신성시해서 개인의 선택과 책임에 대한 자유주의의 기반을 위태롭게 합니다. 생명기술과 정보기술의 혁명에 의한 빅데이터 알고리즘은 인간의 자유의지의 권위를 제거해서 컴퓨터로 이동을 시킨다고 봅니다. 인간의 선택의 순간에 인간의 감정과 직관에 의한 자유는 사라지고, 인공지능이 결정하게 한다면 인간의 권위는 없어져 버릴 것입니다. 그래서 알고리즘의 발달은 인간의 마음, 감정 등을 인간보다 더 잘 파악하여 인간이 인공지능에 의존하는 경향이 심화된다는 것입니다.

이러한 AI 기술을 이용하여 개인의 다양한 정보를 데이터베이스화 하여 유권자에게 맞춤 정보를 제공하고 맞춤 선전을 하는 데 사용할 수 있습니다. 그래서 특정 유권자에게 편향된 내용의 정치 뉴스 정보를 지속적으로 제공할 수 있습니다. 이렇게 알고리즘이 필터링한 정보에 정체하게 되는 현상을 필터 버블이라고 합니다. 즉, '**필터버블**(Filter Bubble)'은 미국 시민단체 무브온(Move on)의 이사장 엘리 프레이저(Eli Pariser)가 처음 소개한 개념으로, 인터넷 정보제공자가 이용자에게 맞춤형 정보를 제공해 이용자는 필터링 된 정보만을 접하게 되는 현상을 뜻합니다. 사용자에게 맞게 필터링 된 정보가 마치 거품처럼 사용자를 가둬버렸다는 일종의 비유인 셈입니다.[75] 이러한 필터 버블은 내가 좋아하고 관심 있어 할 것들만 보고 듣게 되기 때문에 자신도 모르게 점점 편향된 가치관을 가질 가능성이 커질 수 있습니다.

이와 유사하게 특정 가치관에만 매몰되어 가는 현상이 '**에코챔버**(Echo chamber)' 효과 일명 확증 편향입니다. 이는 정보 이용자가 기존 신념에만 한정된 폐쇄적 커뮤니케이션에 의해 같은 입장을 지닌 정보만 지속적으로 수용하여 강화하는 현상을 비유적으로 나타낸 말입니다. 에코챔버 효과는 2000년대 초반 인터넷의 발달로 일방향의 TV 매체에서 벗어나 이용자가 다양한 정보 중 원하는 정보를 취사선택해서 보는 방식으로부터 비롯되었습니다. 이후 자신과 비슷한 가치관을 지닌 사람들끼리만 정보를 공유하는 커뮤니케이션 속에서 기존의 신념을 더욱 증폭, 강화하는 모습을 보였습니다.

필터버블과 에코챔버는 사람들을 편향된 극단주의적인 가치관으로 고정관념을 심화시킬 위험이 있습니다. 실제 정치 · 사회 · 종교적 문제에 대해 다양한 균형 있는 건전한 시각을 가지지 못하도록 영향을 미치고 있다고 해도 과언이 아닙니다. 그래서 나와 다른 관점의 의견을 받아들이지 못하고 하나의 관점에만 매몰되기가 쉬운 세상이라고 할 수 있습니다. 이것이 일상생활 속에서 나도 모르게 이루어지고 있는 경우가 많은 것이 더욱 심각한 문제입니다.

필터버블과 에코챔버의 과정에서 진실은 더 이상 중요하지 않게 될 위험이 있습니다. 정보의 진실 여부는 중요하지 않고 그냥 내가 믿고 싶은 것만 보여주고 받아들이는 것을 **탈진실**(post-truth)이라고 합니다. 대표적인 예로 가짜 뉴스를 들 수 있는데, 인공지능이 여론에 미치는 영향은 탈진실로 이루어집니다. 디지털 정보에 대한 접근이 많아지고 전달 속도 또한 빨라지면서 인터넷이나 사적인 개인 유투버가 권위 있는 전문가나 공적인 담론을 대신하게 된 것입니다. 사람들이 공영방송에서 하는 이야기보다 개인 유튜브가 하는 말을 더 잘 믿고 따른다는 것입니다. 그래서 사회적인 지혜라고 할 수 있는 규범과 상식이 권위를 잃고, 개인 본인이 소속되고 싶은 집단의 여론에 편승하게 됨을 의미합니다.[76]

가짜뉴스의 대표적인 사례가 미국 도널드 트럼프 전 대통령의 2020년 미국 대선 조작 음모론입니다. 도널드 트럼프는 바이든을 당선시키려고 자신의 표를 바꿔치기 했다는 가짜 뉴스를 퍼트렸습니다. 그리고 자신의 지지세력을 선동하여 미국 의사당을 난입하게 하고 폭동을 조장한 혐의로 조사를 받았습니나. 유튜브는 트럼프 관련한 가짜 뉴스 영상들을 모두 삭제했고 페이스북과 인스타그램에서 그의 SNS 사용을 아예 정지시켰습니다. 또 트럼프 지지 언론사인 폭스 뉴스는 선거 결과를 투표하고 개표하는 업체에 제1조 391억 원에 달하는 명예훼손금을 배상해야 했습니다. 폭스 뉴스는 "트럼프 전 대통령의 주장을 뉴스로 판단해 보도했을 뿐이고, 이는 '표현의 자유'를 보장하는 미 수정헌법 제1조에 의해 보호받는다"라고 주장했지만, 법원은 이를 받아들이지 않았습니다. 이 판결은 언론의 가짜뉴스 보도가 얼마나 위험하고 민주주의의 근간을 뒤흔드는 것인지를 확인해준 역사적 사건이라고 할 수 있습니다.[77] 그래서 우리는 어떠한 정보를 받아들이기 위해서는 팩트 체크를 해보는 것이 중요하다는 것을 다시 한번 깨닫게 되었습니다.

손현주(2019)에 따르면 이렇게 진실 여부가 중요하지 않게 된 요즘 인공지능에 의해서 더욱 그것이 증폭되는 **딥페이크**로 발전했습니다. 각종 정치인을 이용한 딥페이크가 가짜 뉴스로 활용되었습니다. 딥페이크는 진짜와 구별하기 어려울 정도로 수준이 발전하였고, 페이크앱(FakeApp)도 개발 되어 누구나 쉽게 데이터를 통해 영상물을 만들 수 있게 되었습니다. 방송사에서 오바마 대통령이 연설하는 영상을 송출했는데, 알고 봤더니 딥페이크로 만들어진 가짜 영상이었던 적도 있어 물의를 일으켰습니다. 대통령은 전혀 그런 말을 한 적 없는데 그 영상만 보면 정말 자연스러워서 사실을 구분하기가 어렵습니다.

딥페이크는 가짜 뉴스와 밀접한 연관을 가지고, 개인과 공동체의 사회적 · 정치적 정서를 쉽게 조작할 수 있습니다. 탈진실에 근거한 가짜 뉴스와 딥페이크 그리고 마이크로 타겟팅은 특정한 정당이나 집단의 정치적 이익을 가져다 줌으로써 유권자의 의식과 태도에 영향을 미칩니다. 그래서 이런 빅데이터 알고리즘은 유권자의 정보를 수집하여 지속적으로 특정 유권자에게 가장 적합하고 최적화된 메시지와 광고를 내보내며 맞춤형 선거 전략을 세울 수 있습니다.[78]

빅데이터 알고리즘은 축적된 데이터를 통해서 최적화된 모델을 가동시킴으로써, 시민들 간의 의사소통이나 토론, 합의와 같은 정치 참여를 저해합니다. 이러한 과정은 민주주의의 핵심이자 권력 획득의 정당성을 부여하는 숙의의 과정을 사라지게 하여 민주주의 과정에 위협을 끼칩니다. 인공지능이 민주주의에 끼칠 수 있는 여러 영향들에 대해서 살펴보았는데, 계속해서 디지털 민주주의를 위한 대안에 대해서 같이 고민해 보도록 하겠습니다.

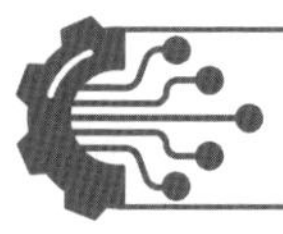

3. 디지털 민주주의를 위한 대안

디지털 민주주의를 위한 대안으로 **담론 윤리**에 대해서 이야기해 볼 수 있습니다. 담론은 이야기를 나누는 것인데, 사회 구성원들 간의 의사소통 행위를 가리키는 것으로 주로 토론의 형식으로 이루어집니다. 그래서 우리 현대사회에 구성원들 간에 발생할 수 있는 다양한 문제의 상황들, 도덕적 갈등을 합리적으로 해결하기 위해선 무엇보다도 이성적인 대화를 통해서 서로를 이해하고 합의를 통해 해결하려는 노력이 가장 중요합니다. 담론을 통해 얻어진 합의를 바탕으로 윤리적 기준을 세우고자 하는 윤리학이라고 할 수 있죠. 담론 윤리에서는 사회 구성원 간의 합의를 통해서 모든 당사자들의 동의를 얻은 규범만이 타당성과 정당성을 가진다고 판단합니다. 모든 구성원들이 합의를 통해서 도달한 규범이 모든 사람에게 도덕적 구속력이 있음을 알고 받아들여야 함을 강조합니다.[79]

담론 윤리의 대표적인 사상가는 독일의 철학자 **유르겐 하버마스**(Jürgen Habermas, 1929-)입니다. 하버마스는 담론 윤리에 있어서 **의사소통의 합리성**에 관해서 이야기합니다. 하버마스는 생활세계에서 의사소통 행위를 통해 사회변화의 가능성을 찾고 공론의 장을 복원하고자 합니다. 그는 의사소통하는 사회문화적 맥락에서 지식 전승과 혁신을 이끌고 사회통합과 유대를 이끌어내며 개인적인 정체성 형성을 강화할 수 있다고 봅니다.

하버마스는 억압이 없는 해방된 사회를 위한 이상적인 언어 모델에 주목했습니다. 예를 들어 "내일 학교에서 봐."라는 말은 그렇게 하겠다는 약속을 담고 있고, 서로가 상대의 말을 알아듣고 그 말이 진실임을 믿기 때문에 약속이 지켜지는 것입니다. 하버마스는 합리성을 논리적인 사고가 아닌 사람들 사이의 일상에서의 대화에서 찾았습니다. 충분한 대화와 합의 속에서 진리가 나올 수 있다는 것입니다. 열린 마음으로 상대방을 대하고 서로를 받아들일 수 있다면, 우리는 토론 속에서 최선의 결론을 맺을 수가 있습니다.[80] 하버마스의 의사소통 행위에서 대화와 토론을 통한 담론은 현대 민주사회에 근거를 마련해준다고 할 수 있습니다.

하버마스 담론 윤리의 예로 'web 2.0'이라고 불리는 네트워크 방식을 볼까요? 웹 2.0은 현실 세계에서 살아 숨 쉬는 개개인의 사사로운 문제 또 감정 기복, 반복되는 일상 이런 것들을 모두 모아서 새로운 가치와 집단의 의미로 해석하는 기술과 서비스의 총칭이라고 볼 수 있습니다. 트위터는 개개인 간 사사로운 문자 내용을 공중에게 방송하는 시스템을 개발해서 새로운 가치를 발견합니다. 개개인 간의 사사로운 문자 내용을 모아서 집단의 의견으로 반영을 한다든가 아니면 개인의 사적 내용을 공유해서 가벼우면서도 일상화된 소통을 가능하게 한다고 볼 수 있습니다. 이것은 과거의 전문가의 지식이나 고급 정보만을 다루었던 네트워크 방식을 벗어난 것입니다. 시민들의 일상과 그 가치에 주목을 함으로써 사회 연대를 모색하는 것입니다. 소통과 연결이 새로운 가치와 연대를 만들기 위해서 우리가 주목해야 하는 것은 인간의 감정과 공감 능력입니다. 이렇게 강화되는 감정과 공감이 새로운 방식의 소통을 통해서 새로운 가치와 연대를 형성하는 것입니다.[81]

한국의 **촛불집회**의 경우를 한번 생각해 볼까요? 연대의 가속화 도구로서의 네트워크 공간이 사용된 예를 잘 보여주고 있습니다. 인터넷과 휴대전화는 촛불집회가 진행되는 일련의 과정에서 연대의 가속화에 결정적인 영향을 미쳤습니다. 특히 이전의 시민문화에서 제외되었던 중고등학생, 주부, 여성 등 개인적 성향이 강한 집단이 집회에 참여하기까지의 과정에서 이들을 하나의 연대, 하나의 네트워크로 연결해주는 데 결정적인 역할을 했습니다. 촛불집회에 중고등학생들이 단체로 '동원'되었다는 루머가 나올 정도로 집회에서 이들의 결집력과 연대가 강해진 것도 커뮤니티의 힘이었습니다. 커뮤니티에 익명 또는 실명으로 오프라인 행동 참여에 동참하자는 메시지가 올라

오고, 이에 자극을 받은 학생들이 집회에 동참하기 시작한 것입니다. 네트워크 공간이 자발적 자기조직화의 도구가 된 것입니다. 이처럼 뉴미디어는 평화적 저항을 지향하는 새로운 시민문화가 빠른 속도로 확산되는 데에 결정적인 영향을 미쳤고, 능동적인 시민참여를 이루어냈습니다.[82)]

이는 하버마스의 개념을 빌리자면, 이해가능하고, 믿을 수 있는 방식으로, 다르지 않은 보편적 규범하에, 진실한 마음에서 이루어지는 충분한 의사소통을 인터넷을 매개로 한 덕분에 신뢰가 형성되고 민주적 토론과 숙의가 이루어져서 지속적인 강한 유대가 발휘된 것입니다.[83)] 사이버 공간에서 이루어진 참여는 강한 연대를 기반으로 현실에서 직접 민주주의를 이룰 수 있는 계기가 되었습니다. 여러 다양한 소규모 집단에서 이루어지는 직접 민주주의적 방식은 공동의 문제를 수립하고 다듬고, 새로운 문제를 드러내고, 논거를 만들며, 매우 다양한 주제들에 대해 서로 독립된 의견들을 표현하고 채택하는데 각자 지속적으로 참여하게 하였습니다. 과학기술의 발전에 따른 새로운 소통방식이 직접 민주주의를 가능하게 하는 조건으로 등장할 수 있음을 확인하였습니다.[84)]

디지털 민주주의에서 시민들의 역할도 중요합니다. 시민들은 인공지능 데이터나 알고리즘에 내재되어 있는 차별과 불공정, 프라이버시 침해 등의 위협을 다루는 일에 적극적인 관심을 가져야 합니다. 자신의 권리를 최대한 자율적으로 규율하고, 의무도 마땅히 행해야 합니다. 그리고 국가에 시민이 참여할 수 있는 제도와 장, 교육 기회를 마련할 것을 요구해야 합니다. 디지털 민주주의를 위한 권리와 의무는 다음과 같습니다.[85)]

디지털 민주주의를 위한 시민의 권리

- 인공지능에 관한 지식이나 정보를 접할 권리
- 사회 여러 분야(금융, 사법, 행정, 치안, 보건 의료, 고용 노동, 교육, 언론 등)에서의 인공지능 도입과 확산에 대한 의사결정에 참여할 권리
- 개인정보 등의 영역에서 충분한 정보에 근거한 동의를 보장받을 권리
- 집단과 개인이 위험에 처하는 것을 막을 권리

디지털 민주주의를 위한 시민의 의무

- 관련된 지식을 배우고 이를 활용할 의무
- 공론화에 참여하고 합의된 결과를 수용할 의무
- 인공지능에 대한 시민의 문해력과 덕성을 실행할 의무

인공지능 알고리즘이 발전하고 확산되는 속도만큼 빠르게 그 위험이 가시화되고 있는 현 시점에서 인공지능과 관련된 시민의 역할은 적극적으로 고려되어야 합니다. 그럼 내용을 정리하면서 가상토론을 살펴봅시다.

토론: IT기술은 또다른 빅브라더가 될 것인가?

- **인공지능**: IT기술이 발달함에 따라 정부는 마음만 먹으면 우리의 일거수일투족을 감시하고, 시민들이 잘 알아채지 못하는 교묘한 방법으로 통제해 나갈 수 있습니다. 하지만 또한 IT기술을 이용해 누구나 쉽게 공적 정보에 접근할 수 있고, 의사결정의 과정도 투명할 뿐만 아니라 직접민주주의에 가까운 참여도 가능하게 되었습니다. IT기술은 또 다른 빅브라더가 될 것인지에 대한 여러분의 의견을 자유롭게 이야기 해주세요.
- **조지 오웰**: 저의 책 『1984』을 보면 텔레스크린이 등장합니다. 일종의 CCTV와 같이 사람들을 감시할 수 있고, 정부의 선전 영상과 조작된 통계를 내보낼 수도 있어요. 저는 오늘날 빅데이터 시대에 정부가 하고 있는 일을 보면 소설 속 저의 상상이 현실이 된 것 같아 소름이 돋습니다. 범죄 예방 및 치안유지라는 핑계로 곳곳에 CCTV가 설치되어 우리를 지켜보고 있습니다. 그리고 맞춤형 알고리즘 추천 등으로 사람들이 편향된 시각을 가지게 하고, 가짜뉴스 등으로 우리를 선동하고 교묘하게 통제하고 있어요.
- **유발 하라리**: 맞아요. 민주주의는 인간의 자유 의지를 반영하고 모든 권위는 인간 개인의 자유 의지에서 출발한다고 볼 수 있어요. 그러나 빅데이터 알고리즘은 인간의 자유의지의 권위를 제거해서 컴퓨터로 이동을 시킨다고 봅니다. 인간 선택의 순간에 인공지능의 결정에 따른다면 인간의 감정과 직관에 의한 자유는 사라지고, 인간의 권위는 없어져 버릴 것입니다.
- **촛불집회 시민**: 저는 정보 기술이 민주주의를 위협한다고 생각하지 않습니다. 우리 커뮤니티 회원들은 사이버 공간에서 강한 연대를 기반으로 현실에서 직접 민주주의를 이룰 수 있었습니다. 게시판과 채팅방을 이용해 다양한 소규모 집단에서 공동의 문제를 수립하고 충분한 토론을 나누었어요. 과학기술의 발전에 따른 새로운 소통방식이 직접 민주주의를 가능하게 한 것입니다.
- **하버마스**: 촛불집회야말로 제가 말하는 담론 윤리의 대표적인 예라고 할 수 있겠네요. 과거 전문가의 지식이나 고급 정보만을 다루었던 방식에서 벗어난 것입니다. 인터넷을 통해 시민들의 일상과 그 가치에 주목을 함으로써 사회 연대를 모색하였습니다. 여기서 인간의 감정과 공감 능력이 중요한 역할을 합니다. 이렇게 강화되는 감정과 공감이 새로운 방식의 소통을 통해서 새로운 가치와 연대를 형성한 것입니다.
- **유발 하라리**: 하버마스 선생님, 그것은 이상적인 상황이라고 할 수 있습니다. 데이터교를 들어보셨나요? 알고리즘의 발달은 인간의 마음, 감정 등을 인간보다 더 잘 파악하고 있어서 인간이 인공지능에 의존하는 경향이 심화되고 있습니다. 그래서 알고리즘에 의존할 수밖에 없는 인간은 자신의 의견과 감정이 조작될 가능성도 있어요. 이러한 상

황에서 인간의 존재는 자율적 주체로서 의심을 받을 수 있습니다. 이에 대해 우리는 경각심을 가져야 할 것입니다.

- **인공지능**: IT기술은 또 다른 빅브라더가 될 것인가를 두고 팽팽한 의견을 잘 살펴보았습니다. IT기술을 인간이 통제할 것인가 또는 통제당할 것인가의 문제인 것 같습니다. 인간들은 이러한 경각심을 가지고 민주 시민으로서 권리와 의무를 다해야 할 것입니다.

'바보(idiot)'라는 말의 그리스 어원은 '이디오테스(idiotes)'입니다. 고대 그리스에서는 공적인 일에 관심이 없고 사적인 일에만 관심을 갖는 사람을 '이디오테스', 즉 바보라고 했습니다. 이디오테스는 시민으로서 의무를 하지 않은 사람이라고 할 수 있습니다. 우리가 공적인 사회 문제를 생각하지 않고 사적인 일에만 매몰되어 버린다면, 우리 사회 전체의 이디오테스의 상황을 유발할 수 있습니다. 알고리즘이 추천해 주는 자신이 좋아하는 것만 보고 듣는 상황은 기술이 민주주의를 위협하는 것입니다. 디지털과 인공지능이 개인과 사회에 지대한 영향력을 행사하는 오늘날 우리들의 비판적 성찰이 더욱 요구된다고 할 수 있겠습니다.[86] IT 기술이 제2의 빅브라더가 되지 않도록 또 사회가 이디오테스인 바보가 되지 않도록 여러분들의 적극적인 관심과 참여가 필요한 시점입니다.

참고문헌

강장묵(2019). 뉴미디어와 소통의 정치학. 한울아카데미.
김경래(2017). 제4차 산업혁명과 시민성. 인문사회과학연구. 57.
김경수(2023). "가짜뉴스에 대한 성찰". 오피니언. 2023.07.09.
http://www.mdilbo.com/detail/CBIT5x/698529
마르크 뒤갱 · 크리스토프 라베, 김성희 역(2019). 빅데이터 소사이어티. 부키
방송통신위원회. 필터버블과 에코체임버. 방송통신위원회 블로그 2022.07.05. https://blog.naver.com/PostView.naver?blogId=kcc1335&categoryNo=38&logNo=222799832193&parentCategoryNo=
안광복(2017). 처음 읽는 서양 철학사. 어크로스.
이윤복(2015). 담론윤리와 그 적용가능성. 한국동서철학회. 77.
이재신 · 이민영(2010). 촛불집회를 통해 나타난 새로운 시민문화와 생활세계의 복원. 사회과학논집. 41(2).
이충한(2018). 4차 산업혁명과 민주주의의 미래. 철학논총. 91.
손현주 · 문만용(2016). 농민일기에 나타나는 기술수용과 그 양가성에 대한 연구. 지방사와 지방문화, 19(1).
손현주(2019). 인공지능 거버넌스와 민주주의의 미래. 사회사상과 문화, 22(2).
신상규 외(2020). 포스트휴먼이 몰려온다. 아카넷
전학선. "인터넷회선 감청(일명 패킷감청) 위헌확인 사건". 법률신문. 2018.11.08.
https://www.lawtimes.co.kr/opinion/148095?serial=148095
정교일 외(2008). 훤히 보이는 정보보호. 전자신문사.
정성훈(2021). 인공지능의 편향과 계몽의 역설에 대한 반성적 접근. 철학연구. 132.
정용찬(2013). 빅데이터. 커뮤니케이션북스.
정원섭 엮음(2022). 인공지능의 편향과 챗봇의 일탈. 세창출판사.
황종성(2017). 인공지능시대의 정부. IT & Future Strategy, 3.
유발 하라리(2017). 호모데우스. 김영사.
FRYDEK. "'빅마더'의 시대여는 필터버블 세상, '빅브라더'보다 더 무섭다". InsightWAVE. 2023.06.01. https://insightwave.com

CHAPTER 02

인공지능은 과연 인간보다 공정할까?

인공지능은 주어진 데이터와 알고리즘을 이용해 학습하고 또 다른 정보를 만들어 냅니다. 하지만 이것이 때로는 편향된 결과로 나타나 사회적 물의를 일으키곤 합니다. 2016년 3월 마이크로소프트는 AI 챗봇 '테이(tay)'를 출시했다가 16시간 만에 운영을 중단했습니다. "유대인이 싫다"와 같은 혐오 발언과 인종 및 성 차별 발언을 되풀이했기 때문입니다.

우리나라에서는 AI 챗봇 '이루다'가 2020년에 출시되었다가 문제가 된 적이 있습니다. 페이스북 메신저 기반으로 서비스되는 '이루다'는 기존 AI와는 다르게 실제 사람이 사용하는 말투에 가깝게 프로그램된 대화형 AI입니다. 2020년 12월 말 공개 이후, 한 달 만에 약 40만 명의 사용자를 모았을 정도로 큰 인기를 끌었습니다. 인기뿐만 아니라 성능 평가 역시 매우 우수합니다. 구글의 오픈 도메인 대화기술 성능 평가지표가 보통 사람이 평균 86%라면, 이루다는 78%에 이릅니다. 그야말로 '말이 통하는' AI라 볼 수 있습니다. 하지만 서비스 기간 동안 이루다는 인기뿐만 아니라 성차별, 인종차별 등 사회적 혐오를 부추긴다는 우려, 이용자들의 성희롱 문제와 함께 제작 과정에서 개인정보가 유출됐다는 의혹 등 수많은 논쟁거리도 불러일으켰습니다.[87]

우리는 흔히 인공지능은 가치중립적 기계이므로 감정에 치우친 사람보다 공정할 것이라는 기대를 안고 있습니다. 하지만 위의 사례처럼 인공지능에서 왜 이렇게 편향되고 차별적인 결과가 나타날까요?

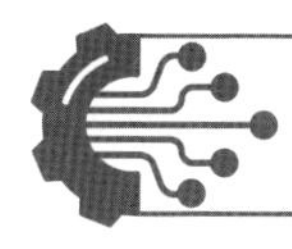

1. 인공지능의 편향과 차별

인공지능의 판단이나 의사결정으로 인해서 얻어지는 결과들이 사회가 원하지 않는 편향과 차별을 야기할 수 있습니다. 인공지능 알고리즘에 따른 의사결정도 인종, 젠더, 연령, 외모 이런 다양한 측면에서 편향을 드러낼 수 있습니다. 이러한 편향이 인간의 의사결정 과정에서 나타내는 편향 못지않게 심각한 문제가 될 수 있습니다. 오히려 **인공지능이 차별을 강화하고 영속화하는** 측면이 있습니다. 기계학습(machine learning)에 기반을 둔 인공지능은 주어진 데이터로부터 일정한 규칙을 찾아내는 모형을 학습합니다. 하지만 주어진 데이터, 알고리즘은 인간에 의해 축적되거나 개발되기 때문에 그 자체에 일정한 편향성이 내재되는 것입니다. 우리 사회에 여전히 나타나는 크고 작은 다양한 유형의 차별을 반영한 오염된 데이터의 투입 결과 또한 편향된 차별이 나오는 것입니다.[88] 따라서 학습된 기계 모형이나 그에 기반을 둔 인공지능의 결과 또한 유사한 편향성을 띠게 됩니다.

한 예로 아마존은 2014년 강력한 기계학습 기법으로 최고의 인재를 찾아내는 채용 시스템을 구상하였습니다. 인간의 편견으로부터 자유로운 혹은 편견을 최소화하는 인간의 의사결정을 개선할 수 있는 채용 시스템을 구축하고자 한 것입니다. 하지만 이 시스템의 이상한 점이 곧 발견되었는데, 여성에 대한 편견을 가지고 남성을 훨씬 선호하는 점수를 매긴 것입니다. 기계학습 시 지원자의 미래 성공 가능성을 예측하는 중립적인 패턴만 익힌 것이 아니라, 회사의 기존 채용 데이터에서 학습한 남성 후보자에 대한 선호까지 증폭시켰던 것입니다. 이 알고리즘은 “여성 축구부 주장”에서 “사업을 하는 여성”까지 모든 것을 포착해 “여성”이라는 단어가 들어간 이력서에는 감점을 했고 여자 대학을 나온 지원자의 점수를 낮추었습니다. 아마존은 편견을 없애기 위해 수많은 코드 수정을 했지만, 그 시스템에서 모든 잠재적 차별을 제거할 수는 없었습니다.[89] 이러한 아마존 채용시스템의 남녀에 따른 편향성 외에도 범죄 재범률 예측 인공지능에서 인종에 따른 편향성이 발견되는 등 일상에서의 부당한 차별을 나타내는 현상이 드러났습니다.

데이터 편향성의 종류는 ‘표본 선택 편향’, ‘자동 편향’, ‘내재적 편향’ 등 다양한 종류가 있습니다. 첫째로 '표본 선택 편향'은 데이터가 실제 분포하는 범위를 벗어나는 경우에 발생합니다. 표본 선택 편향에는 데이터가 대표성을 갖지 않는 경우, 데이터 수집 시 참여자의 참여 수준의 격차로 인해 발생하는 편향, 데이터 수집 과정에서 데이터의 선택 방식이 한쪽으로 치우치거나 하여 고른 분포를 가지지 못하게 선택이 된 경우 발생하는 편향 등이 있습니다. 둘째는 '자동 편향'인데 이는 다른 어떤 지표 등에 상관없이 자동화 시스템이 생성한 결과를 우선적으로 선택하는 경향을 이야기합니다. 셋째는 내재적 편향의 대표라고 할 수 있는 '확증 편향'입니다. 앞서 살펴본 대로 일종의 고정 관념이라고 할 수 있습니다. 자신의 신념과 일치하는 정보는 쉽게 받아들이고 그에 반하는 데이터는 무시해 버리는 경향에서 발생합니다.[90]

더욱 심각한 문제는 사람들은 흔히 인공지능은 인간과 달리 의지나 가치관이 개입되지 않기 때문에 공정할 것이라는 맹목적 믿음을 가지고 있다는 것입니다. 그래서 재판을 받게 된다면 나는 인공지능 판사에게 받고 싶다던가, 몸이 아파서 병원에서 수술을 받게 된다면 실수할 일이 없는 인공지능 로봇에게 받고 싶다는 생각을 가지기도 합니다. 인공지능이 인간보다 더 낫다는 막연한 믿음은 우리를 위험에 빠뜨릴 수 있습니다. 인공지능에서 나타나는 차별적인 결과가 우리도 인식하지 못하게 우리의 편견을 더욱더 공고하게 하고 영속화한다는 것입니다. 따라서 우리들은 이러한 위험을 제대로 인식하고 적극적으로 대처해야 할 것입니다.[91]

인공지능이 인간의 편향과 차별을 그대로 가진다고 했는데, 사실 이러한 문제는 인간이 오래 전부터 인식하고 개선하고자 노력했습니다. 인간들이 차별과 공정을 타파하고자 어떠한 노력을 했는지 인간의 계몽에 대해 살펴보겠습니다.

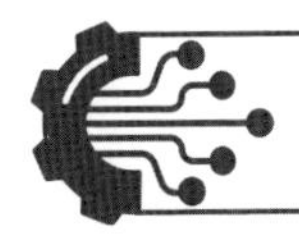

2. 인간 계몽의 역설

우리 인간들은 개인과 사회의 차별과 불공정성 등의 문제를 인식하고 이것을 타파하기 위한 많은 노력들을 해왔습니다. 17-18세기에 인간의 지성 혹은 이성을 '빛'에 비유하면서 그 빛을 통해 당시의 평범한 사람들이 빠져 있던 편견, 선입견, 미성숙 등으로부터 벗어나게 하려던 철학적 운동을 '계몽'이라 부릅니다.[92] 계몽은 인간의 편향을 완화하기 위해 개별 신체의 일시적 상태로부터 비롯하거나 개인의 제한된 사회적 관계나 경험으로부터 비롯하는 감정, 욕망, 의지 등을 억제하고자 하였습니다. 그리고 보편화 능력을 가진 지성 혹은 순수 이성을 발전시켜 인간의 감정, 욕망, 의지 등을 종속시키려고 하였습니다.

인간의 편향에 맞선 계몽주의에서 제일 선두 주자라고 할 수 있는 학자는 영국 경험론자 **프랜시스 베이컨**(Francis Bacon)입니다. 베이컨은 책 『신기관(Novum Organum, 1622)』에서 인간의 정신을 사로잡고 있는 편견들, 즉 네 가지 우상을 하나하나 논박하고, 귀납법을 주장합니다. 종족의 우상, 동굴의 우상, 시장의 우상, 극장의 우상 네 가지는 인간의 네 가지 편향으로 간주할 수 있습니다. 먼저, 종족의 우상은 인간이라는 종족이 가진 예컨대 '꽃이 방긋 웃는다', '새가 노래를 부른다' 등 인간의 시점에서 판단하는 것입니다. 둘째, 동굴의 우상은 우물 안의 개구리처럼 자신만의 좁은 지식의 배경 및 개인적 관점으로만 인식하는 것을 말합니다. 셋째, 시장의 우상은 언어에 현혹되기 쉬운 경향을 말하는데, 시장에서처럼 많은 사람들의 인간 상호 간의 교류와 접촉에서 생기는 편견을 이야기합니다. 마지막으로 극장의 우상은 다양한 학설과 그릇된 증명 방법으로 생기는 우상으로, 잘못된 권위나 대중매체에 근거하여 발생할 수 있습니다. 베이컨은 네 가지의 우상에서 해방된 인간 지성이 과학적 발견을 위해 나아가야 할 길을 제시합니다. 베이컨은 함부로 예측하는 것이 아니라 참된 귀납법으로 자연을 관찰하고 경험하라고 말합니다. 이것은 인간이 어떤 종류의 선입견에 의존하지 않아야 한다는 것입니다.

이어서 **임마누엘 칸트**(I. Kant)의 계몽주의에 대해서 살펴봅시다. 칸트는 도덕 형이상학적 기초를 위해서 외부 영향을 받기 쉽고 개별적인 성격을 갖는 도덕 감정을 배제해야 된다고 봅니다. 도덕법칙의 자율성과 보편성을 확보하기 위해 그는 '경험적 원리', '인간 본성의 특수한 습성이나 그것이 처한 우연적 상황'을 제외시켜야 한다고 말합니다. 칸트는 도덕법칙이 '모든 이성적 존재자에게 구분 없이 타당해야 하는 보편성과 이로 인해 도덕법칙에 무조건적인 실천적 필연성'을 가져야 한다고 주장합니다. 개인의 자기행복, 도덕 감정 등 경험 및 감정을 거부한 칸트는 자율성, 보편성, 실천적 필연성을 토대로 '순수한 실천이성'의 선한 의지로부터 도덕법칙을 마련합니다. 이 과정에서 '의지'와 '감정'은 더 이상 개인의 특수한 경향성에 맡겨져서는 안 되기에 이성에 의한 통제를 받게 되는 것입니다.[93)]

베이컨이나 칸트 외에도 인간의 편향을 타파해야 된다는 계몽주의자 데카르트, 로크 등 많은 철학자들이 이에 관한 이야기를 했습니다. 이러한 계몽주의자들의 노력으로 우리는 편향을 타파할 수 있었을까요? 만약 그들이 성공했다면 '인공지능이 왜 편향적이고 불공정할까?' 하는 고민도 없었을 것입니다. 그럼 계몽이 실패하게 된 배경과 이유에 대해 살펴볼까요? 이른바, 계몽이 역설적으로 또 다른 어떤 문제를 야기했는지를 살펴봅시다.

계몽주의로 인간은 이성을 찬란하게 발달시켰지만, 동시에 인류 역사상 나치즘이라는 최초의 전체주의 정권과 인류를 파멸시킬 수 있는 히로시마 원자폭탄을 경험하였습니다. 그런 사건이 절정에 달했던 시기 막스 호르크하이머(Max Horkheimer)와 테오도어 루트비히 비젠그룬트 아도르노(Theodor Ludwig Wiesengrund Adorno)는 『계몽의 변증법(Dialectic of Enlightenment, 1947)』에서 인류가 왜 '새로운 야만 상태'에 빠졌는지를 물으면서 20세기의 야만은 계몽의 필연적인 변증법적 자기 파괴의 결과라고 말합니다. '인간의 자연지배'를 위한 계몽은 그 성공으로 인해 역설적으로 인간을 파괴하게 된 것입니다. 계몽의 성과인 과학기술과 관료조직은 인간 학살의 도구가 되고, 과학기술의 지적 산물은 위험한 최첨단 무기가 되어 나의 가족과 친구들을 죽이고 삶의 터전을 잃게 했습니다. 따라서 이성의 발달이 퇴보되지 않기 위해서는 비판 정신을 가져야 한다고 강조합니다. 이쯤에서 가상토론을 통해 지금까지의 내용을 정리해 보겠습니다.

토론: 인공지능은 과연 인간보다 공정할까?

- **인공지능**: 인공지능은 과연 인간보다 공정한가요? 사실 이는 인간이 편향성과 편견을 극복할 수 있는가의 문제로 귀결됩니다. 왜냐하면 인공지능은 인간의 목적에 의해 인공적으로 만든 것이기 때문에, 인간의 기준에 따라갈 수밖에 없습니다. 여러분은 인간의 편향성과 편견을 과연 극복할 수 있다고 생각하시나요?
- **베이컨**: 저는 인간의 편향성과 편견을 경험을 통한 지식을 통해 극복할 수 있다고 생각합니다. 인간의 선입견과 편견은 우리에게 잘못된 지식을 주거나, 자연을 있는 그대로 보지 못하게 막는 장애물입니다. 저는 이런 인간의 선입견과 편견을 '우상'이라고 합니다. 우상에는 종족의 우상, 동굴의 우상, 시장의 우상, 극장의 우상 네 가지 우상이 있죠. 저는 엄청난 양의 데이터를 처리하는 학습 과정에서 의지와 감정의 방해 없이 수행하는 딥러닝 알고리즘이야말로 보편적인 명제에까지 도달하는 방법이라고 생각합니다. 이러한 데이터는 일종의 경험으로서 이러한 인간의 우상을 극복할 수 있을 것입니다.
- **칸트**: 저는 앞서 말했듯이 인공지능이 인간처럼 이성적 존재라고는 생각하지 않습니다. 물론, 인간도 완벽한 것은 아니지만 순수이성 비판을 통해, 순수이성의 도덕적 원리와 절대적인 진리를 추구하는 사람의 역할을 강조하였습니다. 우리의 '의지'와 '감정'은 더 이상 개인의 특수한 경향성에 맡겨져서는 안 되기에, 이성에 의한 통제를 받아야 합니다. 그렇게 한다면 저는 인간의 선입견과 편견을 충분히 극복할 수 있다고 생각합니다.
- **호르크하이머와 아도르노**: 저희는 인간이 이성을 이용하여 편향과 차별성을 극복하려 했지만 결국은 실패했다고 봅니다. 인간의 자연 지배를 위한 계몽은 그 성공으로 인해 역설적으로 인간의 삶을 파괴하였습니다. 계몽의 성과인 과학기술과 관료조직은 인간 학살의 도구가 되었죠. 도구적 이성이 결국은 이성을 가진 인간들을 효율적으로 죽이는 데 이용된 것입니다. 우리는 이성만 강조함으로써 도덕 감정과 공감 능력을 상실한 도구적 이성만을 가진 아이히만과 같은 비판 능력이 없는 인간기계를 만들어 버렸습니다.
- **인공지능**: 사실 인공지능의 차별과 편향성은 여러 분야에서 문제가 되고 있습니다. 이를 극복하기 위한 노력은 베이컨과 칸트 선생님의 이성의 힘으로 할 수 있지만, 호르크하이머와 아도르노의 말처럼 쉽지 않은 문제임을 확인할 수 있었습니다.

호르크하이머와 아도르노가 이야기한 아이히만에 대해 좀 더 소개해 볼까요? 도덕 감정과 공감 능력을 상실한 사람, 민족으로 제한된 보편성에 따라 도덕법칙의 명령에 따른 사람, 마른 빛에 가까운 도구적 이성으로 자신에게 주어진 직무를 수행한 사람의 대표적인 사례를 전범 **아이히만**(Adolf Eichmann)을 통해 확인할 수 있습니다. 그는 "어느 것도 타인의 관점에서 바라볼 수 있는 능력"이 없고, 공직에서 사용하는 용어(Amtssprache)의 상투어가 아니면 단 한 구절도 말할 능력이 없는 사람이라고 할 수 있습니다. 그는 유대인을 학살한 죄로 오른 재판정에서 자기의 무죄를 주장합니다. 자신은 전생에 걸쳐서 칸트의 도덕 교훈과 정의에 따라 살아왔다고 말합니다. 위에서 시키는 명령과 법칙에 따라 자신은 행동해왔다고 주장을 하는 것입니다. 심지어 보편적 원리를 따른 실천이성의 정언 명령을 정확히 수행하는 것이 자신의 신조라고 말합니다. 여러분 아이히만의 말에는 어떤 함정이 있나요? 먼저, 나치의 법은 보편적 법칙과는 전혀 무관하다는 것입니다. 그리고 모든 인격을 수단이 아닌 목적으로 대해야 한다는 정언명령도 있다는 것을 아이히만은 간과했습니다. 결국, 아이히만은 비판적 사고 없이 위에서 내린 명령을 그대로 기계처럼 실천했다는 것입니다.

재판장에서 아이히만은 의무에는 결코 예외가 없어야 되는데, 자기가 살면서 저지른 예외가 아직도 너무 양심의 가책으로 느껴진다고 했어요. 유대인이었던 자신의 조카를 도와준 것과 자기 삼촌의 개입에 따라 빈에서 한 유대인 부부를 도와준 것이 그 예외 상황이었습니다. 이렇게 원칙을 어기고 유대인을 살려준 것에 양심에 가책을 느낄 정도로 아이히만은 자신의 의지와 감정을 이성에 종속시키는 사람이었다고 할 수 있습니다. 이는 지적 한계의 문제일 뿐 아니라, 보편성 자체가 인간이 쉽게 도달하기 힘든 면이 있습니다.

이성의 결정체라고 할 수 있는 인공지능은 인간의 감정, 상황이 전혀 개입되지 않는 베이컨의 표현에 따르면 마른 빛 그 자체라고 할 수 있습니다. 인공지능은 방대한 데이터를 기계학습이라는 경험과 관찰에 의해 보편화하는 뛰어난 능력을 갖추었습니다. 인간 아이히만이 2가지 예외 상황으로 인한 양심의 가책을 느꼈다면 인공지능은 그런 예외 상황조차 만들지 않습니다. 따라서 인공지능은 더 큰 힘을 가진 아이히만이 되어, 이젠 유대인이 아닌 인간을 학살할 위험도 간과할 수 없을 것입니다.[94] 즉, 인공지능은 데이터, 알고리즘에서 나온 결과대로 어떠한 예외 상황도 두지 않고 실천에 옮길 위험이 있습니다. 이러한 위험성을 타파하기 위한 노력의 일환으로 인공지능의 공정성을 위한 투명성, 다양성에 대하여 이야기 나눠보도록 하겠습니다.

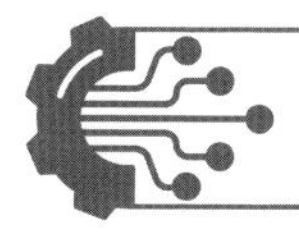

3. 투명성과 다양성 존중

인간의 편향성과 차별을 극복하기 위해서 인간은 이성으로서 계몽하고자 노력했으나 세계대전 같이 도구적 이성으로 전락하거나 오히려 자기 파괴적인 모습을 보였습니다. 이를 계몽의 역설이라고 했는데, 이러한 상황을 극복하기 위한 어떠한 대안들이 있을까요?

김건우(2019)에 의하면, 먼저 알고리즘의 투명성 확보를 들 수 있습니다. 인공지능의 불투명성으로 인해 주어진 입력값에 대해서 어떠한 인과적인 프로세스와 매커니즘에 의해서 특정한 출력값을 산출하는지 알 수가 없습니다. 이러한 인공지능의 불투명성으로 인해 이를 블랙박스에 흔히 비유를 합니다. 스스로 기계학습을 하는 인공지능의 특성으로 인해 그것을 만든 개발자조차도 왜 그러한 결론에 도달했는지 모른다는 것입니다. 실제 알파고를 만든 구글 딥 마인드 개발자도 알파고가 이세돌과의 대국에서 왜 이런 수를 냈는지를 설명하기 어렵다고 토로한 바가 있습니다. 그래서 인공지능의 판단이나 의사결정 과정이 개인이나 사회의 결정에 큰 영향을 줄 수 있지만, 정확한 이해나 설명이 불가능하다는 문제가 있습니다.

인공지능 알고리즘의 **불투명성의 원인**은 단일하지 않습니다. 인공지능 알고리즘 자체뿐만 아니라 제도적 · 현실적 차원에서도 불투명할 수 있습니다. 제도적 차원에서 인공지능 알고리즘의 소스 코드(source code)가 영업비밀이나 지적재산권 제도를 통해 법적으로 보호받고 있을 가능성이 높기 때문에, 법원 등 외부 주체가 공개를 강제하기 어렵습니다. 한편 현실적 차원에서 인공지능 알고리즘에 대한 조사와 검증에는 막대한 시간과 비용이 들 수 있어 그러한 조사와 검증을 제도로서 현실화하기 어려울 수 있습니다. 인공지능의 블랙박스적 특성, 즉 불투명성은 바둑과 같이 승패를 가리는 것을 목적으로 하는 게임에서는 크게 문제되지 않을 수 있지만, 자율주행차나 살상용 무기 등 인간의 생명이나 안전 그리고 재산과 직결된 의사결정을 하는 인공지능의 경우에는 매우 민감한 문제로 대두될 수 있습니다. 이 경우 인공지능의 작동 결과를 사전 예측은 고사하고 사후 설명조차 할 수 없다면, 심각한 문제이므로 진지하고도 적극적인 대책이 요구되는 것입니다. 따라서 우리는 인공지능에 투명성 나아가서는 책무성을 요구해야 할 것입니다.

인간 행위자는 알고리즘의 내부의 편향성인 원인을 추적 · 제거하고 이것을 방지해야 합니다. EU의 개인정보 보호 규정에 따르면 알고리즘의 투명성 설명을 요구할 권리가 있습니다. 빅데이터 처리와 관련해시 개인 주체의 프라이버시 보호를 중점으로 해야 하고, 정보 주체는 자신의 정보가 어떻게 처리되는지 알 수 있어야 합니다. 이는 누구나 보면 알 수 있게 쉬운 방식으로 전달이 되어야 합니다. 그래서 어떤 개인에게 위해가 되는 정보 유출이 발생했을 때, 이 사실을 해당 기업은 빨리 당사자에게 알려줘서 더 이상 피해가 확산되지 않도록 신속하게 대응을 해야 합니다. 마찬가지로 미 백악관 보고서는 알고리즘 설계가 최소한의 투명성, 알고리즘이 내린 의사결정에 대한 관계자의 해명가능성, 법의 절차적 정당성을 고려하고 증진해야 하며, 알고리즘 설계 및 알고리즘이 산출한 결과물이 지속적으로 검사되어야 한다고 주장합니다.[95]

다음으로 **책임 있는 알고리즘**을 설계를 해야 한다는 것이 또 하나의 대안이 될 수가 있습니다. 책임 있는 알고리즘을 어떻게 설계해야 될까요? 인공지능의 문제 상황이 발생하고 사실의 원인을 규명해내고 해명하는 것은 사후 처방적인 것입니다. 훌륭한 의사는 아픈 사람을 치료해 주는 것이 아니라, 이 사람이 아프기 전에 미리 예방해 주는 의사입니다. 이렇게 설계자는 개발 초기 단계부터 차별 문제를 민감하게 고려하고 책임 있는 설계를 해야 할 것입니다. 이것을 인공지능의 **윤리적 설계**라고 할 수 있는데, 알고리즘의 편향성과 차별적인 작동을 막기 위해서 개발 설계 단계부터 차별 문제를 민감하게 고려해야 하는 것입니다. 이런 윤리적 설계의 기본은 고도로 복잡화된 알고리즘의 의사결정 과정 및 주요 요인을 모두 알 수는 없지만, 이 기반에는 인간 행위자가 주체가 되어야 한다는 것입니다. 인공지능의 해명 가능성과 해명 책임의 강조, 책무성의 강조 이것도 이러한 맥락 위에 있습니다.

또한 김성애 외(2022)에 따르면 인공지능의 편향성을 극복하기 위해서 **다양성**을 존중하고 **포용적**인 인공지능 알고리즘을 개발해야 합니다. 다양성은 개인의 능력, 나이,

민족, 성별, 인종, 성적 취향, 종교 등을 다 포함해서 개인의 독특함을 나타내는 차이를 말합니다. 인공지능은 인간의 다양한 차이를 존중해야 되고 누구도 배제되거나 소외받지 않는 공동체를 만들어가는 포용성을 가지고 있어야 합니다. 따라서 다양성을 존중하는 포용적 인공지능의 알고리즘을 위해서는, 알고리즘을 통제하는 힘이 전반적으로 분산이 되어 균형을 이루는 것이 중요합니다.

또한 언어에 대한 포용성도 중요합니다. 휴대폰 음성비서 SiRi에게 무슨 말을 하면 “제가 잘 이해 한 건지 모르겠네요.”라는 응답을 종종 듣게 됩니다. 어쩌면 시리는 “나보고 각국의 언어를 다 알아들으라는 거야?”라고 외치고 있는 것인지도 모르죠. 하지만 만약 인공지능이 특정 사투리만을 알아듣지 못한다면 어떨까요? 이러한 문제를 해결하기 위해 과학기술정보통신부와 한국정보화진흥원은 인공지능학습용 데이터 구축사업의 일환으로 지역별 사투리, 방언 데이터를 대규모 수집한 사례가 있습니다. 이것은 다양한 데이터를 확보하려는 노력인 동시에 다양성을 존중하는 포용적 인공지능으로 나아가는 발걸음이라고 할 수 있습니다.

인공지능에서 다양성을 존중하고 포용성을 극대화하려는 노력은 전 세계적으로 이루어지고 있는데, 한 예로 일본의 ‘AI 전략 2019’의 ‘AI 포용 기술개발’이 있습니다. 이를 보면 외국인 · 지방 거주자 · 여성 · 장애인 · 고령자 등에 필요한 기술개발과 제도 설계, 언어장벽을 극복할 수 있는 번역 통역 AI, 전 세계 인간과 기계 · AI의 다양한 활동을 지원하는 설계, 다중 언어처리 기술개발 등이 있습니다.[96] 즉, 인공지능 기술혁신이 인간의 존엄성을 지키며 다양한 사람을 포용해야 한다고 강조하고 있습니다.

이렇게 인공지능은 다양성 있는 데이터를 습득하고, 포용성을 고려한 설계 프로세스나 알고리즘이 선행되어야 할 것입니다. 다양한 데이터를 많이 수집한다고 해도 그 데이터 전반을 제대로 학습할 수 있는 프로세스나 알고리즘이 없다면 무용지물이 되기 때문입니다. 기술은 인간의 편견을 해결하는 직접적 수단으로서 다양성과 포용성을 추구할 수 있습니다. 그러나 이 과정은 매우 복잡하고 광범위하기 때문에 포용성을 가지도록 설계한다고 해도 다양한 이슈와 문제가 발생할 수 있습니다. 따라서 여러분들의 이에 대한 적극적인 관심과 연구가 필요합니다.

참고문헌

고영상 외(2021). 인공지능 윤리 개론. 커뮤니케이션북스.

김건우(2019). 차별에서 공정성으로. 法學硏究, 61.

김성애 외(2022). 모두를 위한 인공지능과 윤리. 삼양미디어.

롭 라이히 외, 이영래 역(2022), 시스템 에러: 빅테크 시대의 윤리학. 어크로스.

박설민. AI챗봇 '이루다'가 던진, 결코 가볍지 않은 메시지. 시사위크. 2021.01.12. http://www.sisaweek.com/news/articleView.html?idxno=140849

세계일보. "'20살 AI 이루다' 인기 끌자…성희롱 방법이 공유됐다". 2021.01.08. https://naver.me/GD5JQxo4

배영임(2022). 기술혁신 관점의 포용적 성장 정책 연구. GRT경기연구원.

이진우(2017). 의심의 철학. 휴머니스트.

임마누엘 칸트, 김석수 역(2019). 도덕형이상학정초, 실천이성비판. 한길사.

정성훈(2021). 인공지능의 편향과 계몽의 역설에 대한 반성적 접근. 철학연구, 132.

정성훈 외, 정원섭 엮음(2022). 인공지능의 편향과 챗봇의 일탈. 세창출판사.

허유선 (2018) 인공지능에 의한 차별과 그 책임 논의를 위한 예비적 고찰. 한국여성철학, 29.

프랜시스 베이컨, 진석용 역(2011). 신기관. 한길사.

한나 아렌트, 김선욱 역(2006). 예루살렘의 아이히만. 한길사.

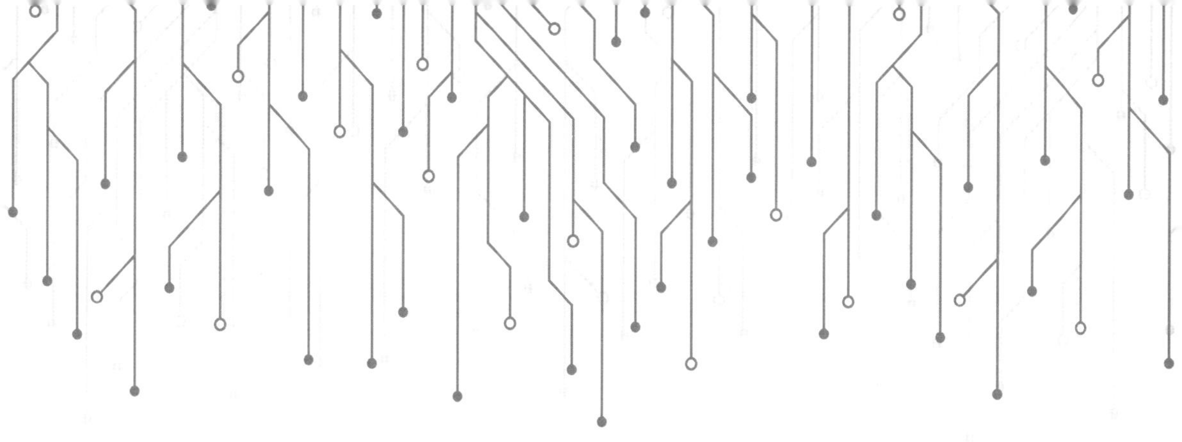

PART

경제로 보는 인공지능

1. 자동화로 인한 노동 종말은 올 것인가?
2. 초연결사회에서 모든 것은 공유되어야 하는가?

CHAPTER 01

자동화로 인한 노동 종말은 올 것인가?

첨단기술이 인간이 해오던 일을 점차 자동화하고 있는 세상에서 산다는 것은 무엇을 의미하는 것일까요? 인간은 더 이상 힘든 노동을 할 필요가 없이, 인공지능 로봇이 인간이 하는 대부분의 노동을 대신할 것입니다. 그리고 기술은 인간이 하는 일과 방식을 근본적으로 바꿀 것입니다. 그렇다면 인공지능과 로봇이 사람의 일자리를 대체하는 것은 사람들에게 어떤 변화를 줄 것일까요? 이러한 논의는 노동을 다른 관점에서 볼 수 있도록 할 것입니다.

아이러니하게도 인간들은 노동으로부터 해방되는 자유를 만끽하지 못하고, 일을 통한 자유를 추구하는 듯합니다. 다시 말해, 대다수 사람들은 미래에는 일을 할 필요가 없게 된다는 사실에 기뻐하기는커녕, 기계가 사람의 일을 대신하는 것을 겁내고, 일자리가 없어질 것에 대한 두려움을 갖고 있습니다. 노동에 이중적인 태도를 보이고 있는 것입니다. 우리들이 더 이상 노동을 하지 않아도 된다면, 여러분은 무엇을 하고 싶은가요? 포스트노동 시대에서 인간의 역할은 과연 무엇이 될까요?

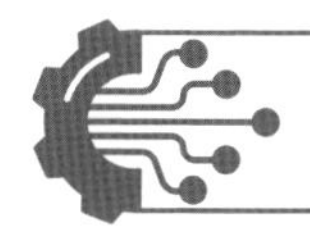

1. 노동의 의미

먼저 정말 노동 해방이 올 것인가에 대하여 이야기하기 전에 우리는 과연 **노동이란 무엇인지** 정의를 내려야 할 것입니다. 독일의 사상가 **칼 마르크스**(Karl Heinrich Marx, 1818-1883)가 『자본론』에서 정의한 노동을 생생한 목소리로 들어볼까요?

"노동은 무엇보다도 먼저 인간과 자연 사이에서 이루어지는 하나의 과정이다. 이 과정에서 인간은 자신과 자연 사이의 신진대사를 자기 자신의 행위에 의해 매개하고 규제하며 통제한다. … 인간은 자연의 소재를 자기 자신의 생활에 적합한 형태로 획득하기 위해 [자기의 신체에 속하는 자연력인] 팔과 다리, 머리와 손을 운동시킨다. 그는 이 운동을 통해 외부의 자연에 영향을 미치고, 그것을 변화시키며, 그렇게 함으로써 동시에 자기 자신의 자연을 변화시킨다. 그는 자기 자신의 잠재력을 개발하며, 이 힘의 작용을 자기 자신의 통제 밑에 둔다."[97]

인간은 노동을 통해 자연의 형태를 자신의 생활에 유용하도록 만들기 위해서, 자기 신체의 움직임을 통해 외부의 자연을 변화시킵니다. 또한 노동을 통해 미처 몰랐던 자신의 본성을 깨닫고, 잠재력을 발견하기도 합니다. 노동을 통해 자아실현을 하는 것입니다.

"우리가 상정하는 노동은 오로지 인간에게서만 볼 수 있는 형태의 노동이다. 거미는 직포공들이 하는 일과 비슷한 일을 하며, 꿀벌의 집은 인간 건축가들을 부끄럽게 한다. 그러나 가장 서투른 건축가를 가장 훌륭한 꿀벌과 구별하는 점은, 사람은 집을 짓기 전에 미리 자기의 머릿속에서 그것을 짓는다는 것이다. 노동과정의 끝에 가서는 그 시초에 이미 노동자의 머릿속에 존재하고 있던 [즉 관념적으로 이미 존재하고 있던] 결과가 나오는 것이다. 노동자는 자연물의 형태를 변화시킬 뿐 아니라 자기 자신의 목적을 자연물에 실현시킨다. 그 목적은 하나의 법처럼 자기의 행동방식을 규정하며, 그는 자신의 의지를 이것에 복종시키지 않으면 안 된다. 그리고 이 복종은 결코 순간적인 행위가 아니다. 노동하는 신체기관들의 긴장 이외에도 합목적적 의지가 작업이 계속되는 기간 전체에 걸쳐 요구된다. 즉 치밀한 주의가 요구된다."[98]

거미와 꿀벌도 훌륭하게 자신의 집을 지을 수 있지만 건축가와 다른 점은 무엇일까요? 거미와 꿀벌은 본능에 의해 집을 짓지만, 건축가는 목적의식을 가지고 집을 짓는다는 것입니다. 인간만이 집을 짓는 초기 단계에 이미 머릿속에 집을 어떻게 지을지 구상합니다. 이렇게 인간은 목적을 가지고 생각을 하면서, 자신의 육체와 정신을 투여하여 도구를 이용하여 자연을 변화시킵니다. 즉, 노동은 인간이 목적을 가지고 도구를 매개로 자연을 변형 · 생성하는 행위입니다.

마르크스에 따르면 이러한 **노동은 자본주의로 인해 소외의 한 양식으로 전락**합니다. 노동주체인 우리는 자신의 생산물을 통해 자기를 확인하는 과정 자체가 불가능하게 되었습니다. 노동자를 노동의 생산물, 노동 과정, 자신 · 타인으로부터 소외시킨다고 비판했습니다. 생산물로부터의 소외는 노동자가 생산한 상품이 노동자에게 돌아가지 않기 때문에, 상품을 많이 만들면 만들수록 노동자는 더 값싼 상품으로 전락한다는 것입니다. 노동과정으로부터의 소외는 노동이 다른 사람의 의지에 따라 통제됨으로써 노동자는 노동과정에서 주체가 될 수 없다는 것입니다. 노동자 자신으로부터의 소외는 노동을 통해 자아 실현할 수 없어서 스스로부터 소외된다는 것입니다. 마지막으로 다른 타인으로부터의 소외는 상호의존적 관계를 형성할 수 없기에 다른 사람들로부터도 소외된다는 것입니다.[99]

독일 철학자 **한나 아렌트**(Hannah Arendt) 또한 **노동과 자본주의에서 변질된 노동의 의미**에 대해 이야기하고 있습니다. 저서 『인간의 조건(The Human Condition, 1958)』에서 **노동을 인간의 조건**으로 보고 있습니다. 인간이 살아갈 수 있는 전제조건은 생명으로 살아있어야 하고, 영속적인 자신의 세계가 있어야 하며, 말과 행동을 통해 세상을 공유할 수 있는 다른 사람들이 있어야 한다고 말했습니다. 아렌트는 먼저 생명으로서 산다는 것은 신진대사를 통한 자연과의 소통을 의미하므로, **노동**(labor)은 생명의 조건에 부합하는 인간의 기초적 활동이라고 보았습니다. 노동하는 동물로서 인간은 생존과 욕구 충족을 위해 자연의 법칙에 따릅니다. 다음으로 인간에게 영속적인 세계를 제공하는 활동은 바로 **작업**(work)입니다. 인공세계, 일종의 문화를 구성하는 작업은 도구제작자로서의 인간의 모습을 보여줍니다. 예를 들어 책상을 만드는 것이 목수의 작업 목표이듯이, 생산과정은 최종생산물을 만듦으로써 끝이 납니다. 이때 생산과정은 목적을 생산하기 위한 수단으로 기능합니다. 그렇다면 우리가 창조하는 인공세계의 목적은 어떻게 결정될까요? 아렌트는 사람에게 의미 있는 공동의 세계에 관해 논의하는 기초적 활동을 **행위**(action)라고 봅니다. 행위는 노동의 필연성과 작업의 도구성이 유기적 관계를 맺도록 하는 인간의 기초적 활동입니다.[100] 행위는 개인적 차원을 넘어서 사회적 존재로서 공동체 속에서 대의를 도모하는 활동으로 인간만이 할 수 있는 정치적 활동이라고 할 수 있습니다. 이렇게 노동의 활동은 생명의 조건에, 작업의 활동은 세계성의 조건에, 행위의 활동은 다원성의 조건에 부합합니다.

하지만 언제부터 우리는 목수의 작업도 정치적 행위도 모두 노동으로 바라보게 되었을까요? 아렌트는 그것이 **산업화** 이후 자동화된 공장 시스템이 인간의 활동을 노동으로 집약시키는 데 성공하면서부터입니다. 우리는 이렇게 노동이 절대화된 현대사회의 생산과정에서 살고 있는 동시에 노동으로부터의 해방과 탈출을 추구합니다. 과학기술과 사회적 발전은 '**노동으로부터의 해방**'을 향해 있는 듯합니다. 오늘날 대부분의 노동자들은 오직 자유 시간에 쓸 수 있는 돈을 벌기 위하여 노동하는 것처럼 보입니다. 그렇다면 우리는 과연 이러한 노동에서 해방될 수 있을까요? 노동에서 해방된다는 것은 동시에 그것을 통해 우리가 궁극적으로 성취하고자 했던 다른 활동의 가능성을 박탈하는 것은 아닐까요?

자본주의 시대에서는 노동하지 않고 고용되지 않으면 살아갈 능력이 부족한 무능력자로 취급을 받습니다. 현대 사회는 명백히 **임금노동과 고용 중심 사회**라고 할 수 있습니다. 우리는 산업화 이후 인간의 목수의 작업이던, 정치적 행위이던 활동의 모든 결과물은 노동 생산물과 마찬가지로 **교환 가치나 시장가치**로 계산됩니다. 사람들의 절대적 가치도 일회용 상품처럼 소비되고, 인간 활동의 모든 가치가 경제 논리에 매몰됩니다.[101] 예를 들어, 산업화 이전 시대에 남자가 여자에게 구애할 때, 힘겹게 나무를 베어서 열심히 조각하여 아름다운 조각품을 그 여인한테 선물했다면, 자본주의 시대는 명품가방 하나를 사서 선물을 하며 사랑을 표현합니다. 사랑이라는 절대적 가치를 표현하는 양식도 상품처럼 그냥 소비된다고 할 수 있습니다.

근대 산업사회의 노동중심주의는 인간의 사고방식과 삶의 태도를 자동화된 기계 시스템에 맞추게 함으로써 아이히만과 같이 생각할 능력이 없는 노동자들을 만들어냈습니다. '작업'과 '행위'가 해체되다 보니, 노동으로부터 해방된 여가 시간에도 고작 다음 노동을 위한 개인적 휴식을 취할 뿐입니다. 우리는 노동 아니면 휴식이라거나, 고용 아니면 실업이라는 양자택일 속에서 노동만이 인간 활동의 전부인 양 생각하게 되었습니다. 아렌트의 통찰에 따르면, 이는 인간의 타고난 본성에 근거한 것이 아니라, 근대 산업사회의 노동중심주의에서 비롯한 것입니다. 따라서 포스트노동 사회에서 우리는 노동으로 환원되지 않는 **작업과 행위를 되찾아야** 할 것입니다.[102]

프랑스 철학자 **질베르 시몽동**(Gilbert Simondon, 1924-1989)은 **노동과 함께 기술**을 강조합니다. 흔히 우리는 기술을 노동의 하위 범주로 간주하고, 수월한 노동을 위한 도구로 생각합니다. 하지만 시몽동은 기술적 대상들이 어떻게 발생하고, 어떻게 진화해서 퍼져 나가는지 그 존재 양식들을 탐구합니다. 시몽동의 논의에서 주목할 점은 다음의 세 가지입니다. 첫째, 시몽동은 기술을 인간의 도구가 아닌 하나의 개체로서 독립시켰습니다. 둘째, 그는 기술의 독립을 바탕으로 또한 인간을 기술로부터 독립시켰습니다. 셋째, 시몽동은 인간이 기술과 올바르게 관계 맺을 수 있는 방법을 제시하고 있습니다. 이 세 가지를 통하여 시몽동은 기술성의 본질을 파악하는 일이 갖는 의미를 명확히 하고 있으며, 나아가 기술을 인간으로부터 분리해내는 일을 시도하면서도 그것 자체에만 목적을 두는 것이 아니라 기술이 인간과 사회, 환경 안에서 올바른 방향성과 그 본질에 대한 이해를 바탕으로 자리 잡도록 돕습니다.[103] 따라서 인공지능 사회는 기술적 대상들의 존재 방식과 관계 정립에 대한 새로운 차원의 이해가 요구됩니다.

시몽동은 『기술적 대상들의 존재 양식에 대하여(Du mode d'existence des objets technique, 1958)』에서 노동으로 환원될 수 없는 **기술의 본래적 모습**을 밝혀냅니다. 산업혁명 시기에 기계들이 인간의 일자리를 빼앗는다고 기계들을 부수었던 러다이트 운동(Luddite Movement, 1811)이 있었습니다. 시몽동에 의하면 이는 노동 패러다임에 갇혀 있던 인간이 기술의 진화를 받아들이지 못하고, 발전한 기술적 대상들과 적합한 관계 방식을 찾지 못해서 일어난 사건으로 해석합니다. 예컨대, 평생 방망이를 깎던 노인은 자신의 칼을 손에 쥐고 작업할 때, 즉 노동할 때 느꼈던 손에 익은 연장과의 일체감을 가지고 있습니다. 하지만 그 연장들이 독립적인 자동화 기계로 발전하게 되자 이 관계가 부서져 버립니다. 마치 나의 일부처럼 연결되어 있던 내 품 안의 자식이 다 자란 성인이 되어 자립하게 되었을 때, 부모들이 느끼는 서운함처럼 자신의 손을 떠난 자동기계들 앞에서 인간은 소외감을 느낀다고 할 수 있습니다. 하지만 이런 소외감은 기술적 대상들을 생산수단으로 소유한다고 해서 사라지는 것은 아닙니다. 성인이 된 자식과 부모가 예전과는 다른 방식으로 관계를 회복하는 것이 자연스럽듯이, 자동화된 기계들과 인간도 다른 방식의 관계로 부서진 연속성을 회복해야 할 것입니다. 다시 말해, 노동 소외의 문제는 기술의 자동화 그 자체에 있는 것이 아니라, 기술성의 발달 수준에 맞추어 인간과 기술의 적합한 관계 방식을 찾아내는 것에 그 해법이 있는 것입니다.[104] 포스트노동 시대에 인간과 기계는 서로 소통하며 협력하는 **상호 수평적 관계**로서 이해되어야 할 것입니다.

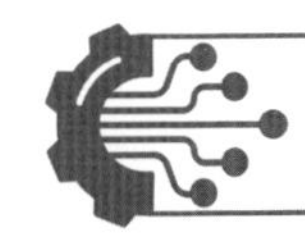

2. 포스트노동에서 인간의 역할

4차 산업혁명과 더불어 등장한 인공지능과 자동 로봇은 자본주의의 노동 중심 사회의 근간을 뒤흔들고 있습니다. 노동밖에 할 수 없게 된 인간들을 노동 밖으로 몰아내는 변화가 일어나고 있는 것입니다. 후지노 다카노리는 『2020년 인공지능시대 우리들이 행복하게 일하는 방법(2017)』이라는 책에서 사람의 노동을 구조-비구조, 논리-감성이라는 두 개의 축을 교차시킨 네 영역으로 표현했습니다. 여기서 인공지능이 강점을 보이는 영역은 4분면인 구조적 · 논리적 영역이라고 할 수 있습니다. 4분면에 해당하는 노동형태가 인공지능으로 교체될 가능성이 높은 것입니다.

그림 14 인공지능의 노동형태

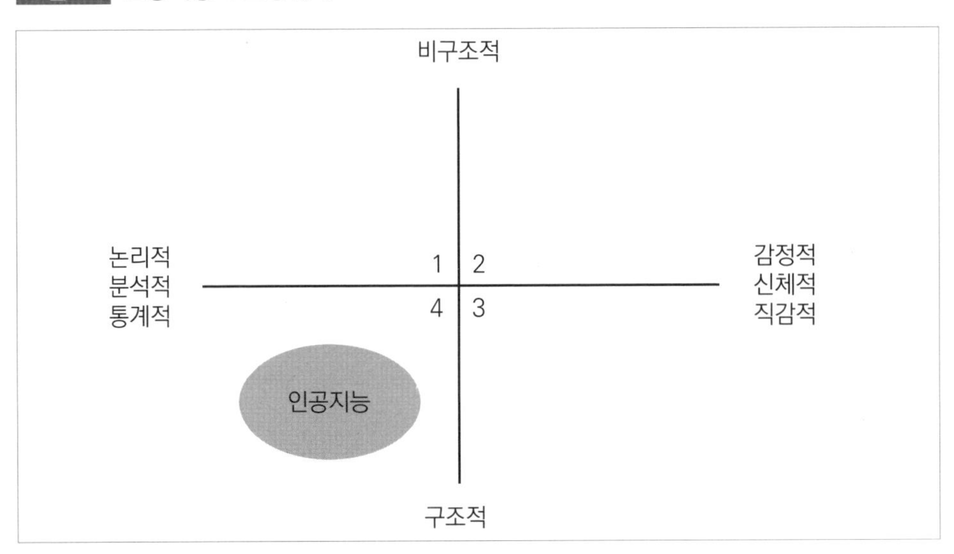

이 영역은 논리적 · 수리적인 영역이라서 오차가 있어서는 안 되고, 구조적이기 때문에 예외나 변화의 여지가 없는 일입니다. 사실 이 영역은 원래부터 기계에 적합한 영역이라고 할 수 있습니다. 다만 기술 수준이 높지 않아서 지금까지 사람을 기계화하여 해당 분야에 종사하게 했다고 할 수 있습니다. 영화 '모던 타임즈(Modern Times, 1989)'를 보면 단순한 반복 업무를 하는 인간을 하나의 톱니바퀴처럼 묘사하고 있습니다. 기계의 리듬에 맞춰 일하는 노동자들의 비인간적 삶을 비판적으로 잘 표현했습니다.[105)]

그런 의미에서 이른바 4차 산업혁명은 1차 산업혁명의 완성, 즉 업무의 완전한 기계화에 불과할 수 있습니다. 1,2차 산업혁명이 산업노동자를 기계로 대체하는 과정이었다면 3,4차 산업혁명은 사무직 노동자를 기계로 대체함으로써 그 과정을 완성하는 것입니다. 인공지능은 컴퓨터이며 컴퓨터는 문자 그대로 계산 도구입니다. 오답이 나올 수 없는 수리적 계산의 영역에서 사람은 그 정확성이나 속도에서 컴퓨터를 따라갈 수 없습니다. 그리고 컴퓨터가 제어하는 기계는 사람이 범접할 수 없는 수준의 정밀성과 정확성을 가지고 지치지 않고 작업을 반복, 또 반복할 것입니다. 그래서 이 제4분면에 해당하는 노동이 인공지능으로 대체가 될 것이고, 기술이 발달함에 따라서 점점 그 영역은 넓어질 것입니다.[106]

인공지능사회에서 지금과 같은 노동이나 고용의 형태는 어려워질 것입니다. 즉, 노동과 고용에 기반을 둔 인간 사회의 종말을 예고하는 것일 수도 있고, 노동 해방 사회의 도래를 선포하는 것일 수도 있습니다. 인공지능 사회는 인간만의 노동이 아니라 인간과 기계가 긴밀한 상호 작용을 통한 협력을 해 나아가야 합니다. 인간과 인공지능이 서로 잘하는 것을 바탕으로, 협력하여 일을 처리하는 것입니다.[107]

인간에게 노동이 어떤 의미인지, 인간은 노동 또는 고용을 통해서만 삶을 영위할 수 있는지 그리고 노동이 아니라면 인간은 무엇을 하고 어떤 역할을 할 수 있을지에 대해 근본적으로 생각해볼 좋은 기회입니다. 그래서 산업사회의 지배적인 삶의 방식을 노동이라고 한다면, 이후 인공지능사회의 삶은 노동에서 벗어난 노동 이후의 활동이라고 할 수 있습니다. 따라서 노동 중심 사회에서 포스트노동 시대가 도래함에 따라 어떤 변화를 가져올 수 있을지에 대한 고민이 필요할 것입니다.

포스트노동 시대에 인간은 어떤 역할을 할 수 있을까요? 더 이상 노동 중심의 사회가 아닌 진정한 일의 가능성을 발견해야 할 것입니다. "고용의 종말은 곧 일의 부활"이라고 말한 사람이 있습니다. 프랑스 기술철학자인 베르나르 스티글레르(Bernard Stiegler, 1952-2020)는 포스트노동의 시대는 고용을 넘어선 진정한 일을 해야 한다고 이야기합니다. 저서 『고용은 끝났다. 일이여 오라!(L'emploi est mort, vive le travail!, 2015)』에서 노동을 고용과 일로 구분합니다. 고용은 노동자들이 월급을 받는 활동만을 의미합니다. 하지만 일은 월급에 상관없이 나의 개성을 실현하는 활동이면서 인간으로서 고유한 삶을 실현하는 것이라 할 수 있습니다. 이러한 상황에서 고용이 사라져서 임금을 위한 노동이 불가능해진다면 돈을 어떻게 분배해야 할까요?

기본소득과 기여소득이 하나의 대안이 될 수 있습니다. 고용 경쟁에 떠밀리지 않고 자신의 잠재력 발굴을 통해 자신의 일을 찾을 수 있는 기회를 제공한다는 점에서 우리는 **기본소득**을 고려할 수 있습니다. 기본소득제는 재산, 소득, 고용 여부 및 노동 의지에 상관없이 모든 국민에게 동일하게 최소 생활비를 지급하는 제도를 말합니다. 프랑스 철학자 앙드로 고르로(André Gorz, 1923~2007)가 저서 『경제이성비판(Critique of Economic Reason, 1989)』에서 '기술이 발전하면 생산과정에서 노동이 차지하는 비중은 점차 감소하기 때문에 앞으로 노동소득만으로는 생계를 유지하기 점점 어려워 질 것'이라 예측하면서, 이 문제를 해결할 대안으로 제시하였습니다. 기본소득제를 찬성하는 입장은 이 제도가 소득 불평등 문제를 해결해 줄 뿐만 아니라, 선별적 복지에 비해 정부의 개입을 최소화할 수 있다는 점에 초점을 둡니다. 반면 이를 반대하는 쪽은 비용 때문에 조세부담율이 높아지고, 이에 따라 노동생산성이 낮아질 것이라고 주장합니다.[108] 기본소득의 이념에 미치지는 못하지만 코로나 19상황에서 지급된 '긴급재난지원금'도 이러한 찬반의 이슈가 발생하였습니다.

4차 산업혁명과 기본소득은 떼려야 뗄 수 없는 불가분의 관계에 있습니다. 인공지능 로봇이 인간 노동을 완전히 대체하는 사회가 도래하면, 충분히 생산이 보장되면서도 직속 노동이 사라지고 인간다운 삶을 보장하는 기본 소득이 가능해 질 것입니다. 현재의 이행 과정에서는 기본 소득의 재원을 어떻게 마련하는 가의 문제가 중요하다고 할 수 있습니다. 이와 관련해서는 기술에 따른 실업에 책임이 있는 기업에게 **정보세와 로봇세**를 거두는 것도 생각해 볼 만합니다.

먼저 정보세는 인공지능의 딥러닝과 밀접한 영향이 있습니다. 딥러닝에 사용되는 막대한 양의 데이터는 사람들이 직간접적으로 제공하는 것입니다. 예를 들어, 넷플릭스나 왓챠 같은 영상 스트리밍 서비스를 이용할 때 영화, 드라마를 선택하여 감상하는 것 자체가 바로 정보가 되어 서버에 저장되고 공유됩니다. 이런 식으로 넷플릭스, 왓챠는 수많은 회원들의 취향을 수집하고, 인공지능은 이를 바탕으로 다음 작품 제작의 방향 등에 필요한 자료를 제공합니다. 우리들은 이렇게 중요한 일을 기업에 공짜로 제공하는 것입니다. 포털에서 검색하는 일, 유튜브에서 동영상을 찾거나 올리는 일, 홈쇼핑에서 무언가를 사는 일 등 온라인에 접속해서 하는 거의 모든 행위가 결국 빅데이터라는 높은 가치의 상품을 생산하는 노동입니다.[109] 즉, 비고용 형태지만 사람들이 기업의 이익을 증대하는 일에 기여하고 있기 때문에 기업은 이에 대한 사용료를 내고, 시민들에게 되돌려 줘야할 것입니다.

다음으로 로봇세 도입으로 기본소득의 재원을 마련할 수 있습니다. 로봇세는 로봇 혹은 로봇이 창출한 노동에 대해 세금을 부과하는 것을 말합니다. 공장의 노동자들의 수입에 소득세를 부과하는 것처럼 노동자와 똑같은 일을 하는 로봇에게도 과세를 해야 한다는 의견이 있습니다. 로봇의 본격화에 의해 확대 심화될 수밖에 없는 인간 일자리의 상실 및 대체를 그대로 방치하게 되면, 사회 공동체는 극단적인 경제적 양극화로 인해 심각한 갈등과 대립에 빠지게 될 것입니다. 따라서 로봇에게 과세하는 것은 공동체의 안정을 유지하고 노동자의 생존권적 기본권을 보장하기 위한 불가피한 조치라고 할 수 있겠습니다.[110]

기본소득의 유명한 사례 중 하나는 미국 알래스카(Alaska) 주에서 1982년부터 시행해 온 '영구기금배당(Permanent Fund Dividend)'을 들 수 있습니다. 알래스카 주의 기본소득제도는 '모두에게' '조건 없이' '꾸준히'라는 보편성, 무조건성, 정기성의 필수 기준을 충족하는 유일한 모델입니다. 알래스카주는 "주의 자원은 주민의 소유"라는 주 헌법에 따라 자원이 주민 모두의 것이라는 '공유 부'라는 전제로서, 수익금 일부를 주 거주기간 1년 이상인 모든 주민에게 매년 지급합니다. 앞서 정보세는 정보를, 로봇세는 로봇 기술을 인류 공동으로 이룬 것이라는 인식을 전제했다면, 알래스카주는 알래스카의 자원을 주민 모두의 것이라는 공유 부로 인식한 것입니다.

스티글레르는 **기여소득**도 하나의 해결책으로 보고 있습니다. "기여소득이란 품위 있게 살고 자신을 계발하고 잠재성이라 부르는 것, 즉 사회가 가치를 부여할 필요가 있는 앎의 형태들을 발전시킬 수 있도록 하기 위한 기반 위에서 모든 사람들에게 지급되는 소득으로서, 집단을 지향하는 개인들에 의해 이렇게 개발된 잠재성들을 사회화하는 활동 정도에 따라 '재충전'할 수 있는 권리입니다."[111] 우리는 과학 기술의 발달로 인한 인간 고용의 한파에서, 무관심의 경제를 기여경제로 바꾸어야 할 것입니다. 무관심의 경제가 소비주의의 극단화로 인해 나와 타인의 삶에 대한 어떠한 관심도 없는 체제라면, 기여경제는 자신의 앎을 나누고 그 해택을 함께 누리면서 더불어 살아가는 삶을 지향하는 체제입니다. 즉, 기여경제는 개인이나 조직이 자신의 능력과 경험을 활용하여 사회적 가치를 창출하고 이를 통해 경제적인 보상을 받는 경제 활동을 말합니다.

그래서 기여경제 안에 고용과 임금 노동으로 살아가는 것이 아니라, 나의 잠재성을 실현하면서 사회적으로 가치 있는 앎의 형태를 발명하는 사람들에게 지급되는 소득이 실용가치라고 할 수 있습니다.[112]

예를 들어, 프리웨어(free software)는 모든 사람에게 그 사용과 연구, 수정, 복제 배포가 기술적 · 법적으로 허용돼 있는 소프트웨어입니다. 한마디로 개방된 누구나 자유롭게 쓸 수 있는 소프트웨어입니다. 프리웨어는 모든 사람의 기여 속에서 지속적으로 보완이 됩니다. 자신의 앎을 나누고 그 해택을 타인과 더불어 누리는 것입니다. 프리웨어 개발자들 또는 새로운 문화적 가치를 창조하는 이들에게 기여소득 지급이 가능해야 되고 지급해야만 할 것입니다. 기여소득은 고용을 통한 임금이나 실업 수당이 아닌 일의 관점에서 부를 재분배하는 좋은 방식이라고 할 수 있습니다.

자동화된 기계들로 인해 노동으로부터 해방된 인간은 기본소득, 기여소득 등의 대안을 모색하고 진정한 의미에서의 여가를 누려야 할 것입니다. 스티글레르의 말처럼 고대 그리스의 도시국가의 자유인처럼 책을 읽고 사색하고 글을 쓰며 평화롭게 대화를 나눌 수 있는 품격 있는 여가시간이 필요한 것이죠. 그리스 시민들은 노예들의 노동을 토대로 얻게 된 자유 시간을 광장에서 정치적 행위를 하는 데 사용했습니다. 그들의 관점에서는 노동하지 않으면 무능력한 사람이 되는 것이 아니라 오히려 진정한 인간이 되는 것이었습니다. 자동화로 인한 노동 해방에서 공공적 행위를 함으로서 인간다움을 구현할 수 있을 것입니다.

또한 인공지능 시대에 인공지능, 기계와 인간이 상호 평등한 관계에서 협업체제를 마련할 수 있음을 확인하였습니다. 시몽동의 말처럼 인공지능과 로봇에 의한 자동화는 시장의 원리를 떠나 공존을 지향할 수 있습니다. 지구상의 모든 생명은 한 개체를 보면 적자생존을 한 것 같지만, 전체 생태계(ecosystem)에서 보면 공존을 하지 못하는 생명체는 멸종하고 공존을 하는 생명체가 번성하는 공진화(共進化)를 해 왔습니다.[113] 인간과 기술도 생태계의 차원에서 밀접한 동반자적 관계를 통해 상호 진화하는 공존의 방법을 찾아나가야 할 것입니다. 그럼 토론을 통하여 해당 주제를 정리하며, 마무리 짓겠습니다.

토론: 자동화로 인한 노동 종말은 올 것인가?

- **인공지능**: 자동화로 인한 노동 종말은 정말 올까요? 만약 인간이 노동에서 해방된다면 어떤 역할을 할 수 있을까요? 이에 대한 여러 학자들의 생각을 들어보겠습니다.
- **후지노 다카노리**: 피할 수 없다면 즐기라고 하죠? 인공지능 기술의 발전으로 자동화됨에 따라 결국 많은 일자리는 기계로 대체될 것입니다. 주로 논리적 · 수리적인 영역이라 오차가 있어서는 안 되고, 구조적이기 때문에, 예외나 변화의 여지가 없는 영역의 일이 특히 빠르게 기계로 대체 될 것입니다. 사실 이 영역은 원래부터 기계에 적합한 영역이라고 할 수 있어요. 지금까지 기술 수준이 높지 않아서 상대적으로 임금이 싼 인간을 기계화하여 해당 분야에 종사하게 한 것입니다.
- **마르크스**: 본래 노동은 인간이 미처 몰랐던 자신의 본성을 깨닫고 잠재력을 발견하기도 하며, 노동을 통해 자아실현 및 새로운 가치를 창출하는 행위입니다. 그런데 자본주의로 인해 노동 자체가 소외의 양식이 되었어요. 후지노 다카노리씨의 말처럼 인간은 기계의 부품으로 전락하며, 인간보다 돈을 더 섬기게 됨으로써 소외를 심화하게 되었습니다. 저는 진정한 노동의 의미를 찾는 일이 급선무라고 생각합니다.
- **한나 아렌트**: 마르크스씨와 제가 말하는 노동의 정의가 다른 것 같습니다. 저는 생물학적 유지를 위한 행동을 노동으로 보고, 자신의 능력을 발휘하는 인간 고유의 활동을 작업이라 부릅니다. 그리고 행위는 공동체를 위한 정치적 행위라고 할 수 있죠. 하지만 산업화로 인해 예술가의 작업과 정치적 행위도 노동으로 변질되었습니다. 인간의 모든 가치가 경제 논리에 매몰되었다는 마르크스씨의 큰 뜻에는 동감하는 바입니다.
- **질베르 시몽동**: 저는 조금 다른 차원에서 이야기하고 싶어요. 인간의 노동 소외 문제가 산업화의 자동화 자체에 있다고는 보지 않습니다. 기술성의 발달 수준에 맞추어 인간과 기술의 적합한 관계 방식을 찾아내는 것이 더욱 중요할 것입니다. 기계들과 더불어 기술적 활동을 하면서 서로 상호 동등한 관계에서 소통해야 할 것입니다.
- **인공지능**: 선생님들께서는 다들 어느 정도의 노동 종말에 동의하시는 것으로 봐도 될까요? 그럼 노동의 종말이 왔을 때, 인간의 역할은 무엇이라고 생각하시나요?
- **칼 마르크스**: 저는 자본주의의 돈을 위한 노동이 아닌 진정한 노동의 의미를 되찾아야 한다고 생각합니다. 노동을 통해 세상과 소통하고 자신의 능력을 발휘하고, 나아가 자기 자신을 표현하고 자아를 실현해야 할 것입니다.
- **스티글레르**: 저는 고대 그리스의 시민처럼 책을 읽고 사색하고 글을 쓰며 평화롭게 대화를 나눌 수 있는 품격 있는 여가시간이 필요하다고 생각해요. 자동화된 기술 시스템

을 토대로 노동에서 해방되면, 문화적 유산의 상속과 함께 새로운 가치 생산을 할 수 있도록 사색하고 공부하는 진정한 여유가 허용되어야 할 것입니다.

- **한나 아렌트:** 저도 일정부분 동감합니다. 인간은 자동화로 인한 노동 해방을 통해 공공적 정치 행위를 함으로서 인간다움을 구현할 수 있을 것입니다.

참고문헌

김재희 외(2020). 포스트휴먼이 몰려온다. 아카넷.
곽준혁, 최장집(2016). 정치철학 다시보기. 위키미디어 커먼즈.
권재원(2019). 비인간적인 노동은 인공지능에 … 그리고 서비스 혁명. 우리교육 277.
베르나르 스티글레르, 권오룡 역(2018). 고용은 끝났다, 일이여 오라! 문학과지성사.
이기완(2023). 인공지능 · 로봇에 의한 인간 노동의 대체와 로봇세. 한국과 국제사회. 7(1).
이도흠(2020). 4차 산업혁명과 대안의 사회 1, 2. 특별한 서재.
진설아(2022). 인간과 기술의 관계 맺기를 위한 사유. 리터러시연구. 13(2)
카를 마르크스, 강신준 역(2010). 자본 I -1. 길.
팀 던럽, 엄성수 역(2016). 노동없는 미래. 비지니스 맵.
후지노 다카노리, 김은혜 역(2017). 2020년 인공지능시대 우리들이 행복하게 일하는 방법. 아이스토리.

CHAPTER 02

초연결사회에서 모든 것은 공유되어야 하는가?

인간과 인간을 둘러싼 모든 것, 각종 디지털 기기와 네트워크를 통해 긴밀하게 연결되는 사회를 우리는 초연결사회(hyper-connected society)라고 합니다. 초연결사회가 도래하면서 모든 것을 공유하는 공유경제에서는 '소유'와 '고용'이 사라지기 시작했습니다. 지금까지 소유하는 게 당연하다고 생각했던 많은 것들을 공유하며 살게 되었습니다. 한 기업의 정규직으로 고용되기보다 독립적 근로자로 다양한 일을 하게 됩니다. 경제의 주체가 대기업에서 소기업 또는 개인으로 변화하기도 합니다.

아룬 순다라라잔(2016)에 따르면, 초연결사회의 공유경제를 보여주는 대표 사례로 에어비앤비(Airbnb)가 있습니다. CEO 브라이언 체스키(Brian Chesky)는 처음에 에어비앤비를 시작할 때만 해도 거창한 목표가 있었던 것은 아니었습니다. 한 인터뷰에서 그는 "처음에는 그저 2007년 10월분의 집세나 벌어보자는 생각으로 아주 소박하게 시작했어요. … 디자인 회의 참석자를 위해 우리 집을 숙박 장소로 개조하면 어떨까 생각을 했지요. '에어 매트리스와 아침식사(Airbed and Breakfast)'를 제공하는 곳이라는 의미로 이 숙박 시설의 명칭을 에어비앤비로 정했습니다"라고 말했습니다. 이후 에어비앤비는 전 세계 수십만 명의 '호스트(집주인)' 네트워크를 형성하는 거대 플랫폼으로 성장했습니다. 에어비앤비의 사업에서 극대화된 가치가 바로 경제적 효율성과 연결입니다. 개인 집의 모든 공간을 항상 다 사용하는 것은 아니므로 사용하지 않을 때 그 공간을 공동 숙박 시설로 활용할 수 있습니다. 이와는 정반대로 단기간만 숙소가 필요한 사람들도 있어요. 인터넷 기반 플랫폼을 통해 숙박 공간을 보유한 사람과 숙소가 필요한 사람을 서로 연결 시킬 수 있다면 경제적으로 얼마나 이득이 될까요? 숙박 전용의 호텔을 건설하는 데 막대한 자본을 투자하느니, 세계 각기에 널리 있는 여유 침실 또는 이따금 비어있는 아파트를 이용하는 것이 백번 낫지 않을까요?[114] 하지만 공유경제가 긍정적 측면만 있는 것은 아닙니다. 플랫폼은 중계 수수료로 돈을 벌지만 모든 책임과 노동은 개인에게만 전가하는 부정적 측면도 있습니다. 지금부터 초연결사회와 공유경제의 민낯을 살펴봅시다.

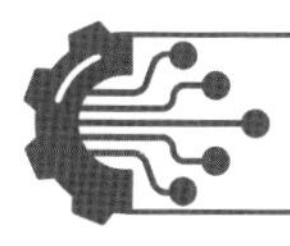

1. 초연결사회의 이해

초연결사회는 말 그대로 모든 것이 거미줄처럼 연결이 되어 있는 사회입니다. 4차 산업혁명은 그야말로 연결의 혁명으로, 인류 역사는 지속적으로 연결을 확장해 왔습니다. 사실 연결이 가능하기 위해서 수많은 매개체들이 존재합니다. 인류 연결의 시작을 알리는 언어와 문자 그리고 증기기관과 전화 이후 전기 이런 것들이 인간 사이의 물리적인 연결을 증대시킨 원동력으로 볼 수 있습니다.[115] 오늘날 다양한 기술적 발전과 인터넷의 보급으로 인해 사람들과 사물, 정보, 서비스가 심도 있는 방식으로 연결되고 있습니다. 이는 인터넷의 확장, 스마트폰과 같은 모바일 디바이스의 보급, 사물인터넷 기술의 발전 등으로 사람들뿐만 아니라 각종 디지털 기기 등도 네트워크를 통해 연결되어 데이터를 주고받는 상호작용을 할 수 있습니다.

초연결사회는 모든 영역에서 새로운 가치를 만들어냅니다. 사물은 인간과 동등한 연결의 주체가 되면서 생명력을 부여받습니다. 그래서 "연결이 사물의 가치를 바꾼다."라는 말도 있죠. 교통, 의료, 행정, 관광, 산업 등 사회의 전 분야에서 사물은 현재까지와는 다른 방식의 본질을 얻게 되었습니다. 인류의 역사에서 네트워크 사회는 또 다른 새로운 양상이며, 네트워크에 어떤 방식으로 연결되는가는 인류의 새로운 과제로 볼 수 있어요. 사물인터넷 시대는 결국 모든 기계들이 개별적인 운영체제를 가지고, 네트워크를 통하여 상호 간에 연결됩니다. 그에 따라 기존의 오프라인 중심의 다양한 가치관들은 위협받고 있습니다. 기존 경제체제는 소유 중심의 사회이며, 소수가 다수의 부를 가지는 세계입니다. 하지만 온라인 세계는 정보가 중심이 되는 세상으로 편집과 복제가 자유롭기 때문에, 소유보다는 공유가 중심이 됩니다.[116]

미국 경제학자 **제러미 리프킨**(Jeremy Rifkin, 1945-)은 책 『한계비용 제로 사회

(Marginal Cost Society)』에서 **한계비용(Marginal Cost)이 제로**가 된다고 주장합니다. 글로벌 네트워트 속에서 오디오와 비디오, 텍스트를 교환하며 서로 소통하고, 휴대전화로 세상의 모든 통합된 지식을 이용하며, 누구든 수억 명에게 동시에 새로운 아이디어를 알리거나 제품을 소개하거나 자신의 생각을 전할 수 있을 뿐만 아니라 그렇게 하는 데 비용이 거의 들지 않습니다. 그리고 글로벌 경제활동을 운용하는 데 사용하는 에너지도 거의 무료에 가까워질 수 있습니다. 집과 사업장을 미니 발전소로 개조해 현장에서 재생에너지를 거두어들이는 얼리어답터 수백만 명에게 에너지 생산에 드는 한계비용은 제로에 가까워집니다. 또 전에는 대학교육을 받을 수 없었던 전 세계 수백만 학생들이 지구상 가장 저명한 학자들의 강의를 모두 무료로 수강하며 학점을 취득할 수도 있습니다. 마지막으로 재화와 서비스를 생산하고 유통하는 데 드는 인간 노동의 한계 비용이 거의 제로에 가까워집니다. 다시 말하면, 재화나 서비스를 더 생산하는 데 들어가는 추가 비용을 뜻하는 한계비용이 기본적으로 제로 수준이 되어 상품의 가격을 거의 공짜로 만드는 상황이 발생합니다. 제로에 가까운 한계비용과 무료에 가까운 재화와 서비스는 생산성 증진의 결과입니다.[117] 미래사회는 **공유경제**라는 새로운 경제시스템이 중심이 될 것이라고 주장합니다. 이처럼 공유경제는 '효율과 소유' 중심의 경제 시스템에 '연결과 공유'라는 새로운 가치를 창출하면서 사회의 주요 가치관들의 변화를 촉진하고 있습니다.

기존의 상업경제와 공유경제의 비교를 통해 그 차이점을 살펴보겠습니다. 공유경제(Sharing Economy)라는 말은 미국의 법학자 **로렌스 레식**(Lawrence Lessig, 1961-)이 저서 『리믹스(Remix, 2008)』에서 처음 쓴 단어입니다. 상업경제는 돈, 노동, 수요, 공급에 따라서 작동합니다. 상업경제는 인터넷이 등장하면서 더 활력을 얻었습니다. 오프라인에서는 보기 어려운 틈새 시장과 가격 차별화가 인터넷을 통해 가능해졌습니다. 아마존은 수많은 상품을 사이트에 올리기만 해도 매출로 이어졌고, 그 매출은 무시 못 할 수준이 되었습니다. 비슷한 사례로 넷플릭스도 수많은 다양한 작품을 고객들에게 제공하였습니다. 동네 비디오 가게에서는 공간적 한계 때문에 사람들이 많이 찾는 인기작 위주로 비디오를 갖추어 두었지만, 넷플릭스를 통해 인기는 없지만 작품성이 있는 다양한 장르의 영화도 신청만 하면 볼 수 있게 되었습니다. 그래서 로렌스 레식은 아마존과 넷플릭스 같은 기업이 인터넷에서 운영되기 때문에 성공할 수 있었다고 봅니

다. 공간과 시간 등 제약이 없는 서비스를 제공할 수 있게 된 것입니다.[118]

로렌스 레식에 따르면 인터넷이 상업경제를 활성화할 뿐만 아니라 공유경제도 만들어 내었다고 보았습니다. 한 번 생산된 제품을 여럿이 공유해 나눠 쓰는 협업 소비를 말하는 것으로 자동차, 빈방, 책 등 활용도가 떨어지는 물건이나 부동산을 다른 사람들과 함께 공유함으로써 자원 활용을 극대화하는 경제 활동입니다. 이러한 공유경제는 점차 온라인에서 오프라인으로 확대되는 추세입니다. 로렌스 레식 교수는 공유경제의 예로 사용자 참여의 온라인 백과사전인 위키피디아, 이용자가 무료로 요리법을 공유하는 오픈소스 푸드, 무료로 운영되는 디지털 도서관인 인터넷 아카이브, 자원 활동가가 저작권 보호기간이 지난 책을 파일로 무료로 올리는 구텐베르크 프로젝트 등을 꼽았습니다.

공유경제는 다음과 같은 다섯 가지 특성을 지닌 경제 체제로 볼 수 있습니다.[119]

1. 시장 기반성: 공유경제는 제품의 교환 및 새로운 서비스의 등장을 가능하게 하는 시장을 창조해 잠재적으로 더 높은 수준의 경제 활동을 촉진한다.
2. 고효율적 자본 이용: 공유경제는 자산과 기술에서부터 시간과 돈에 이르기까지 모든 자원이 가능한 낭비 없이 완벽하게 사용될 수 있는 기회를 제공한다.
3. 중앙 집중적 조직이나 '위계'조직이 아닌 대중에 기반을 둔 네트워크: 총합적 차원의 기업이나 국가가 아니라 분권화된 개인 집단이 자본과 노동력을 공급한다. 중앙 집권적 제3자가 아니라 분산된 개인 집단 또는 대중 장터가 교환 활동을 매개한다.
4. 사적인 일과 직업적 업무의 경계 모호화: 인력 제공 활동이 상업화하고 다른 사람을 차에 태워주거나 돈을 빌려주는 등 이전에는 그저 사적인 일로 치부되던 사람과 사람의 활동이 증가한다.
5. 정규직과 임시직, 종속적 고용과 독립적 고용, 일과 여가 활동 등등 사이의 경계 모호: 전일제 일자리 상당수가 계약직 일자리로 대체된다. 양자는 업무에 할애하는 시간, 업무의 세분화, 경제적 의존도, 창업 기회 등의 정도로 규정된다.

그럼 상업경제와 공유경제 시스템을 정리해 볼까요? 기존의 상업경제는 소유해야만 누릴 수 있고, 제한적이었어요. 거대자본을 가진 기업이 효율성을 위해 대량생산하고 개별 소비자가 구매하는 방식이었습니다. 기업은 자원과 자본을 가지고 이윤 추구만을 목표로 하다 보니 낭비와 오염이 심화되었습니다. 이윤은 당연히 돈을 투자한 자본투자가들의 몫이었고, 정부의 제도만이 거래 판단의 기준이 되었습니다. 반면, 공유경제는 접근에 의한 사용으로 누릴 때만 소유하는 방식입니다. 그래서 선택의 폭은 다양해졌고, 소비자에 의한 맞춤형 · 협력적 소비가 가능합니다. 개인들은 협력적 소비자인 동시에 마이크로 사업자이기도 하지요. 경제가치의 생산 주체는 개별 시민으로서 이윤추구와 함께 사회적 가치를 중시하기 때문에, 절약과 지속가능한 성장이 가능해졌습니다. 주로 공유플랫폼으로 운영되기 때문에 소셜 평판과 신뢰가 중시되었고, 마이크로 사업자와 공유플랫폼이 이윤을 나누어 가집니다.

표 1 기존 경제와 공유경제 시스템 비교

상업경제	기준	공유경제
소유	핵심가치	접근에 의한 사용
소유해야 누림	생활양식	누릴때만 소유
제한적	소비선택의 폭	다양함(롱테일)
대량생산 및 소비	소비형태	맞춤형, 협력적 소비
개별소비자	개인의 역할	협력적 소비자, 마이크로 사업자
기업	경제가치 생산주체	시민
낭비와 오염	지구 자원과 환경여파	절약과 지속가능한 성장
이윤추구	사업자의 목표	이윤추구 + 사회적 가치
자원과 자본 중심	주요 사업모델	공유플랫폼
자본투자가	이윤분배	마이크로 사업자, 공유플랫폼
정부의 제도	거래판단의 기준	소셜 평판과 신뢰

* 출처: 주강진 외. 2016: 62-63

제러미 리프킨은 초연결사회에서 공유경제가 활성화될 수 있다고 확신하며 "오늘날 젊은 세대가 협력적 근육을 꿈틀거리며 한계비용 제로 사회를 추구함에 따라 소유권에서 접근권으로 그리고 시장에서 네트워크와 공유사회로 이동하는 변화에 영향을 받지 않는 산업 분야는 거의 없다"[120]라고 말합니다. 인터넷은 누구나 소통하고 참여할 수 있으며, 개방되어 있기 때문에 다양한 생각을 자유롭게 나누며 공유를 지향합니다. 네티즌들은 인터넷으로 정보를 찾고 SNS에 글을 올리고 이에 댓글을 달고 유튜브에 동영상을 올리고 보며 적극적으로 참여하고 소통합니다. 계속해서 초연결사회에서 공유경제의 명암과 대안에 대해 살펴봅시다.

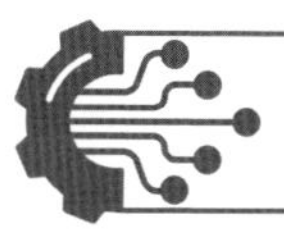

2. 공유경제의 명암과 대안

제러미 리프킨은 한계비용 제로의 공유사회로 음원파일 공유 서비스인 냅스터(Napster)의 예를 들고 있습니다. "1999년에 발표된 냅스터는 인터넷상에서 파일을 공유하는 피어투피어 네트워크로 수백만 명이 공유사회를 토대로 음악을 공짜로 공유하게 해주었다. … 냅스터는 경제 게임의 규칙을 바꾸었다. 판매자와 구매자는 사라졌고 제공자와 사용자로 대체되었다"[121]라고 말했습니다. 옛날에는 CD를 가지고 있어야 음악을 들었다면 이제는 온라인 뮤직 라이브러리에 접속하는 것으로 대체되었습니다. 소수의 거대 음반 회사가 지배하던 중앙집중식 산업 구조는 개인 간 **피어투피어(peer to peer) 협력자**로 변모한 수백만 구매자를 견디지 못하고 허물어져 버렸습니다. 제러미 리프킨은 "분산된 재생에너지를 사회의 모든 구성원이 제로 수준 한계비용으로 충분히 이용할 만한 규모의 경제를 갖추려면, 그것이 공동체와 지역 전방에 걸쳐 협력적으로 조직되어야 하고 피어투피어 방식으로 공유되어야 한다. 결국 분산형이자 협력형이며 피어투피어 기술 플랫폼인 사물인터넷이(유사하게 구성되고 조직되는) 재생에너지를 충분히 민첩하게 관리할 수 있는 유일한 메커니즘인 셈이다."[122]라고 하였습니다. 공유의 경제에서는 기업이 플랫폼을 제공해 줄 뿐, 실제적인 거래는 개인과 개인 사이에서 이루어지기 때문에 피어(peer), 즉 또래 간의 사회적 평판이 중요해지고 있습니다. 당근마켓의 매너온도가 대표적인 사회적 평판이라고 할 수 있습니다. 즉, 공유는 수평적인 시대에 맞는 가치라고 할 수 있습니다. 초연결사회가 됨에 따라서 대등한 개인 간의 소통 능력이 중요해졌습니다.

공유경제가 주목하는 사회적 관계 속에서의 **협력과 상생**도 큰 의미를 가집니다. 협력적인 생산과 소비의 가치는 이미 오래전부터 인정되어 왔습니다. 케빈 켈리(Kevin Kelly)는 부분의 합을 전체라고 단순화하기보다는 부분이 모일 때 개별에서 볼 수 없던 새로운 특성들, 이를테면 자발적으로 개조하고 변화하는 자기조직화, 상호영향을 주면서 함께 진화하는 공진화(共進化) 등이 나타난다는 것을 간과하면 안 된다고 강조한 바 있습니다.[123] 더욱이 ICT 발달에 따라 전 세계에서 실시간으로 인간과 인간, 인간과 사물, 사물과 사물이 인터넷과 모바일로 연결되며 공유경제가 구현될 수 있는 기반이 되었습니다. 그동안 간과되어 왔던 사회적 가치를 공유하고, 그러한 사회적 가치가 경제에 선순환을 가져다주는 사회로 가는 가능성을 열고 있습니다.

공유경제는 **지속 가능한 발전**과도 결합할 수 있기에 환경 파괴, 지구 온난화, 기후 변동을 막으려는 인류의 지향점과 일치합니다. 인간은 근본적으로 사회적 협력을 하고 타자의 고통에 공감하는 존재이기에 이는 인간의 본성을 구현하는 길입니다. 그 전의 경제활동에서는 돈을 벌지만 마음은 편안하지 않았는데, 이제 협력을 하면서 사익과 공공의 가치를 조화시킬 수 있습니다. 밀레니엄 세대는 소유권보다 접근권을 선호하고 이에 익숙합니다. 이렇게 디지털화와 커뮤니케이션의 혁신으로 한계비용이 제로에 가까워지면, 이윤을 추구하는 교환 시장은 무너지고 자본주의 시스템은 작동하지 않게 될 것입니다. 제러미 레프킨의 지적대로 수평적으로 규모를 확대한 대륙 및 글로벌 네트워크에서 대중들이 제로 수준의 한계비용으로 협업에 나서면 어떤 독점체제든 무너질 수밖에 없을 것입니다.[124]

그렇다면 공유경제는 유토피아적 좋은 면만 가지고 있을까요? 공유경제는 천사의 모습과 함께 악마의 모습도 가지고 있습니다. 공유에 대한 사람들의 이기적이고 무책임한 행동은 오래전에 '**공유지의 비극**(Tragedy of Commons)'에서 다루어진 바 있습니다. '공유지의 비극'은 1968년 ≪사이언스≫에서 **개릿 하딘**(Garrett Hardin)이 논의해 널리 알려졌습니다. 주인이 따로 없는 공동 방목장에서 농부들이 경쟁적으로 더 많은 소를 끌고 나오는 것이 이득이므로 그 결과 방목장은 곧 황무지로 변해버린다는 개념입니다. 합리적이고 이기적인 개인은 사회 전체의 후생을 극대화하지 못하거나 최악의 결과를 초래하는 행동을 한다고 설명한 것입니다.[125)]

공유경제 기업의 과도한 부의 독점과 일자리의 축소는 비난의 돌팔매로 날아오고 있습니다. 공유경제의 대표적 기업인 온라인 자동차 승차서비스 우버(UBER)도 찬사와 함께 부정적 비난 또한 빗발치고 있습니다. 환경론자들은 우버의 자동차 1대가 10대 내외의 자동차 판매를 줄이며 자원 보호의 측면에서 바람직하다고 합니다. 또 우버를 이용한 사람들은 편리성에 감탄하고 데이터 축적을 통한 지속적인 발전에 감탄을 합니다. 반면 한편에서는 우버가 중개료만 챙기는 약탈을 하고 있다는 부정적 시선도 있습니다. 우버가 택시 운전자의 일자리를 빼앗으며, 우버의 운전자들도 고용된 피고용인이 아닌 개별사업자로서 노동자의 권리와 보호에 취약한 점을 지적합니다. 성장론자들은 자동차 판매량의 하락으로 일자리 감소를 의미하는 국내총생산(GDP)의 감소를 우려하고 있습니다.[126)] 이렇게 공유경제는 양날의 검으로 우리에게 다가온 것입니다.

또 공유경제는 **사회적 낭비**를 증대하기도 합니다. 회원제 렌터카 업체인 '집카'(Zipcar)를 창업한 로빈 체이스(Robin Chase)가 다음과 같이 언급합니다. "공유경제는 잉여역량, 플랫폼, 피어(peer)로 이루어지는 경제체제입니다. 공유경제의 초기 목적 중 하나는 잉여 자산의 효율적인 사용을 통하여 과잉생산, 쓰레기 양산 등과 같은 자본주의 문제점을 해결하는 데 있었습니다. 하지만 사람들은 공유로 인한 경제적 이익에 집중하였고 그 결과 공유를 위한 구매가 역으로 이루어지고 있는 실정입니다. 에어비앤비에 등록하기 위해 개인이 여러 개의 방을 보유하려 하고, 우버에 등록하기 위해 자동차를 구매하는 사례가 생겼습니다. 이 경우 당장 필요하지 않은 재화들이 공유의 명분으로 구매되고, 이는 사회 전체적으로 보았을 때 사회적 낭비를 유발하게 됩니다."[127)]

기존의 공유 자원은 그 딜레마적 속성 때문에 전통적으로 정부의 '보이는 손'에 의한 방법과 시장의 '보이지 않는 손'에 의한 방법을 사용했습니다. 즉 전자는 정부가 직접 개입해 사회적으로 바람직하지 않다고 판단되는 행동을 처벌하고, 바람직한 행동에는 유인책을 주는 방식입니다. 후자는 공유 자원을 집단 구성원에게 배분해 소유권을 부여하는 방안입니다. 공유 자원은 사유재가 되어 그 생산과 소비가 시장 메커니즘에 의해 결정됩니다.[128)] 오스트롬(Ostrom)은 공유 자원 문제 해결을 위한 직접적 · 간접적 개입의 두 가지 방식이 가지는 한계를 지적하면서 새로운 거버넌스를 모색했습니다. 오스트롬은 공유자원인 숲, 수자원, 목초지 등의 이해관계자들이 공유 자원 고갈에 따른 위기의식을 공유하게 되면, 그들은 자원 고갈과 환경 파괴를 막기 위해 서로 협력하면서 문제를 해결하려 한다고 보았습니다. 관련자들의 상호작용과 자치적 관리를 통한 거버넌스를 제시한 것입니다. 모든 구성원이 민주적으로 참여해 자발적으로 발의하고 합의한 자체 관리 규약을 만들어 지키려는 것이야말로 외부에 의한 제한이나 규제보다 낫다고 보고 있습니다.[129] 지속가능한 공유자원을 위해 협력하고 **사회적 신뢰와 유대를 창출하**는 것의 중요성을 강조한 것입니다.

또한 오스트롬은 공유경제를 지원하되 합리적인 **공유경제 플랫폼 경쟁의 룰**도 제시해야 한다고 합니다. 공유경제 플랫폼 기업의 수익은 기하급수적으로 증가하고 있습니다. 그 때부터 수익의 대부분은 혁신이 아니라 일종의 중개료인 지대(地代) 수입의 성격을 가지게 됩니다. 지대 수입에 대해서는 사회 환원 혹은 높은 과세를 부과해야 합니다. 글로벌 과세를 부과하는 대안을 고려할 필요도 있습니다. 다음으로 복수의 플랫폼 경쟁을 촉발하여 **사용자의 선택이 가능한 경쟁 구도**를 만드는 정책적 노력이 필요합니다. 독점화는 결국 권력의 횡포로 이어질 수 있기 때문에 여러 대안 플랫폼을 마련하여 장기적인 사회의 안정성을 추구해야 합니다. 마지막으로 독점화된 플랫폼 기업에는 **기업 정보의 공개**를 의무화하는 것이 필요합니다.[130] 그럼 토론을 통해 초연결사회와 공유경제를 정리하고, 좀 더 구체적인 이야기를 계속해서 나누어보겠습니다.

토론: 자동화로 인한 노동 종말은 올 것인가?

- **인공지능**: 안녕하세요. 오늘날은 인간을 둘러싼 모든 것이 긴밀히 연결된 초연결사회 그리고 공유경제 사회라고 할 수 있습니다. 이에 대해 여러 학자들의 이야기를 들어보도록 하겠습니다.
- **제러미 리프킨**: 저는 초연결사회가 도래함에 따라 한계비용이 제로가 될 수 있다고 생각합니다. 글로벌 네트워트 속에서 모든 통합된 지식을 이용하고, 수억 명에게 동시에 본인의 생각을 전달하는데 비용이 거의 들지 않습니다. 이러한 공유경제는 '효율과 소유' 중심의 경제 시스템에 '연결과 공유'라는 새로운 가치를 창출하면서 사회의 주요 가치관들의 변화를 촉진하였습니다.
- **로렌스 레식**: 맞아요. 사실 공유경제라는 용어는 제가 처음 주장한 것입니다. 공유경제는 하나의 제품을 여럿이 공유해 나눠 쓰는 협동 소비를 말합니다. 빈방, 자동차, 생활용품 등 개인이 사용하지 않는 것을 다른 사람들과 함께 공유함으로써 자원활용을 극대화하는 경제 활동입니다. 다들 에어비앤비, 당근마켓, 우버 등을 한번쯤은 이용하거나 들어보았을 것입니다.
- **개릿 하딘**: 초연결사회 그리고 공유경제가 과연 좋은 면만을 가지고 있을까요? 옛날부터 주인이 따로 없는 공동 방목장은 농부들이 경쟁적으로 자신의 소를 많이 끌고 나와서 곧 황무지로 변해버리는 현실을 많이 봐왔을 것입니다. 저는 이를 '공유지의 비극'이라 부르는데, 공유경제도 예외는 아니지요. 벌써 공유경제 기업의 과도한 부의 독점과 일자리의 축소, 이윤 극대화를 위한 사회적 낭비가 발생하고 있습니다.
- **오스트롬**: 그래서 저는 공유자원 문제 해결을 위한 새로운 정책을 제안합니다. 공유자원의 이해관계자들이 공유자원 고갈에 따른 위기의식을 공유하게 되면, 그들은 자원 고갈과 환경 파괴를 막기 위해 서로 협력하면서 문제를 해결하려 할 것입니다. 지속가능한 공유자원을 위해 협력하고 사회적 신뢰와 유대를 창출하는 것이 중요할 것입니다.
- **인공지능**: 우리는 초연결사회와 공유경제의 도래를 거스를 수는 없을 것입니다. 장점은 극대화하고 문제는 해결하기 위해서 여러 대안들이 마련되어야 합니다. 공유경제 플랫폼 경쟁의 룰의 제시, 공유 플랫폼 경쟁을 촉발하여 사용자의 선택이 가능한 경쟁 구도를 만드는 정책적 노력, 독점화된 플랫폼 기업에는 기업 정보의 공개를 요구하는 등의 노력이 필요할 것입니다.

공유경제는 자본주의의 문제를 해결할 수 있을까요? 또는 문제의 일부분이 될까요? 이 시대의 질문이라고 할 수 있습니다. 문제의 본질로 돌아가 봅시다. 공유를 통한 환경의 개선과 자원의 절약이라는 측면은 긍정적입니다. 일자리의 감소는 새롭게 창출된 일로 대체하는 것이 바람직할 것입니다. 문제는 공유경제로 인한 가치 창출의 대부분이 평등하게 골고루 분배되고 있지 못하다는 점입니다. 바람직한 미래 사회는 혁신에 인한 이익은 장려하고 지대에 의한 이익은 억제하는 정책으로 제시해야 합니다. 아직 반독점법이 적용되고 있지 않은 공유경제 기업들의 수익에 지대 추구의 요소는 없는지 생각해보아야 합니다. 더 나아가 효율의 극단을 추구한 결과 빚어지는 독점의 위험은 사회의 안정성 자체를 위협하고 있지 않은지 고찰해 보아야 할 것입니다.[131]

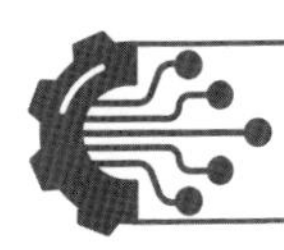

3. 초연결사회의 문제점과 대안

초연결사회는 유토피아와 함께 디스토피아의 지평도 펼치고 있습니다. 누구나 스마트폰이 없어졌을 때 쉽게 **불안해지고 초조함**을 느낀 적 있을 것입니다. 개인적 측면에서 사람들은 연결에서 소외되지 않기 위해, 강한 연결 속에서 보다 더 강렬한 자극을 느끼고 자신의 존재감을 확인하기 위해 연결에 더욱 집착하기 시작했습니다. 그리고 우리는 시공간의 제약 없이 수많은 사람들과 서로 연결되어 교류하고 있는데도 불구하고 **소외감**과 함께 외롭다고 느끼는 경우도 많아졌습니다. 정신과 전문의 안데르스 한센(Anders Hansen)은 "우리가 살고 있는 이 세상은 우리 스스로에게 낯설며, 현재 우리를 둘러싼 세상과 우리가 지금까지 진화해온 세상 간의 '불일치'가 우리 기분에 영향을 미치고 있다"고 말한다. "수면, 신체활동 그리고 사람들과의 유대감은 명백하게 우리의 정신 건강을 지켜주는 중요한 요인이지만, 이 세 가지가 갈수록 줄어드니 우리의 기분은 나빠질 수밖에 없다는 것"[132]입니다. 이처럼 사람들은 초연결기술로 인한 피상적 유대감에 몸과 마음이 병들어 간다고 할 수 있습니다.

이도흠(2020)에 따르면 프랑스 인문학자 미셸 푸에쉬(Michel Puech)는 사물들은 그 가치대로 존재하는 것이 아니라, **도구적 목적에 따라 정보와 의미**를 산출한다고 봅니다. "초연결사회는 국경, 문화, 언어 따위를 뛰어넘어 모두가 연결되어 있다는 느낌을 주지만, 사실 우리는 현실 세계와 단절된 채 저마다의 가상 세계에 갇혀 있다."라고 말합니다. 사물들은 하나의 네트워크에 긴밀히 연결되어 있는 만큼, 바둑판의 돌처럼 이 네트워크를 벗어나는 순간 모든 의미를 잃게 되는 것입니다. 푸에쉬에 의하면 인간은 도구적 유용성에 따라 네트워크에 포섭된 개체로서 한 점 노드로만 존재하는 것일 수도 있습니다.

사회 국가적 측면에서 보면, 초연결사회는 **디지털 식민지**를 만들 위험이 있습니다. "4차 산업혁명의 원재료는 데이터 수집 방식입니다. 더 이상 원재료를 확보하기 위해 식민지에 대한 착취와 수탈을 자행하지 않아도 되며, 식민지 저항과 제국주의라는 비난을 감수하지 않아도 됩니다. 하지만 이는 물리적으로 식민지화되지 않았을 뿐 이미 전 세계의 많은 국가들과 네티즌은 글로벌 ICT 기업의 디지털 식민지가 되고 있습니다."[133] 이는 **권력과 정보의 독점과 집중화**와도 밀접한 관련이 있습니다. 사용자나 참여자들은 편리와 속도를 위해 거대 글로벌 ICT 기업의 플랫폼에 접속하는 경향이 강하며, 이들이 늘어날수록 주도적 플랫폼을 장악하거나 규모에서 우위를 보입니다. 네이버, 구글이나 애플 등은 독점적 지위를 가지면서 더 많은 수익을 벌어들이고 **부의 집중화와 빈부격차**가 심해질 것입니다. 또한 공유경제를 표방하는 우버, 에어비앤비 또한 역설적으로 정보, 자본력, 권력을 더욱 더 강하게 형성하게 되며, 이를 바탕으로 플랫폼 이용 수수료, 광고 등의 이익을 독점적으로 행사할 수 있습니다.

이러한 초연결사회의 부작용에 대한 **대안**으로는 어떤 것들이 있을까요? 먼저 초연결사회의 **피상적, 도구적 효용성**을 위한 연결로 인한 인간의 **소외감, 불안과 초조를 극복**해야 합니다. 이는 네트워크상의 연결에만 의존하는 것이 아니라, 연결에서 적당히 분리되어 자신의 내면에만 집중할 수 있는 시간 확보와 함께 오프라인에서 누리는 인간 대 인간으로서의 대화와 소통을 통한 유대감 회복이 필요할 것입니다.[134] 또한 디지털 식민지에서 탈피와 글로벌 ICT **기업의 독점과 집중화를 완화**해야 합니다. 제3세계가 연대하여 대안적 포털, 플랫폼을 만들고 독점을 제한하는 반독점법을 세계적으로 함께 공론화하고 제도화해야 할 것입니다.

자본주의 체제가 공유경제마저 포섭하여 자본의 힘을 더 강화한다면 문제는 더욱 심각해질 것입니다. 디지털 사회에서 플랫폼이 지대(rent)의 성격을 갖고 포털이 새로운 착취의 장이 되는 점과 더불어 공유경제가 적극적 자유를 내세우는 대신 소극적 자유를 억압하는 점도 돌아보아야 합니다. 초연결사회에서 인간은 무한히 연결되지만 도구적 유용성으로 사용되는 점도 경계해야 할 것입니다. 우리들은 무한한 네트워크 속에서 한 점의 노드로 전락하는 것이 아니라, **세계-내-존재**로서 다른 사람들과 협력하고 세계에 대한 의미를 적극적으로 해석하여 부조리에 맞서 나가야 할 것입니다.

이러한 초연결시대의 문제점을 인식하고 극복하기 위한 실질적인 가치관과 마음가짐을 문서화한 것이 있습니다. 초연결시대 IoT 설계 선언문은 '모든 것이 연결된 세상에서 믿음직한 설계를 실현할 길잡이'라는 부제가 붙어 있습니다. 서문에는 "세계는 점점 더 하나로 연결되고 있다. 이제 디자이너, 엔지니어, 기업가 모두 예전에는 없던 제품과 서비스를 창조할 기회가 주어졌다. 그러나 초연결된 세계는 새로운 질문과 도전 또한 우리에게 제시한다. 이 선언문은 IoT 제품과 서비스를 기획하고 설계하고 생산하고 제공하고 소비하는 모든 사람을 위한 행동 수칙이며, 새롭게 성장하는 미래 분야에 대처할 수 있는 균형잡힌 원리다. 우리는 거짓말을 해서는 안 되고 한없이 웅크리고 있어서도 안 된다. 정직하고 담대하게 미래를 열어젖혀야 한다."라고 말합니다. '초연결시대 IoT 설계 선언문'을 보면서 이번 장을 끝맺도록 하겠습니다.

초연결시대 IoT 설계 선언문

1. 우리는 호들갑 떠는 IoT광고를 믿지 않는다. 따라서 세상이 숭배하는 신상품을 의심의 눈초리로 지켜보겠다고 맹세한다. 제품에 단순히 인터넷만 덧입히는 것은 답이 아니다. 그런 상업적 성공은 오래 지속되지 않을 것이다.
2. 우리는 쓸모 있는 사물을 설계한다. 진짜 가치는 목적이 분명한 제품에서 나온다. 우리는 사람들의 삶에 의미 있는 영향을 미치는 제품을 설계하겠다고 다짐한다. IoT 기술은 이를 가능케 할 수단일 뿐이다.
3. 우리는 모든 이해 관계자가 이익을 얻는 것을 목표로 삼는다. IoT 제품을 둘러싼 이해관계는 사용자와 기업 그리고 그 사이에 있는 모든 관련자와 복잡하게 얽혀 있다. 우리는 이 복잡한 교환 체계에서 모든 사람이 이익을 얻도록 사물을 설계할 것이다.
4. 우리는 모든 사람, 모든 사물을 안전하게 지킨다. 연결성은 외부인이 제품을 타고 들어와 보안을 위협할 가능성을 수반하므로 치명적이고 심각한 결과를 낳을 수 있다. 우리는 어떤 위험이 닥치든, 이런 위험에서 사용자를 보호하겠다고 다짐한다.
5. 우리는 개인 정보를 보호하는 문화를 만들고 알린다. 외부의 위협만큼이나 심각한 위협이 내부에서도 나올 수 있다. 제품이 수집한 개인 정보를 부주의하게 다루면 신뢰가 무너진다. 따라서 우리는 모든 데이터를 신중하게 취급하는 문화를 정착시키고 그것이 표준이 되도록 앞장설 것이다.
6. 우리는 어떤 데이터를 모을지 늘 신중하게 생각한다. IoT는 데이터를 은밀히 저장하는 사업이 아니다. 우리는 제품과 서비스의 유용함에 도움이 되는 데이터를 모을 뿐이다. 따라서 특정 데이터가 모일 경우 그것이 어떤 결과를 초래할지를 신중하고 양심에 비춰 예상해야 한다.
7. 우리는 IoT제품과 관련해 누가 이익을 얻는지 명확히 밝힌다. 이해 관계자끼리 정보를 막힘없이 유동적으로 주고받는 IoT제품의 독특한 연결성 탓에 눈에 보이지 않는 복잡하고 모호한 관계가 생긴다. 우리의 책임은 그런 이해 관계자 사이의 역학 관계를 누구나 보기 쉽게, 이해할 만하게 드러내는 것이다.
8. 우리는 사용자가 자기 소유물의 진정한 주인이 되도록 한다. IoT 제품을 둘러싼 여러 이해 관계자 사이에서는 사용자가 자기 역할의 통제권을 잃기 일쑤다. 우리는 이해 관계자가 사용자의 데이터에 어떻게 접근할지, 사용자가 제품을 통해 어떻게 연결될지의 테두리를 결정할 권한을 사용자가 지녀야 마땅하다고 믿는다.

9. 우리는 사물이 수명 기간 내내 제대로 작동하도록 설계한다. 초연결이 시행착오를 겪으며 활발하게 진행되는 지금, 실물 제품과 디지털 서비스의 수명 기간이 다르게 설계되곤 한다. 하지만 IoT 세계에서는 제품과 서비스의 특성이 서로 긴밀히 의존하므로 당연히 수명도 일치해야 한다. 우리는 제품과 서비스가 내구성 있는 단일물로 묶이도록 설계할 것이다.
10. 누가 뭐래도, 우리는 인간이다. 모름지기 설계란 영향력이 큰 행위다. 우리가 하는 일은 기술과 사람 사이뿐만 아니라 사람과 사람 사이의 관계에 영향을 미칠 힘이 있다. 우리는 이 영향력을 수익을 내거나 로봇 지배자를 만드는 데에 쓰지 않을 것이다. 우리는 모든 것을 연결할 수 있는 IoT 초연결의 힘을 이용해, 이 땅의 모든 공동체와 사회가 번영하도록 도울 것이다.

* 출처: W.데이비드 스티븐슨, 김정아 역, 296-300

참고문헌

김대호(2018). 공유경제. 커뮤니케이션북스.

박유신 외(2020). 인공지능 시대의 포스트휴먼 수업. 학이시습.

박치완(2018). 4차 산업혁명에서 4차 공유혁명으로. 동서철학연구 87.

성영조(2017). 경제 이슈: 영국 산업혁명의 특징과 시사점, 경기연구원 GRI 현안 브리핑.

아룬 순다라라잔, 이은주 역(2016). 4차 산업혁명 시대의 공유경제. 교보문고.

이도흠(2020). 4차 산업혁명과 대안의 사회 1, 2. 특별한 서재.

주강진 외(2016). 공유경제와 미래사회. KCERN 28차 포럼 보고서.

정보라(2013). 용어로 보는 IT. 블로터 https://terms.naver.com/entry.naver?docId=3576452&cid=59088&categoryId=59096

제러미 리프킨. 안진환 역(2014). 한계비용 제로사회. 민음사.

허완규(2015). 제4차 산업혁명시대 인문사회학적 쟁점과 과제에 관한 연구. 디지털 가버넌스. 16(11).

홍단비(2021). 초연결시대 독서의 의미와 치유적 활용 가능성. 독서치료연구. 13(1).

오스트롬, E. 윤홍근 외 역(2010). 공유의 비극을 넘어. 랜덤하우스코리아.

켈리, K. 이충호, 임지원 역(2014). 통제 불능(Out of Control). 김영사.

한센, A. 김아영 역(2020). 인스타 브레인. 동양북스.

하딘, G.(1968). The Tragedy of the Commons. Science. 162(December).

데이비드 스티븐슨, w. 김정아 역(2019). 초연결. 다산북스.

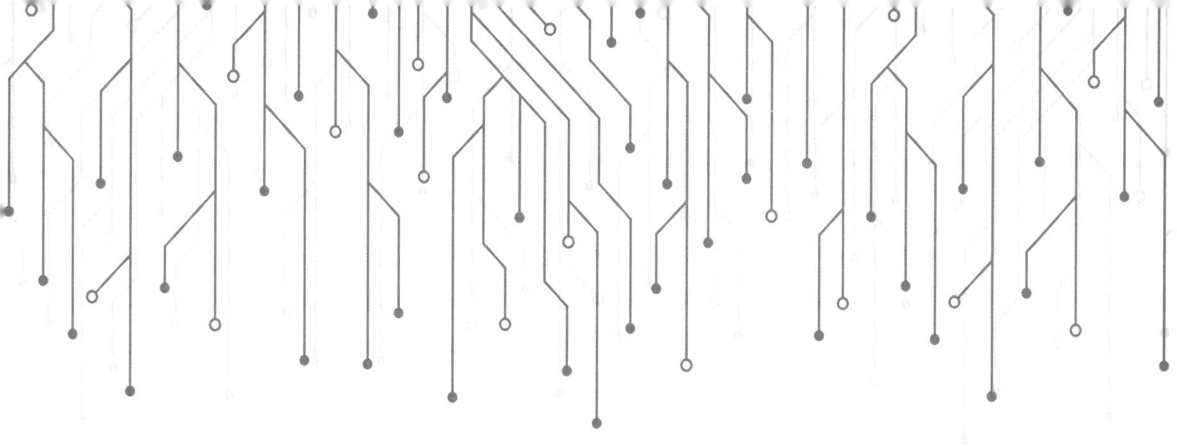

PART

환경으로 보는 인공지능

1. 가이아의 신음, 그 대책은 무엇인가?

CHAPTER 01

가이아의 신음, 그 대책은 무엇인가?

인공지능 발전이 컴퓨팅 전력과 이를 식히기 위한 물 소비 증가로 이어지면서, 다양한 환경 문제가 우려되고 있습니다. 전기를 공급하기 위해서는 필연적으로 화석 연료가 필요하고, 지구 온난화의 원인이 되는 탄소뿐만 아니라 생태계에 해로운 오염 물질을 배출하게 됩니다. 또한 챗지피티와 하나의 주제로 질문과 답변을 주고받을 때 소비되는 약 생수 한통의 물은 물부족을 심화시킬 수 있습니다.

환경 파괴의 대표적 예로 아마존 열대 우림의 파괴가 있습니다. 아마존은 남한 면적의 55배로 세계에서 가장 큰 규모의 숲입니다. 지구상 생물 종의 절반이 살아가는 '생물 다양성의 보고'로 불리기도 하지요. 그런데 목장, 광산 개발, 댐 건설 등을 위한 무분별한 벌목과 방화로 아마존이 파괴되고 있습니다. 이미 열대 우림의 절반 정도가 사라진 상황입니다. 2021년 『네이처(Nature)』에 따르면 아마존의 20%에 해당하는 남동쪽 숲은 탄소흡수원에서 탄소배출원으로 전환된 것으로 나타났습니다. 나무들을 잘라내고 불을 질러 경사면은 가축 사육지로, 평지는 대두와 옥수수 등 곡물 재배지로 이용합니다. 이는 탄소흡수원이 사라지는 것 외에도 벌목과 산불로 인한 이산화탄소 발생, 야생 동물 서식지 파괴, 가축의 메탄 발생, 가축의 배설물로 인한 수질오염 등 다양한 문제를 수반합니다.

이는 과연 아마존만의 문제일까요? 사람들은 아직 환경오염의 심각성을 깨닫지 못하고 있습니다. 천천히 달궈지는 가마솥 안 개구리와 같이 곧 닥칠 위험을 모르고 우물거리다 또는 알고도 애써 외면한 채 삶아져 죽기를 기다리는 것일까요? 점점 한계에 치닫고 있는 환경오염, 가이아의 신음 속에 우리는 어떤 대책을 세워야 하는 것일까요?

1. 가이아의 신음

가이아가 누군지 아시나요? 가이아(Gaia)는 그리스 신화에 등장하는 대지의 의인화된 여신입니다. 태초부터 독립적으로 존재하는 신으로 만물의 어머니, 신들의 어머니로 창조주 신이라 할 수 있습니다. 그래서 지구를 보통 가이아로 많이 비유를 하지요. 그런데 가이아 여신이 왜 신음하고 있는 걸까요? 바로 환경오염 때문입니다. 그럼, **환경오염을 유발하는 원인과 문제**를 살펴봅시다.

가장 큰 이유는 **인구증가**입니다. 우리나라는 저출산 국가로 실감이 안 날 수 있지만, 전 세계적으로 본다면 인구는 급속하게 증가하고 있습니다. 앞으로 60년간은 더욱 인구가 늘어날 것으로 예측됩니다. UN은 2022년 11월 15일 세계 인구가 80억 명을 돌파했다고 발표하였습니다. 세계 인구가 20, 30, 40, 50, 60, 70, 80억 명을 돌파한 시기가 1925, 1959, 1974, 1987, 1999, 2011, 2022년임을 회상하면, 매 10억 명씩 증가하는 간격이 줄어드는 추세입니다. "세계 인구 80억 명은 인류 발전의 새로운 이정표이다. 보건 분야의 발전에 경탄한다."고 유엔 사무총장인 안토니우 구테흐스(Antonio Guterres)가 말한 것처럼 세계 인구 80억 명은 기념비적인 사건이지만, '인구폭발'은 식량부족, 지구온난화에 따른 이상기후, 환경오염, 생물다양성 손실 등의 전 지구적인 많은 문제를 야기하였습니다.[135)]

그럼 실제 지구가 수용 가능한 인구는 몇 명 정도가 될까요? 대략 44억 명입니다. 그래서 현재 80억 명의 인구가 살기 위해서는 사실 2개의 지구가 필요한 것입니다. 환경과 자원 측면에서 보면 현재 인구가 너무 많고 후손들이 사용할 자원을 가불을 해서 당겨서 쓰고 있다고 해도 과언이 아닙니다. 이렇게 인구가 증가하면 식량이 부족해집니다. **식량 부족**은 굶주림으로 이어지겠죠. 식량을 얻기 위해서는 맑은 하늘, 깨끗한 물 그리고 양질의 토양 세 가지가 갖추어져야 합니다. 그런데 21세기에 들어서 세 가지 공급에 다 차질이 생기기 시작했습니다.

첫째, **오존층의 파괴**로 맑은 하늘을 잃게 되었습니다. 산업 오염 물질이 유독한 수준으로 대기를 메우기 시작하면서 오존층이 파괴되었죠. 그래서 태양의 자외선을 흡수하지 못하고, 산성비가 내려서 숲과 호수가 죽어가기 시작했습니다. 또 직·간접적으로 농작물에 산성비가 내려서 피해를 입고 있습니다. 둘째, 물이 부족하게 되었습니다. 관개, 산업, 도시 개발 등으로 물을 과다하게 사용하다 보니, 일부 지역은 지하수면이 꺼져가고 있습니다. 거대한 삼림이 사라진 것 또한 물 부족 현상을 촉진하였습니다. 과거에는 나무뿌리들이 빗물의 유속을 느리게 해주었지만 이제 빗물이 대지 위를 빠르게 흘러내리며 귀중한 표토도 함께 쓸어가 버렸습니다. 우기를 빼고는 강과 호수의 수량도 바짝 줄어들었습니다. 셋째, 사막화로 양질의 토양이 감소하였습니다. 삼림벌채, 과도한 방목, 짧은 휴경 기간, 윤작(돌려짓기)등으로 수십억 톤의 양질의 표토를 날려버렸습니다. 70년대를 시작으로 해마다 800만 헥타르의 농지가 사막으로 변해, 2030년대에는 1970년대에 경작 가능했던 전체 농지의 3분의 1이 간신히 쓸 만하거나 아예 쓸모없는 불모지로 변해버릴 예정입니다.[136)]

지구온난화의 문제도 심각한 상황입니다. 미국 물리학자 스티븐 호킹(Stephen William Hawking)은 2017년 베이징의 한 콘퍼런스에서 "인간은 2600년까지 지구를 거대한 불덩어리로 만들 것입니다"라고 경고하였습니다. 또 유엔 사무총장은 "인류는 현재 매우 책임이 막중한 상황에 놓여있습니다. … 그 결과는 분명하고, 비극적입니다. 몬순 폭우에 휩쓸려간 아이들, 불길을 피해 도망치는 가족들, 무더위에 쓰러진 노동자들 … 북미와 아시아, 아프리카, 유럽 등 지구 곳곳에서 잔인한 여름을 보내고 있습니다. 이는 재앙입니다. 이 모든 일의 책임이 우리 인간에게 있다는 것은 과학자들에겐 분명한 사실이고요. 모든 것은 그간의 예측, 그리고 반복했던 경고와 일치합니다. 유일하게 놀라운 점은, 이러한 변화의 속도뿐입니다. 기후변화는 이미 시작했습니다. 끔찍하게도, 고작 시작에 불과합니다. 지구 온난화(Global Warming)의 시대는 끝났습니다. 끓는 지구(Global Boiling)의 시대가 도래했습니다."라는 경고와 우려의 발표를 하였습니다.[137)]

해수면 상승은 또 다른 위협입니다. 기온이 상승하면서 만년설과 빙하가 녹아내리고 바닷물이 팽창하여 해수면이 계속 올라가고 있습니다. 지난 30년 동안 해수면 상승 위험이 높은 해안지역에 사는 사람들의 수는 1억 6,000만 명에서 2억 6,000만 명으로 증가했습니다. 그중 90%는 가난한 개발도상국과 작은 섬 국가 출신입니다. 예를 들어, 방글라데시의 경우 2050년까지 해수면 상승으로 국가의 17%가 물에 잠기고, 그곳에 거주하는 2,000만 명이 집을 잃을 것으로 예상됩니다.[138)] 이러한 온실효과의 주요 원인은 대기 중에 존재하는 온실가스들의 농도가 점점 높아지기 때문입니다. 주요 온실가스로는 이산화탄소, 메탄, 이산화질소 등이 있습니다. 이러한 가스는 주로 화석 연료의 연소, 산림 파괴, 축산업, 쓰레기 처리 등 인간의 활동에 의해 만들어집니다.

이 그림은 미국 환경보호국(EPA)에서 환경에 미치는 영향을 기준으로 분류한 에너지원을 보여줍니다. 가장 악영향을 미치는 에너지원은 석탄, 원자력, 석유, 천연가스이고, 그보다 좀 더 유익한 에너지원은 풍력, 태양, 생물자원, 지열, 바이오가스, 저강도 수력입니다.

그림 15 에너지 종류별 환경에 미치는 영향

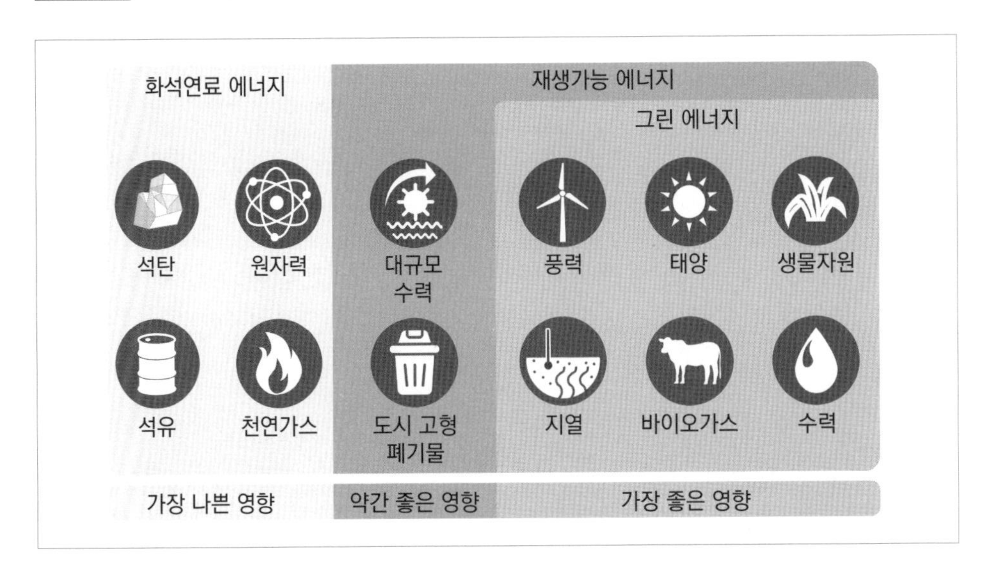

사실상 우리가 사는 지구 전체는 태양 에너지에 의존하고 있습니다. 태양이 없다면 지구는 영하 270도의 어둡고 얼어붙은 바윗덩어리에 불과할 것입니다. 지구에 있는 모든 생물과 무생물의 활동은 태양 에너지를 사용하기 때문에 가능합니다. 화석 에너지도 결국은 태양 에너지입니다. 태양 에너지로 살아가던 동식물들이 땅속에 묻혀서 몇 백만 년 동안 화석으로 응축된 형태이기 때문입니다. 화석연료를 대량으로 사용한다는 것은 땅속에 있는 엄청난 양의 탄소를 단기간에 공기와 바다에 풀어놓는 것을 의미합니다.[139]

그림 16 **기후 변화 성과지표**

* 출처: CCPI(https://ccpi.org/countries/)

기후변화대응지수(CCPI, Climate Change Performance Index)는 온실가스 배출(GHG Emissions), 재생에너지(Renewable Energy), 에너지 사용(Energy Use), 기후 정책(Climate Policy)의 네 개 부문을 중심으로 평가합니다. 네 개의 부문은 전체 평가 중 각각 40%, 20%, 20%, 20%를 차지하며, 각 분야별 점수를 합산해 종합 점수를 냅니다.[140] 우리나라의 기후변화대응지수는 전체 64위 가운데 59위로 2023년 자료의 지도에서 진하게 표시된 최하위권 국가입니다. 우리나라는 2030년까지 탄소 배출을 40% 감축하고 2050년까지 탄소중립을 실현하겠다고 선언하는 등 여러 가지 기후변화 대응 정책을 발표했으나, 더욱 적극적으로 탈(脫) 화석연료 에너지 정책을 강력하게 추진해야 할 것입니다.

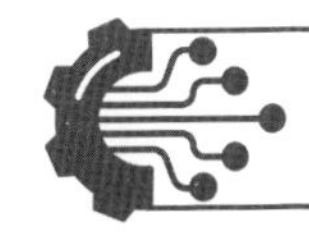

2. 전통철학과 산업화의 한계

가이아 여신이 신음하게 된, 환경오염이 심각해진 철학적 배경은 무엇일까요? 이는 서양의 전통 철학에서 비롯된 **인간중심주의**입니다. 인간중심주의는 물론 긍정적인 측면도 있습니다. 과학적 발전과 기술의 혁신을 촉진시켰고, 현대 사회의 발전을 가져왔습니다. 또한 모든 인간에게 동등한 권리와 존엄성을 부여하여, 사회적 진보와 인권을 보호하는 제도가 마련되었습니다. 하지만 인간중심주의 철학이 현대인들이 새롭게 직면한 환경 문제를 해결하는 데 한계가 있습니다. 기본적으로 인간중심주의의 전통 철학은 생태적 조망과 결이 다릅니다. 아리스토텔레스의 "같은 것은 같게 다른 것은 다르게", "식물은 동물을 위해 동물은 인간을 위해 존재한다."는 주장은 인간을 가장 높은 위계로 상정합니다. 또 토마스 아퀴나스의 인간은 신의 형상을 본떠 만든 존재라는 점에서 인간이 자연을 이용하는 것은 합당하며 신의 섭리라고 봅니다.

특히, 17세기 자연 과학자들은 당시 과학 혁명을 주도하면서 자연을 완전히 기계화된 대상으로 만들었어요. **베이컨**(Francis Bacon, 1561-1626)의 "지식은 힘이다. 자연이 인간에게 이롭도록 지식을 활용하라. 자연은 인간에게 순종해야 하고 정복을 당해야 할 존재이다."라는 인간중심주의 사상은 그 당시 근대 서구인들에게 인간은 자연의 지배자이고, 자연은 인간의 번영을 위한 수단에 불과하다는 태도를 갖게 하였습니다. 베이컨은 인간과 자연을 완전히 분리시키고, 자연을 관찰하고 실험하는 대상으로 인식하였습니다. 인간의 삶을 개선하고 편리하게 하는 도구로서 철저히 통제 및 지배한 것입니다. 이후 기계론적 자연관에 의해 세계와 자연의 모든 과정을 인과법칙으로 파악하고, 인간의 이성으로 그 기계적 인과관계를 설명할 수 있다는 관점이 지배적이었습니다. 인간들은 자연의 인과법칙 · 관계를 파악하여 자연을 마음껏 이용하여 오늘날 생태학적 위기에 결정적 영향을 미쳤습니다.

칸트(Immanuel Kant, 1724-1804)의 철학은 대표적인 인간중심주의로 목적론적 관점으로 자연을 봅니다. 칸트는 인격을 가진 인간만이 도덕법칙을 세울 수 있는 입법자이며 스스로 명령을 내리고 행동할 수 있는 행위자로 봅니다. 이성의 능력을 가진 인간만이 내재적 가치 즉 도덕적 지위를 갖습니다. 인간을 수단으로 대하면 안 되며 목적으로 대해야 한다는 칸트의 주장은 앞에서도 누누이 강조했습니다. 하지만 이성이 없는 자연은 수단으로 간주합니다. 자연은 내재적 가치를 갖지 않고 도구적 가치를 갖습니다. 수단으로서만 활용될 뿐입니다. 하지만 그럼에도 칸트는 자연을 함부로 하지 말아야 한다고 주장했습니다. 의외죠? 사실 이러한 주장도 철저히 인간중심주의에 근거한 것인데, 우리가 자연을 함부로 대하면 자신의 도덕적 감수성이 훼손될 수 있기 때문입니다. 인간은 인간에 대해 직접적 책임을 갖고, 자연 대상물들에게는 간접적 책임을 갖는 것입니다. 이렇게 베이컨, 칸트 등의 전통적인 철학은 우리가 자연을 수단으로 사용하고 파괴하게 된 사상적 배경이 되었습니다. 인간들은 인간중심주의 철학을 바탕으로 환경을 파괴하기 시작했습니다.

인간중심주의 전통철학과 함께 인간의 이익만을 위한 **급격한 산업화**는 그야말로 지구를 병들게 하였습니다. 미국 생태사상가 **토마스 베리**(Thomas Berry, 1914-2009)는 총체적 지구에 대한 인간들의 약탈이 산업화를 통해 발생했다고 주장을 합니다. 수많은 유독 물질들이 공기, 물, 토양을 오염시키고, 살아있는 많은 동식물의 거주지들을 파괴했다고 보고 있는 것입니다. 이익의 극대화를 위한 무분별한 경제 개발과 절제되지 않는 소비문화는 인간의 끝없는 욕구를 창출하고, 생태계의 파괴와 자원의 고갈을 극심하게 하였습니다. 이는 자연이 지닌 고유한 가치를 외면하는 인간의 물질주의, 과소비주의 등과 관계가 있습니다. 이러한 구조는 인간과 자연이 정당한 관계를 맺는 것이 아닌 오직 효용가치에 의해서 이용하게 하였습니다.[141]

그렇다면 산업화로 인해 우리는 과연 행복해졌을까요? 행복경제학의 창시자인 미국의 경제학자 리처드 이스털린(Richard A. Easterlin, 1926-)은 1974년 소득이 높아져도 반드시 행복으로 연결되는 것은 아니라는 '이스털린의 역설(Easterlin's paradox)'을 주장합니다. 그는 1946년부터 빈곤국과 부유한 국가, 그리고 사회주의와 자본주의 국가 등 30개국의 국가행복도를 조사하여, 기본적인 욕구가 충족되면 소득이 증가해도 행복에 큰 영향을 끼치지 않는다는 내용을 발표합니다. 이스털린은 비누아투(Vanuatu)와 방글라데시 같은 극빈국의 국민이 행복지수가 높게 나타나고, 미국이나 프랑스 같은 선진국 국민의 행복지수가 오히려 낮다는 연구결과를 발표합니다. 우리나라 또한 산업화와 세계화를 급진적으로 이루었지만 행복이 반드시 비례하지 않는다는 것을 보여주었죠. 따라서 경제성장과 개발만이 정답이 아닌 만큼, 우리 삶의 터전마저 잃게 만드는 환경오염을 더 이상 좌시해서는 안 될 것입니다.

3. 자연에 대한 책임윤리와 대안

우리는 지구의 강력한 경고 속에서 환경오염에 책임을 지고 대책을 세우는 일을 더 이상 늦춰서는 안 될 것입니다. 이러한 주장을 한 독일의 철학자 **한스 요나스**(Hans Jonas, 1903-1993)의 생태학적 책임윤리를 살펴봅시다. 요나스는 전통 철학이 인간 위주의 근시안적인 철학임을 지적합니다. 또한 마르크스가 노동을 통해 자연을 가공 및 변형함으로써 인간의 본성을 실현하고 자아실현을 성취한다는 관점도 여전히 근대적인 인간중심적 자연관에 빠져 있다고 비판합니다. 그가 말하는 **생태학적 책임윤리**는 현재의 사람뿐만 아니라 '전(全) 자연'과 '전(全) 미래'를 책임지는 새로운 철학을 가져야 함을 주장합니다.

요나스는 전통윤리가 등한시했던 책임문제를 윤리학의 핵심과제로 새롭게 상정합니다. 요나스는 미래세대에 대한 책임과 생태학적 책임윤리를 강조하며, **현대 기술이 왜 윤리학의 대상이 되는지**에 대해 설명합니다. 이 5가지 이유는 결과의 모호성, 적용의 강제성, 시공간적 광역성, 인간중심적인 파괴, 형이상학적 물음의 제기입니다.[142)]

먼저, **결과의 모호성**입니다. 우리가 처음에는 좋은 의도로 행했지만 전체적으로 점차 나쁜 결과를 낳게 되는 경우를 말합니다. 가장 곤란한 문제는 기술이 나쁜 목적을 위해 잘못 사용될 때가 아니라 그 자체 안에 장기간 영향력을 행사할 수 있는 위협적인 요소가 들어 있을 경우에 발생합니다. 마치 노벨의 다이너마이트가 굴착공사, 수로 발파, 철도 및 도로 건설 등 인류의 편리의 목적을 위해 발명되었지만, 나중에는 인류를 죽음으로 몰아넣은 것처럼 위협적인 결과를 미리 알 수 없다는 것입니다. 따라서 인공지능을 포함한 기술 윤리는 행위의 내적 다의성을 고려해야 합니다.

둘째, **적용의 강제성**입니다. 새로운 능력의 획득과 새로운 수단의 확보가 되면, 적용에 대한 요구는 더욱 커지고 마침내 지속적인 욕구로 자리 잡게 됩니다. 계속되는 기술 발전 속에서 성장한 인간 권력으로서의 기술은 그 확산으로 이어질 것입니다.

셋째, **시공간적 광역성**입니다. 현대 기술이 지구 전역에 영향을 미치며 누적된 결과가 미래의 수많은 사람에게까지 영향을 미친다는 사실입니다. 특히 먼 훗날의 지구와 관련된 문제가 우리의 일상적이고 세속적인 실천적 결단을 촉구하고 있다는 사실, 그리고 이것이야말로 기술이 우리에게 제공한 윤리적 새로움이라는 사실입니다. 책임은 바로 이러한 새로운 사태를 준비하기 위해 마련된 윤리학적 범주를 의미합니다. 또한 책임이 과거 어느 때보다 더 윤리학적 중심 문제로 떠오르고 있다는 사실은 윤리학의 역사에 새로운 장이 열렸음을 의미합니다.

넷째, **인간중심적인 파괴**입니다. 기술이 시공간적 가까움의 지평을 벗어남으로써 크게 확대된 인간 권력은 기존 윤리체계가 인간중심적 독점주의를 파괴하기에 이릅니다. 앞서 보았듯 전통 철학의 인간적 의무의 대상은 인류 자신이었습니다. 그러나 오늘날 지구상의 전 생태계와 그 안에 존재하는 모든 생명체는 인간의 부당한 침해와 훼손으로 인해 자연 존재 자체에 대한 존중을 요구하고 있습니다. 기술의 영향력이 지구 전체의 삶을 위협할 정도로 커지게 되면서, 인간의 책임 역시 기술적 폭력의 오용 앞에서 무방비 상태로 노출되어 있는 지구 생명의 미래로까지 확대되는 것입니다.

마지막으로, **형이상학적 물음의 제기**입니다. 기술에 잠재된 인류 존속의 위협과, 인간의 유전자를 임의적으로 변경 가능케 하는 그 능력은 전통 윤리학이 한 번도 대면한 적이 없는 물음에 직면하게 하였습니다. 즉 인류가 과연 존재해야 하는 것인지, 도대체 왜 존재해야 하는지에 대한 형이상학적 물음을 던지게끔 합니다. 이 물음은 진화가 만들어낸 인간의 모습이 왜 있는 그대로 보존되고 그의 유전학적 유산이 존중되어야 하는지, 나아가 도대체 왜 생명이라고 하는 것이 존재해야 하는지에 대한 형이상학적 물음이기도 합니다.

이러한 이유들로 우리는 장기적인 책임을 모색해야 합니다. 기술의 해택에 의해 우리의 의존도가 높아지며 기술이 재앙으로 변질될 위험을 내포하게 된 것입니다. 주체로서의 인간이 역설적으로 기술의 지배를 받고 생산품을 주인으로 섬길 뿐만 아니라 계속 생산하도록 강요하는 주객전도된 현실을 가져왔습니다. 우리가 기술과 기계의 소유물로 전락하지 않고 우리 자신의 주인으로 남아 인간의 자율과 존엄을 지키기 위해서는 기술에 이끌려 가지 않도록 주의해야 할 것입니다.

책임윤리와 함께 기술에 의한 환경 파괴에 대한 대안으로 **지속가능한 발전**(Sustainable Development)이 화두에 올랐습니다. 지속가능한 발전은 인간과 자원의 공생, 개발과 보전의 조화, 현 세대와 미래 세대 간의 형평 등을 추구합니다. 1987년 「브룬트란드(Brundtland) 보고서」에 처음 등장했는데, 지속가능한 발전은 "미래 세대들이 자신의 욕구를 충족시킬 수 있는 능력을 해치지 않으면서도 현재 세대의 욕구를 충족시키는 발전"으로 정의됩니다. 또한 미국의 국가연구 위원회에서는 지속가능한 발전을 다시 지속가능한 요소와 발전요소로 구분합니다. 지속가능한 요소를 자연(지구, 생물종의 다양성, 생태계), 생명자원(생태계 서비스, 자원, 환경), 공동체(문화, 그룹, 장소)로, 발전요소를 인간(유아생존율, 기대수명, 교육, 형평성, 기회균등), 경제(부, 생산, 소비), 사회(제도, 공공재, 국가, 지역)로 구분하면서 지속가능한 발전이라는 개념을 분석하고 있습니다.[143] 특히, 미국 환경운동가 **밀브래스**(L. W. Milbrath, 1925-2007)는 저서 『지속가능한 사회(Envisioning a Sustainable Society, 1989)』에서 인간의 삶의 질을 보장하기 위해서는 먼저 건강하고 풍성한 생태계의 유지에 최우선권을 두어야 함을 강조하였습니다.

지속가능한 사회의 특징인 생태계 유지, 건강하고 풍요로운 사회 유지, 사회의 안정과 온정을 잘 보여주고 있는, **친환경 보봉마을**(Vauban village)을 예로 들어 볼까요? 배출오염이 높은 차량은 마을에 들어오지 못하도록 할 만큼 생태중심의 보봉마을은 인구 5천 명에 불과한 작은 마을입니다. 보봉마을은 독일 프라이부르크(Freiburg) 주에 속해 있고, 과거 프랑스 군의 기지로 활용됐던 곳이었습니다. 1992년에 프랑스군이 떠난 후, 이곳에 대한 활용 방안이 논의되면서 전문가들이 참여하는 시민자치모임이 결성되었습니다. 교통, 에너지, 주민공동시설, 주거환경 등 주제별 소모임이 시작됐고, 본격적인 공동체 프로젝트가 시작되었습니다. 보봉마을의 정신은 자연 친화와 시민의 참여라고 할 수 있습니다. 특히, 보봉생태마을을 만들어낸 보봉시민자치조합은 에너지 자급 마을로 거듭날 수 있게 한 민주적 주민자치의 살아있는 표본이라 할 수 있습니다. 보봉마을의 모든 주택은 저에너지소비의 이른바 '패시브(passive)하우스'입니다. 마을 전체가 지속가능한 에너지 프로젝트를 실시하고 있다고 할 수 있습니다.[144] 이렇게 보봉마을은 생태마을로서 지속가능성을 잘 보여주고 있습니다.

다른 대안으로서 생태주의, 행복경제학에 대해 살펴보도록 하겠습니다. **헬레나 노르베리 호지**(Helena NorbergHodge)의 『오래된 미래: 라다크로부터 배운다(Ancient Futures: Learning from Ladakh, 1991)』는 환경문제에 있어서 의미 있는 책입니다. 저자는 '작은 티베트'라 불리는 서부 히말라야 고원의 지역 라다크(Ladakh)의 삶을 통해 자연환경이 얼마나 우리에게 고마운 것인가를 이야기하고 있습니다. 라다크인은 빈약한 자원과 혹독한 기후에도 불구하고, 생태적 지혜를 통해 천년이 넘도록 평화롭고 건강한 공동체를 유지해 오고 있습니다. 이 책은 라다크에서 서구식 개발로 인해 환경이 파괴되고 사회적으로 분열 되는 과정을 보여주며, 사회적 · 생태적 재앙에 직면한 우리의 미래의 지향점을 라다크적인 삶의 방식으로 회복할 것을 제안합니다. 라다크인들이 일 년에 4개월의 노동만으로도 검소하고 생태적인 삶을 유지하며, 자신들과는 달리 행복하지 않는 세계가 있다는 사실에 놀라워합니다. 라다크의 체링돌마(Tsering Dolma)는 "모든 사람이 우리처럼 행복하지 않단 말입니까?"라는 반문을 던지기도 했습니다. 이 질문은 현대의 라다크인들과 우리들에게 행복의 진정한 의미가 무엇인지를 되묻는 질문이기도 합니다.[145)]

호지는 『행복의 경제학(The Economics of Happiness, 2012)』에서 기존의 경제 성장 패러다임이 인간의 개성과 자연의 다양성을 부정한다고 비판하고 있습니다. 그리고 세계화 대신 다시 지역화를 통해, 기후 변화, 생물 멸종, 국제 분쟁, 실업, 빈곤 등의 문제가 확대되는 것을 막을 수 있다고 봅니다. 호지는 세계화에 관한 불편한 진실을 폭로합니다. 먼저, 세계화는 우리를 불행하게 만듭니다. 소비지상주의, 글로벌 미디어가 오히려 사람들을 더 고립시키고 경쟁시켜, 불안 · 불행하게 만든다는 것입니다. 둘째, 세계화는 천연자원을 낭비하고 기후변화를 가속화합니다. 소비자의 욕구를 끝없이 자극하여 지구의 생태계가 위협받는 현상을 지적하고 있습니다. 셋째, 세계화는 사람들의 생계를 파괴합니다. 세계화로 인해 사람들은 토지에서 쫓겨나고 저임금 노동력의 일원이 되어 노동 착취를 당하거나 실업의 위기에 처하게 됩니다. 마지막으로, 세계화는 갈등을 고조시킵니다. 세계화는 빈부 격차를 가져오고, 분열과 폭력, 테러리즘을 증가시킵니다.[146)]

호지에 의하면 무엇보다 심각한 것은 세계화는 잘못된 계산에 근거한다는 점입니다. 정책결정자들은 GDP(국내총생산)증가가 정책의 성공 증거라고 생각합니다. 하지만 GDP는 단지 시장 활동이나 화폐 유동성을 나타내는 거시적 측정치일 뿐입니다. 더욱이 GDP는 가족과 공동체, 환경의 기능은 배제하고 화폐적 거래를 포함하는 경제적 활동만 고려합니다. 아이들을 유치원에 보내는 것은 GDP증가에 보탬이 되지만, 가정에서 양육하는 것은 그렇지 못합니다. 나무를 벌목해 펄프를 만들면 GDP가 증가하지만, 그냥 그대로 숲인 채로 놓아두면 건강한 생태계 유지에 아주 유효함에도 GDP는 증가하지 않습니다. 석유유출과 수질 오염으로 사람들이 생수를 사먹으면 GDP는 증가하는 아이러니가 발생하는 것입니다.[147] 따라서 경제 성장 지표는 인간의 행복의 척도를 고려해서 제작된 것이 아니라 글로벌경제의 소비지상주의를 위해 구조적으로 제작된 불행한 경제학이라는 것입니다.

호지는 지역화 전략이 사회적 생태적 위기를 벗어나게 하고 지속 가능한 발전으로 인도하는 현실적 방안이라고 주장합니다. 이 시대에는 지역화라는 새로운 삶의 양식이 출현해야 하며 이를 채택할 줄 아는 대안적 지혜가 필요하다고 역설합니다. 전통과 문화, 자아에 바탕을 둔 자존감이 바로 행복의 정체라고 보고, 행복은 '자존감'이라는 점을 강조합니다. "라다크 전통사회로부터 배울 수 있는 교훈은 가장 중요한 것들, 즉 자립, 검소, 사회적 조화, 환경적 지속성 및 내면적 풍요와 평화이다."[148]라고 말합니다. 호지의 주장은 생태적 위기를 밝히는 것뿐 아니라 사람들 간의 유대와 우리 삶에 대한 관심을 회복하는 길임을 알려주고 있습니다. 다양한 문화가 공존하고 사람들이 자부심을 되찾으며 자연과의 관계를 회복하는 세상이 우리가 희망차고 평화롭게 살 수 있는 세상이라고 말하고 있습니다.

그렇다고 우리는 인공지능 기술의 발전이라는 큰 시대적 흐름을 역행할 수는 없을 것입니다. 지구와 인간, 인공지능과의 공존을 위해서 우리는 인공지능을 잘 활용해 자연에 대한 책임을 지고 지속가능한 성장, 지역화, 행복을 도모해 나가야 할 것입니다. 결국 중요한 것은 생태계의 공존을 위한 가치관이자 철학에 따른 생활양식 그리고 그 속에 스며든 기술입니다. 우리는 지구와의 건강한 관계를 회복하고 재정립할 때, 인공지능의 역할 또한 끊임없이 고민해 나가야 할 것입니다.

토론: 가이아의 신음, 그 원인과 대책은 무엇인가?

- **인공지능**: 우리는 산업화로 편리함과 윤택함을 누리게 되었지만, 그만큼 이상 기후, 사막화, 물 부족, 해수면 상승 등 심각한 환경오염에 처해있습니다. 점점 더 커져가는 가이아의 신음 속에서 환경오염의 원인과 그 대책에 대해 이야기 나누어 보겠습니다.
- **요나스**: 전 환경오염이 전통적인 철학에서 주장하는 '인간중심주의적 사고'에서부터 시작되었다고 생각합니다. 지구는 인간만의 것이 아닌 모든 생명체의 것입니다. 우리 인간은 환경을 파괴하고 오염시킨 것에 대해 자연과 미래에 책임을 져야 할 것입니다.
- **칸트**: 저도 환경 파괴의 심각성에는 동감하지만, 지구의 모든 생명체와 인간을 동일하게 보는 요나스 선생님의 의견에는 동의할 수 없어요. 이성을 갖지 않은 존재는 단지 수단으로서 상대적인 가치만을 가집니다. 이성의 능력을 가진 인간만이 인격체이고 목적으로 규정할 수 있습니다. 이성이 없는 자연 존재는 수단으로서만 활용될 뿐입니다.
- **베이컨**: 맞아요. 자연은 인간에게 순종해야 하고 정복을 당해야 할 존재입니다. 인간은 자연의 지배자이고, 자연은 인간의 번영을 위한 수단에 불과합니다. 자연이 인류의 번영을 위해 사용되는 것은 어쩔 수 없어요. 우리가 이렇게 편리하게 생활하게 된 것도 오직 인간의 이성의 힘으로 가능하게 된 것입니다.
- **밀브래스**: 하지만, 이렇게 발전만 추구하다가는 우리 사회는 더 이상 지속불가능하게 될 것입니다. 저는 이에 대한 대안으로 지속가능한 사회 즉 자연환경과 지속적으로 공존 · 공생하면서 동시에 높은 삶의 질을 보장하는 새로운 사회를 주장합니다. 우리의 양질의 삶을 위해서는 먼저 건강하고 다양한 생태계의 유지에 초점을 두어야 합니다. 건강하고 풍요로운 사회를 유지하는 것은 그 다음이고, 이러한 사회는 안전, 온정 그리고 정의라는 핵심가치를 가질 수 있습니다.
- **토마스 베리**: 칸트와 베이컨 선생님의 인간중심주의 사고가 우리 지구를 병들게 하였습니다. 이익의 극대화를 위한 무분별한 경제 개발과 절제되지 않는 소비문화는 인간의 과잉 욕구를 창출하고, 생태계의 파괴와 자원의 고갈을 극심하게 하였습니다. 이는 결국 자연에서 그치는 것이 아니라, 우리 인간마저 효용가치에 의해 파악하게 하였습니다. 결국 인간들의 삶의 터전마저 잃게 만들 것 입니다.
- **헬레나 노르베리 호지**: 맞아요. 물론 인간중심주의 사고가 나쁜 점만 있다는 것은 아닙니다. 하지만 진정한 행복을 위해서는 산업화된 획일화를 벗어나 다양성, 탈중심화, 생태적 순응 등의 변화가 필요한 시점입니다. 또한 저는 지역화 전략이 사회적 생태적 위기를 벗어나게 해주고 지속 가능한 발전으로 인도하는 현실적 방안이라고 주장합니다.

- **인공지능**: 베이컨과 칸트 등의 인간중심주의를 바탕으로 자연을 도구로 사용한 급격한 산업화로 인해 환경오염이 심각해졌다고 볼 수 있겠습니다. 이에 대한 대안으로 생태학적 책임윤리와 지속가능한 사회 추구가 있었습니다. 그리고 획일화된 산업화를 벗어나 다양성, 탈중심화, 생태적 순응과 지역화 전략이 하나의 대안이 될 수 있을 것입니다.

참고문헌

김상욱. “독일의 ‘보봉마을’ 자연 친환경의 꽃이자 태양과 키스하는 마을”. 더퍼블릭뉴스. 2014.04.08.
http://www.thepublicnews.co.kr/news/articleView.html?idxno=13462

김상철(2003). 한스 요나스 책임윤리의 도덕교육에의 적용. 한국교원대 교육대학원 석사학위 논문.

김진영(2015). 현대사회와 헬레나 노르베리 호지의 행복이론. 인도철학회, 44.

김항철(2017). 한스 요나스의 생태학적책임윤리연구. 충남대학교 대학원 석사학위 논문.

권종원(2021). 일론 머스크와 지속가능한 인류의 미래. 클라우드나인.

박상욱. “폭염 직후 찾아온 태풍…온난화 넘어 끓는 지구가 보낸 경고”. jtbc 뉴스. 2023.08.14. https://news.jtbc.co.kr/article/article.aspx?news_id=NB12139546

박영숙, 제롬 글렌(2020). 세계미래보고서 2021. 비즈니스북스.

변순용(2010). 기후변화에 대응하는 과학기술의 책임과 기후변화. 한국철학논집, 28.

정성화. “인구 80억, 세계를 구할 과학기술”. 영남일보. 2023.01.18.
https://www.yeongnam.com/web/view.php?key=20230108010000990

한스 요나스. 이유택 역(2005). 기술 의학 윤리. 솔출판사.

헬레나 노르베리 호지. 김종철, 김태언 옮김(1997). 오래된 미래: 라다크로부터 배운다. 녹색평론사.

헬레나 노르베리 호지. 김영욱, 홍승아 역(2012). 행복의 경제학. 중앙북스.

W. 워런 와거, 이순호 역(2006). 인류의 미래사. 교양인.

미주

1) 허유선 (2020) 182-183쪽 참조.
2) 조용수 (2015) 4쪽 참조.
3) 김성애 외 (2022) 30-35쪽 참조.
4) 박설민 (2021) 참조.
5) 박설민 (2021) 참조.
6) 양회태 (2017) 참조.
7) 이동귀 (2016) 참조.
8) 이동귀 (2016) 참조.
9) 안광복 (2017) 참조.
10) 김효은 (2019 참조.
11) 국토교통부 (2020) 참조.
12) 김효은 (2019) 99-100쪽 참조.
13) 김효은 (2019) 99-100쪽 참조.
14) 변순용 (2018) 239쪽 참조.
15) 고인석 (2017) 172-175쪽 참조.
16) 임마누엘 칸트, 정미현 외 역 (2020) 184쪽 참조.
17) 고인석 (2017) 172-175쪽 참조.
18) 이을상 (2022) 153쪽 참조.
19) 조금 더 자세한 내용을 박제윤 (2021)에서 참조.
20) Heisenberg, Werner (1969); Heisenberg, Werner (1990).
21) Rose, John (1972, 2001).
22) Russell, Bertrand (1905).
23) Wittgenstein, Ludwig (1922).
24) Turing, A. M. (1936).
25) Turing, A. M. (1950).
26) Quine, Willard V. O. (1978).
27) Quine, Willard V. O. (1951); (1960); (1969).
28) Churchland, Patricia S. (1986); (2002).
29) von Neumann, J. (1958, 1986, 2000).
30) Churchland, Patricia S. (1986).
31) Churchland, Paul M. (2012).
32) Churchland, Patricia S. (1986); (2002); Churchland, Paul M. (1995).
33) Churchland, Paul M. (1995).
34) Churchland, Patricia S. (2002).

35) Churchland, Paul M. (1995).
36) 박제윤 (2021).
37) Churchland, Paul M. (1989).
38) 박제윤 (2013).
39) Kurzweil, Ray (2012).
40) Nagel, Thomas (1974).
41) Jackson, Frank (1982).
42) Churchland, Paul M. (1995).
43) Kuhn, Thomas (1962, 1970) :180
44) 천현순 (2021) 참조.
45) 카쿠, 박영철 역 (2017) 144, 175쪽 참조.
46) 카쿠, 박영철 역 (2017) 144, 175쪽 참조.
47) 마크 오코널, 노승영 역 (2018) 참조.
48) FM-2030 (1989); 신상규 (2017) 106쪽 재인용.
49) 박유신 외 (2020) 26쪽.
50) 양진호(2018) 48-49쪽 참조.
51) 김옥경 (2015) 참조.
52) 천현순 (2021) 225-227쪽 참조.
53) 천현순 (2021) 225-227쪽 참조.
54) 김은주 (2019) 참조.
55) 천현순 (2021) 238-239쪽 참조.
56) 로버트 에팅거, 문은실 역 (2011) 참조.
57) 하일선 (2016) 참조.
58) Elisabeth Kübler-Ross (1969).
59) 계명대학교 목요철학원 편 (2016) 참조.
60) 김연숙 (2019) 참조.
61) 김연숙 (2019) 참조.
62) 계명대학교 목요철학원 편 (2016) 참조.
63) Blanc (2004) 참조.
64) 하일선 (2016) 155쪽 참조.
65) 정용찬 (2013) 참조.
66) 전학선 (2018) 참조.
67) 마르크 뒤갱 외, 김성희 역 (2016) 참조.
68) 마르크 뒤갱 외, 김성희 역 (2016) 참조.
69) 네이버 두산백과 참조.
70) 정교일 외 (2018) 참조.
71) 신상규 외 (2020) 164-168쪽 참조.
72) 김경래 (2017) 참조.

73) 이충한 (2018) 참조.
74) 유발하라리, 김명주 역 (2017) 537쪽.
75) 방송통신위원회 (2022) 참고
76) 손현주 (2019) 324-338쪽 참조.
77) 김경수 (2023) 참조.
78) 손현주 (2019) 324-338쪽.
79) 네이버 두산백과 참조.
80) 안광복 (2017) 참조.
81) 이윤복 (2015) 504-505쪽.
82) 이재신, 이민영 (2010) 119쪽 참조.
83) 강장묵 (2019) 54쪽 참조.
84) 이윤복 (2015) 504-505쪽 참조.
85) 정원섭 엮음 (2022) 71-74쪽 참조.
86) 신상규 외 (2020) 171쪽 참조.
87) 박설민 (2021) 참고
88) 김건우 (2019) 111-119쪽 참조.
89) 롭 라이히 외, 이영래 역 (2022) 참조.
90) 고영상 외 (2021) 참조.
91) 김건우 (2019) 111-119쪽 참조.
92) 정성훈 외 (2022) 95쪽 참조.
93) 정성훈 (2021) 214-216쪽 참조.
94) 정성훈 (2021) 218쪽 참조.
95) 허유선 (2018) 191-201쪽 참조.
96) 배영임 (2022) 60쪽 참조.
97) 카를 마르크스, 김수행 역 (2009) 236쪽.
98) 카를 마르크스, 김수행 역 (2009) 236쪽.
99) 곽준혁 외 (2016) 참조.
100) 한나아렌트, 이진우 역 (2017) 36쪽 참조.
101) 이도흠 (2020) 참조.
102) 김재희 외 (2020) 181-184쪽 참조.
103) 진설아 (2022) 590-591쪽 참조.
104) 김재희 외 (2020) 185-189쪽 참조.
105) 권재원 (2019) 18-22쪽 참조.
106) 후지노 다카노리, 김은혜 역 (2017) 참조.
107) 권재원 (2019) 18-22쪽 참조.
108) 두산백과 참조.
109) 권재원 (2019) 37-40쪽 참조.
110) 이기완 (2023) 511쪽 참조.

111) 스티글레르, 권오룡 역 (2018) 117쪽.
112) 김재희 외 (2020) 195쪽 참조.
113) 이도흠 (2020) 참조.
114) 아룬 순다라라잔, 이은주 역 (2016) 참조.
115) 박유신 외 (2020) 참조.
116) 주강진 외 (2016) 62-63쪽 참조.
117) 제러미 리프킨, 안진환 역 (2014) 113-115쪽 참조.
118) 정보라 (2013) 참조.
119) 아룬 순다라라잔, 이은주 역 (2016). 60-61쪽.
120) 제러미 리프킨, 안진환 역 (2014) 377쪽
121) 제러미 리프킨, 안진환 역 (2014) 376쪽
122) 제러미 리프킨, 안진환 역 (2014) 376)쪽
123) Kelly, 이충호역 (1994) 참조.
124) 이도흠 (2020) 참조.
125) Hardin (1968) 참조.
126) 주강진 외 (2016) 9-11쪽 참조.
127) 허완규 (2015) 142-143쪽.
128) 김대호 (2018) 92쪽.
129) Ostrom, 윤홍근 외 역 (2010) 참조.
130) 주강진 외 (2016) 9-11쪽 참조.
131) 이민화 외 (2016) 9-11쪽 참조.
132) Hansen, 김아영 역 (2020) 10쪽.
133) 성영조 (2017) 참고
134) 홍단비 (2021) 참조.
135) 정성화 (2013) 참조.
136) 워런 와거, 이순호 역 (2006) 114-116쪽 참조.
137) 박상욱 (2023) 참조.
138) 박영숙 (2020) 참조.
139) 권종원 (2021) 참조.
140) 네이버 두산 백과 참조.
141) 진성진 (2012) 14-16쪽 참조.
142) Jonas, 이유택 역 (2005) 42-50쪽 참조.
143) 변순용 (2010) 30-31쪽 참조.
144) 김상욱 (2014) 참조.
145) 김진영 (2015) 162쪽 참조.
146) 김영욱 역 (2012) 18-28쪽 참조.
147) 김영욱 역 (2012) 32-33쪽 참조.
148) 김진영 (2015) 178-179쪽.

색인

저자 약력

우버들

건국대학교에서 교육공학을 전공한 후 고려대학교 대학원에서 교육사철학으로 석사 및 박사 학위를 받았다. 주요 연구 분야는 동서양 고전의 현대 교육학적 독해이며, 그중에서도 인성교육에 관심이 있다. 온라인 콘텐츠를 제작하는 교육회사와 고려대학교 교육문제연구소 연구원으로 근무하다, 현재 동양미래대학교 교양과 조교수로 인문·인성 관련 강의를 하고 있다. 주요 논문으로 "『사서집주』에 드러난 '교-학'의 관계 고찰", "노자 『도덕경』에 담긴 포용교육 고찰" 등이 있고, 〈인성교육의 프리즘〉, 〈죽음이해를 통한 생명존중교육 워크북〉 등의 책을 공저하였다. 메일 주소는 79wbd@hanmail.net이다.

박제윤

인하대학교 공업교육학과를 졸업하고, 동 대학에서 철학 석사와 박사 학위를 받았다. 주요 연구는 과학철학이며, 그 중에도 처칠랜드 부부 교수의 신경철학을 연구하였다. 인하대를 비롯한 여러 대학에서 교양 강의를 하였고, 인천대학 기초교육원에서 초빙교수로 교양을 담당하였고, 은퇴하였다. 주요 논문으로 "과학의 창의적 방법으로서 철학의 비판적 사고"가 있고, 역서로 〈뇌과학과 철학〉 외 여러 권이 있고, 저서로 〈철학하는 과학, 과학하는 철학〉(총 4권)이 있다.

이지희

고려대학교에서 학사로 교육학을 전공하고, 고려대학교 대학원에서 상담으로 석사 및 박사를 졸업하였다. 주요 연구 분야는 상담 및 인성교육, 탄력성 등이다. 현재 동양미래대학교 교양과 부교수로 재직 중이다. '사회진출전환기 대학생의 탄력성 잠재프로파일 변화양상탐색', 'Profiles of coping strategies in resilient adolescents', '대학 입학 성적우수 학생들의 학사경고 경험에 대한 연구' 등의 논문이 있다.

인공지능의 철학윤리수업

초판발행	2024년 1월 31일
지은이	우버들 · 박제윤 · 이지희
펴낸이	노 현
편 집	조영은
기획 / 마케팅	조정빈
표지디자인	BEN STORY
제 작	고철민 · 조영환
펴낸곳	㈜피와이메이트
	서울특별시 금천구 가산디지털 2로 53, 210호(가산동, 한라시그마밸리)
	등록 2014. 2. 12. 제2018-000080호
전 화	02)733-6771
f a x	02)736-4818
e-mail	pys@pybook.co.kr
homepage	www.pybook.co.kr
ISBN	979-11-6519-465-9 93370

정 가 18,000 원

박영스토리는 박영사와 함께하는 브랜드입니다.